投资综合决策与行业实践丛书

投资决策
综合性咨询实践

Comprehensive Consulting Practice in Investment Decision-Making

主 编

翁晓红　王玉萍

副主编

周茂刚　徐春芳　叶苗苗　周　璐

同济大学 出版社
TONGJI UNIVERSITY PRESS
·上海·

图书在版编目(CIP)数据

投资决策综合性咨询实践 / 翁晓红，王玉萍主编. -- 上海：同济大学出版社，2025.7
ISBN 978-7-5765-1126-0

Ⅰ.①投… Ⅱ.①翁… ②杨… Ⅲ.①投资决策-咨询服务 Ⅳ.①F830.59

中国国家版本馆CIP数据核字(2024)第076990号

投资决策综合性咨询实践

主编 翁晓红 王玉萍 　**副主编** 周茂刚 徐春芳 叶苗苗 周 璐
责任编辑 朱 勇 王映晓 　**责任校对** 徐逢乔 　**封面设计** 王 翔

出版发行	同济大学出版社　www.tongjipress.com.cn	
	(地址：上海市四平路1239号　邮编：200092　电话：021-65985622)	
经　销	全国各地新华书店	
制　作	南京月叶图文制作有限公司	
印　刷	上海颛辉印刷厂有限公司	
开　本	787 mm×1092 mm　1/16	
印　张	12.75	
字　数	271 000	
版　次	2025年7月第1版	
印　次	2025年7月第1次印刷	
书　号	ISBN 978-7-5765-1126-0	
定　价	68.00元	

本书若有印装质量问题，请向本社发行部调换　　　版权所有　侵权必究

本书编委会

组织编写 同济大学建筑设计研究院（集团）有限公司

主　　编 翁晓红　王玉萍

副 主 编 周茂刚　徐春芳　叶苗苗　周　璐

编写人员 王瑾瑾　邱华慧　陈笑月　谭念莹　谢亚玲
　　　　　　陈　超　郦　恒　陈慧娟　李杰妮　张妍燕
　　　　　　施冰艳　洪静怡　叶苗苗　王　洁　张思立
　　　　　　雷明晖　王怿凯　丁思枫

总 序

在当今这个日新月异的时代，工程咨询行业作为推动经济社会高质量发展的重要力量，正面临着前所未有的机遇与挑战。同济大学建筑设计研究院(集团)有限公司作为业界的佼佼者，敏锐地捕捉到了行业发展的时代脉络，精心组织编写了"投资综合决策与行业实践丛书"，旨在为我国建设项目投资决策的科学化、民主化、法治化进程贡献一份宝贵的力量。作为上海市工程咨询行业协会会长，本人受邀为这套丛书作序，深感荣幸。

投资决策是建设项目成功与否的关键所在，它直接关系到项目的经济效益、社会效益和环境效益。然而，投资决策的过程往往复杂而繁琐，需要综合考虑政策、市场、技术、环境等多方面因素。因此，拥有一套科学、系统、全面的投资决策综合性咨询理论和实践指南，对于提高投资决策的准确性和效率具有重要意义。

本丛书正是基于此背景推出的。本丛书不仅系统地梳理了投资决策综合性咨询的业务边界、阶段划分、服务内容、适用范围、未来业务等，为读者构建了清晰、全面的认知体系和知识框架；而且还紧密围绕当前工程咨询的行业热点、发展难点、创新堵点，如前期策划、可行性研究、投融资咨询、专项债咨询、评估咨询等，进行了深入的研究探讨，使丛书更具操作性和指导意义。特别是在前期策划部分，丛书不仅介绍了前期策划的概念、原则和价值体现，还结合不同类型项目的前期策划实践案例，展示科学决策咨询的底层逻辑和价值判断。

此外，本丛书充分展示了工程咨询人员在实践中的探索创新，彰显智慧成果的思想力量。丛书在投资决策综合性咨询的新领域，如信息化及数字化、绿色低碳咨询以及ESG等，进行了思考与研究，不仅反映了工程咨询行业的前沿动态和发展趋势，也为读者拓展视野、开拓思路、增强实践提供了很好的指导。希望本丛书的出版能为工程咨询行业发展注入智慧的力量、增添思想的活力。

最后，衷心感谢同济大学建筑设计研究院(集团)有限公司为编写这套丛书所付出的辛勤努力和卓越贡献。同时，也期待更多的专家学者和咨询顾问能够加入投资决策综合性咨询的研究和实践，共同推进我国工程咨询行业高质量发展。

上海市工程咨询行业协会会长
戴建敏
2025 年 4 月

序 一

党的十九大报告指出,我国经济已由高速增长阶段转向高质量发展阶段。中国城乡建设已进入以价值创造为核心的新发展阶段。作为项目全生命周期的逻辑起点,投资决策的科学性直接决定建筑工程的资源配置效率与空间价值产出,继而影响项目运营的成败。值本书成书之际,谨阐释同济大学建筑设计研究院(集团)有限公司在此领域的探索与思考,为行业的高质量发展贡献绵薄之力。

同济大学建筑设计研究院(集团)有限公司自1958年成立以来,依托百年同济的深厚底蕴与学术积淀,始终践行"以设计创造价值,以服务成就未来"的发展理念,致力于成为受人尊敬的、具有全球影响力的设计咨询企业。六十余载深耕,同济大学建筑设计研究院(集团)有限公司已构建覆盖策划咨询、工程设计、技术研发的全产业链服务体系,在公共文化建筑、超高层建筑、城市更新、市政基础设施等领域的近万个工程实践中,持续研究,不断创新,坚持为业主提供全方位、高品质的设计咨询服务。

投资决策综合性咨询是建筑项目价值创造的基石。它突破传统咨询的单一维度,在项目孕育期即整合经济逻辑、技术边界与社会需求三重坐标,通过系统性分析构建科学决策的底层框架。这种前置性研判既能在空间规划中预埋功能迭代的适应性,又能在财务模型中锁定价值生长的最优路径,更能在社会维度实现资源效益的精准传导。

基于此认知,同济大学建筑设计研究院(集团)有限公司设立工程投资咨询院,组建跨建筑、经济、数据科学的复合型团队,始终保持敏锐洞察,积极应对新政策、新领域、新技术,提升咨询服务的智能化和高效性。

展望未来,同济大学建筑设计研究院(集团)有限公司将继续深化投资决策综合性咨询的研究与实践。期待本书成为行业同仁的实践参考,共同塑造以理性决策引领高质量发展的新范式。

同济大学建筑设计研究院(集团)有限公司总裁

2025 年 4 月

序 二

当前,中国经济已由高速增长阶段转向高质量发展阶段,这是党中央立足全局、面向未来作出的重大判断。创新、协调、绿色、开放、共享的新发展理念,要求我们在经济发展中更加注重质量和效益,更加注重创新驱动和绿色可持续发展。在这样的宏观背景下,投资决策作为经济活动的起点和关键环节,其科学性与合理性直接关系到资源配置的效率、产业升级的步伐以及经济社会发展的可持续性。因此,如何在新时代背景下提升投资决策的综合性和前瞻性,成为摆在每一位决策者面前的重要课题。

本书正是在这样的时代背景下推出的。同济大学建筑设计研究院(集团)有限公司作为国内领先的建筑设计咨询企业,凭借其深厚的行业积淀、前瞻的市场洞察以及卓越的技术创新能力,汇聚了众多行业精英与专家学者,共同打磨出这部专业著作。本书不仅系统梳理了投资决策综合性咨询的理论框架与实践路径,更紧密结合国家经济发展的宏观形势,深入探讨了高质量发展对投资决策提出的新要求与挑战。

本书具有鲜明的特点。其一,系统性强,从投资决策综合性咨询的基础概念、发展现状,到各阶段服务内容、适用范围,再到新领域探索,构建了完整的知识体系,为读者提供了全面的认知框架。其二,注重实践,书中引入大量真实案例,深入分析不同类型项目在投资决策过程中的关键要点与解决思路,能够帮助读者将理论知识与实际应用紧密结合,快速提升实践能力。其三,紧跟行业前沿,对信息化、数字化咨询,绿色低碳咨询以及 ESG 等新兴领域作了详细阐述,使读者能够及时掌握行业最新发展动态与趋势。

我相信,本书的出版将对提升我国投资决策的科学性和合理性、推动经济高质量发展产生积极而深远的影响。同时,我也期待同济大学建筑设计研究院(集团)有限公司能够继续发挥其在行业内的引领作用,为推动高质量发展贡献更多的智慧和力量。

同济大学经济与管理学院党委书记、
东方学者特聘教授

2025 年 5 月

前 言

在投资建设领域持续革新的时代浪潮下,投资决策综合性咨询作为推动项目科学决策、保障项目顺利实施的关键力量,正发挥着愈发重要的作用。本书在此背景下编写与出版,旨在为行业提供一本全面、深入且具实操性的专业读物。

随着我国经济迈向高质量发展阶段,投资项目的规模不断扩大,复杂性不断攀升,传统碎片化的工程咨询模式渐显弊端,难以满足投资者精细化、专业化的服务需求。同时,国家大力推进投融资体制改革,倡导全过程工程咨询,投资决策综合性咨询应运而生并迅速发展。然而,在实践过程中,从业者面临诸多困惑,如对咨询服务内容与边界把握不准、缺乏统一的操作标准与规范等。为填补这些行业空白,解决实际问题,我们开启了本书的编撰之旅。

在编写过程中,编写团队广泛收集资料,涵盖国家及地方政策法规文件、行业标准规范、国内外经典案例、学术研究成果等,通过深入研究政策,剖析实际项目案例,参考前沿学术观点,力求使本书内容兼具权威性与时效性。同时,编写团队内部多次开展研讨交流,对每个章节的内容进行反复打磨,确保逻辑严谨、表述准确。

本书的框架思路和总体把控由翁晓红、王玉萍负责,周茂刚在框架思路上提供了宝贵的指导意见。在具体章节撰写上,翁晓红、徐春芳、王瑾瑾等承担了第1~3章的编写工作,对投资决策综合性咨询的基础概念、发展现状等内容进行了系统阐述;第4章由陈笑月、郦恒、陈慧娟、李杰妮、张妍燕等共同完成,通过大量实际案例深入剖析了前期策划的要点;第5章由周璐、谭念莹、谢亚玲等编写,详细介绍了可行性研究的相关内容;第6章由邱华慧、陈超、施冰艳、周璐、洪静怡等合力完成,聚焦投融资咨询领域;第7章由叶苗苗、王洁、张思立、雷明晖、王怿凯等编写,深入探讨评估咨询的关键要点;王玉萍、周璐等承担了第8~10章的编写工作,对投资决策综合性咨询的新领域进行了前瞻性的研究。本书的统稿及审校环节主要由王玉萍、周璐、丁思枫等负责,他们严谨细致地对全书内容进行梳理和校对,确保了全书逻辑的连贯性和内容的准确性。

在此,我们要向为本书编写提供帮助的各界人士致以诚挚的谢意。感谢同济大学建筑设计研究院(集团)有限公司众多行业专家分享的宝贵经验与专业见解,拓宽了我们的视野;感谢上海同济工程咨询有限公司董事总经理杨卫东先生在本书出版过程中的关心和指导;感谢那些提供案例素材的项目团队,使本书内容更加丰富、真实;同时,也要感谢同济大学出版社编辑团队的精心编辑与付出,使本书得以高质量地呈现在读者面前。希望本书能够为投资决策综合性咨询领域的发展贡献一份力量,为广大读者带来有益的启发与帮助。

编者

2025 年 6 月

目 录

总序
序一
序二
前言

第1篇 概 述

第1章 投资决策综合性咨询的概念及发展现状 ······ 3
  1.1 投资决策综合性咨询的概念 ······ 3
  1.2 投资决策综合性咨询的发展现状 ······ 3
    1.2.1 国内投资决策综合性咨询发展现状 ······ 3
    1.2.2 国际投资决策综合性咨询发展现状 ······ 6
    1.2.3 小结 ······ 8

第2章 投资决策综合性咨询的服务内容及适用范围 ······ 9
  2.1 投资决策综合性咨询的阶段划分 ······ 9
  2.2 投资决策综合性咨询的服务内容 ······ 10
    2.2.1 规划咨询阶段 ······ 10
    2.2.2 项目前期阶段 ······ 10
  2.3 投资决策综合性咨询的适用范围 ······ 12
    2.3.1 审批制项目 ······ 12
    2.3.2 核准制项目 ······ 13
    2.3.3 备案制项目 ······ 13

第3章 发展投资决策综合性咨询的价值与意义 ······ 14
  3.1 发展投资决策综合性咨询的重要性 ······ 14
    3.1.1 投资决策综合性咨询是行业实现高质量发展的关键 ······ 14

3.1.2 投资决策综合性咨询在项目全过程咨询中具有统领作用 …… 14
3.1.3 投资决策综合性咨询为投资审批制度改革提供有效支撑 …… 14
3.2 投资决策综合性咨询未来业务展望 …… 15
3.2.1 积极拓展非标准类综合性咨询业务 …… 15
3.2.2 形成"1＋N"多种服务方式组合模式 …… 15
3.2.3 综合性咨询的人才体系建设 …… 15
3.2.4 数字化技术赋能综合性咨询 …… 15

第2篇 服务成果及主要内容

第4章 前期策划 …… 19
4.1 前期策划的概念 …… 19
4.2 前期策划的原则 …… 20
4.3 前期策划的价值兑现 …… 21
4.4 前期策划的主要内容 …… 22
4.4.1 前期调研模块 …… 23
4.4.2 产业研究模块 …… 27
4.4.3 整体定位模块 …… 29
4.4.4 功能产品模块 …… 30
4.4.5 开发运营模块 …… 31
4.4.6 效益评价模块 …… 32
4.5 不同类型项目的前期策划实践 …… 33
4.5.1 产业项目策划 …… 33
4.5.2 新型城镇化项目策划 …… 36
4.5.3 城市更新项目策划 …… 38
4.5.4 乡村振兴项目策划 …… 41
4.5.5 大健康项目策划 …… 43
4.5.6 文化旅游项目策划 …… 45
4.5.7 文体设施项目策划 …… 48
4.5.8 教育设施项目策划 …… 50
4.5.9 城市公共空间项目策划 …… 54
4.5.10 物业开发项目策划 …… 57

第5章 可行性研究 …… 60
5.1 可行性研究的概念 …… 60

		5.1.1 可行性研究的作用	60
		5.1.2 可行性研究与建设条件单项咨询的关系	62
	5.2	可行性研究的原则	62
	5.3	可行性研究相关成果报告	63
		5.3.1 建设项目的分类	63
		5.3.2 可行性研究相关成果报告	65
	5.4	可行性研究的主要内容	67
		5.4.1 需求可靠性研究	69
		5.4.2 要素保障性研究	72
		5.4.3 工程可行性研究	74
		5.4.4 运营有效性研究	77
		5.4.5 财务合理性研究	82
		5.4.6 影响可持续性研究	86
		5.4.7 风险可控性研究	88
	5.5	建设条件单项咨询	90
		5.5.1 建设项目选址论证	90
		5.5.2 建设项目压覆重要矿产资源评估	91
		5.5.3 建设项目环境影响评价	92
		5.5.4 节能评估	92
		5.5.5 防洪影响评价	93
		5.5.6 生产建设项目水土保持方案	94
		5.5.7 建设项目水资源论证	94
		5.5.8 建设项目文物影响评估	95
		5.5.9 社会稳定风险评估	95
		5.5.10 政府和社会资本合作(PPP)咨询	96

第6章 投融资咨询 … 97

	6.1	投融资咨询概述	97
		6.1.1 定义	97
		6.1.2 投融资咨询内容	97
		6.1.3 基础设施投融资形势	99
		6.1.4 基础设施投融资模式	100
		6.1.5 基础设施融资工具	101
	6.2	投融资咨询服务内容	104
		6.2.1 片区综合开发投融资咨询	104

  6.2.2 PPP 项目咨询 ··· 110
  6.2.3 EOD 项目咨询 ·· 118
  6.2.4 专项债申报发行咨询 ·· 125

第7章 评估咨询 ··· 130
 7.1 评估咨询概述 ··· 130
  7.1.1 评估咨询的作用 ·· 130
  7.1.2 评估咨询的分类 ·· 130
 7.2 评估咨询的原则与一般流程 ·· 131
 7.3 可行性研究相关报告评估内容 ·· 132
  7.3.1 对建设必要性的评估 ·· 132
  7.3.2 对建设用地和建设条件的评估 ·· 133
  7.3.3 对建设规模合理性的评估 ··· 135
  7.3.4 对工程技术方案的评估 ··· 137
  7.3.5 对项目投资估(概)算的评估 ··· 138
  7.3.6 对资金筹措方式的评估 ··· 139
  7.3.7 对生态环境和社会影响的评估 ·· 139
 7.4 专项评价服务内容 ··· 140
  7.4.1 节能专项评审 ··· 140
  7.4.2 社会稳定风险评价 ·· 142

第3篇 投资决策综合性咨询的新领域

第8章 信息化、数字化咨询 ·· 149
 8.1 信息化及数字化的界定 ··· 149
  8.1.1 信息化与数字化是什么 ··· 149
  8.1.2 "数字化"与"数字+"的辨析 ··· 150
 8.2 数字化领域的政策支持 ··· 151
  8.2.1 中国数字化发展战略 ·· 151
  8.2.2 投资决策综合性咨询相关数字化政策支持 ······························ 152
 8.3 数字化对于投资决策综合性咨询的价值 ·· 154
  8.3.1 "数字化"项目 ··· 155
  8.3.2 "数字+"项目 ·· 159

第 9 章 绿色低碳咨询 ········· 162
9.1 国内外双碳发展背景 ········· 162
9.2 我国双碳目标实施路径 ········· 163
9.3 绿色低碳咨询服务 ········· 164
9.3.1 城乡建设领域是实现"双碳"目标的重要工作方向 ········· 164
9.3.2 综合性咨询服务是提升城乡建设低碳水平的有力抓手 ········· 168
9.4 绿色低碳咨询实践 ········· 171
9.4.1 项目背景及定位 ········· 171
9.4.2 投资决策综合性咨询工作的开展 ········· 171
9.4.3 绿色低碳绩效 ········· 173

第 10 章 环境、社会及公司治理（ESG） ········· 174
10.1 ESG 评价的国内外现状 ········· 174
10.2 ESG 评价原理 ········· 176
10.2.1 经济外部性理论 ········· 176
10.2.2 可持续发展理论 ········· 176
10.2.3 企业社会责任理论 ········· 176
10.3 ESG 咨询服务内容 ········· 176
10.3.1 ESG 报告编制 ········· 176
10.3.2 ESG 战略咨询 ········· 180
10.4 ESG 报告案例 ········· 181
10.4.1 报告前言 ········· 181
10.4.2 报告主体 ········· 182
10.4.3 报告附录 ········· 182
10.5 投资决策综合性咨询中的 ESG 理念 ········· 182
10.6 在国际工程中践行 ESG 理念 ········· 183

参考文献 ········· 185

第1篇

概　述

第1章

投资决策综合性咨询的概念及发展现状

1.1 投资决策综合性咨询的概念

工程咨询是一项知识和技术高度密集的专业化工作,涉及自然科学和社会科学的诸多领域,其本质在于科学地进行投资建设项目决策,推动国家经济社会发展。

我国传统工程咨询领域的设计、咨询、监理、造价、招标代理等专业板块仍以碎片化服务为主,造成了咨询企业综合能力不强、引领创新能力较弱、无法适应新时代高质量发展需求等一系列问题。当下,工程咨询业被赋予了新的时代使命,行业转型迫在眉睫。如何提高服务价值,满足投资者更为精细化和专业化的咨询服务需求;如何为工程建设提供高质量智力技术服务,全面提升投资效益、工程建设质量和运营效率,成为新时代工程咨询行业面对的全新挑战。

在此发展背景下,"投资决策综合性咨询"的概念应运而生。投资决策综合性咨询是指工程咨询方在投资决策环节,为投资方提供综合性、一体化、便利化的咨询服务,有利于深化投融资体制改革、优化营商环境、促进投资高质量发展。它从传统的"投资咨询"概念发展而来,但更强调投资咨询在工程建设全生命周期中的综合性、引领性、重要性和多元性内涵。

1.2 投资决策综合性咨询的发展现状

1.2.1 国内投资决策综合性咨询发展现状

国内投资决策综合性咨询的发展主要伴随"全过程工程咨询"模式的推进而展开。在我国进入高质量发展阶段之后,为适应高质量投资和有效投资的需求,国家提出在项目决策和建设实施两个阶段,着力破除制度性障碍,重点培育发展投资决策综合性咨询和工程建设全过程咨询。从国家政策、地方性实施指引到相关行业协会制定的标准,投资决策综合性咨询的发展路径逐渐明晰,正逐步走向业务实践创新并与国际惯例接轨的新阶段。

1. 国家政策文件

与投资决策综合性咨询相关的重要部委文件包括如下内容。

(1) 2017年2月24日,《国务院办公厅关于促进建筑业持续健康发展的意见》(国办发〔2017〕19号)首次提出培育全过程工程咨询理念:"鼓励投资咨询、勘察、设计、监理、招标代理、造价等企业采取联合经营、并购重组等方式发展全过程工程咨询"。"投资咨询"被定义为全过程工程咨询众多环节中的一个,其重要性尚未明确体现。

(2) 2018年3月15日,《关于推进全过程工程咨询服务发展的指导意见(征求意见稿)》发布,提出:"全过程工程咨询是对工程建设项目前期研究和决策以及工程项目实施和运行(或称运营)的全生命周期提供包含设计和规划在内的涉及组织、管理、经济和技术等各有关方面的工程咨询服务。"投资咨询环节在此可对应为"工程建设项目的前期研究和决策"。

(3) 2019年3月15日,《关于推进全过程工程咨询服务发展的指导意见》(发改投资规〔2019〕515号)发布,指出,全过程工程咨询服务包括投资决策综合性咨询和工程建设全过程咨询,分别对应项目决策和建设实施两个阶段。要重点培育发展以上两类咨询,"以投资决策综合性咨询促进投资决策科学化"。同时,"规范投资决策综合性咨询服务方式""鼓励投资者在投资决策环节委托工程咨询单位提供综合性咨询服务"。

至此,投资决策综合性咨询提升为全过程工程咨询的核心环节。这不仅对其提出了"综合性"的服务要求,也对投资咨询提出了面向新时代高质量发展的战略性、多样化、集成化要求。

(4) 2019年4月14日,国务院发布《政府投资条例》(国务院令第712号),针对政府投资的建设项目,对投资决策综合性咨询的主要组成部分项目建议书、可行性研究等提出了相关要求。

(5) 2020年8月28日,住房和城乡建设部建筑市场监管司发布关于征求《全过程工程咨询服务合同示范文本(征求意见稿)》意见的函(建司局函市〔2020〕199号)进一步规范并细化了投资决策综合性咨询服务,工程建设全过程咨询服务,其他单项咨询服务的相关服务内容、取费标准、进度计划与咨询人员要求等。

(6) 2023年3月23日,国家发展和改革委员会发布《关于印发投资项目可行性研究报告编写大纲及说明的通知》(发改投资规〔2023〕304号),要求加强项目可行性研究,提升投资决策科学化水平,促进高质量发展。

2. 地方性服务指引(实施指引)

2017年至今,全国范围内推出的相关地方性服务指引(实施指引)包括但不限于广东省住房和城乡建设厅发布的《广东省全过程工程咨询试点工作实施方案》(粤建市〔2017〕167号)、《建设项目全过程工程咨询服务指引(咨询企业版)(征求意见稿)》和《建设项目全过程工程咨询服务指引(投资人版)(征求意见稿)》(粤建市商〔2018〕26号),深圳市建筑工务署《全过程工程咨询实施指引(试行)》,安徽省地方标准《全过程工程咨询服务管理规程》(DB 34/T 4161—2022)等。在这些实施指引中,投资决策综合性咨询均作为全过程工程咨询的有机组成部分而被推广实践。

3. 国家技术标准

(1) 2020年4月23日，《房屋建筑和市政基础设施建设项目全过程工程咨询服务技术标准（征求意见稿）》发布，内容覆盖投资决策和建设实施的全过程。其中，第五章"投资决策综合性咨询"明确了投资决策阶段综合性咨询的内容、程序及成果。通过细化咨询服务内容，提升了投资决策综合性咨询的实际可操作性。全过程工程咨询业务的组合如图1-1所示。

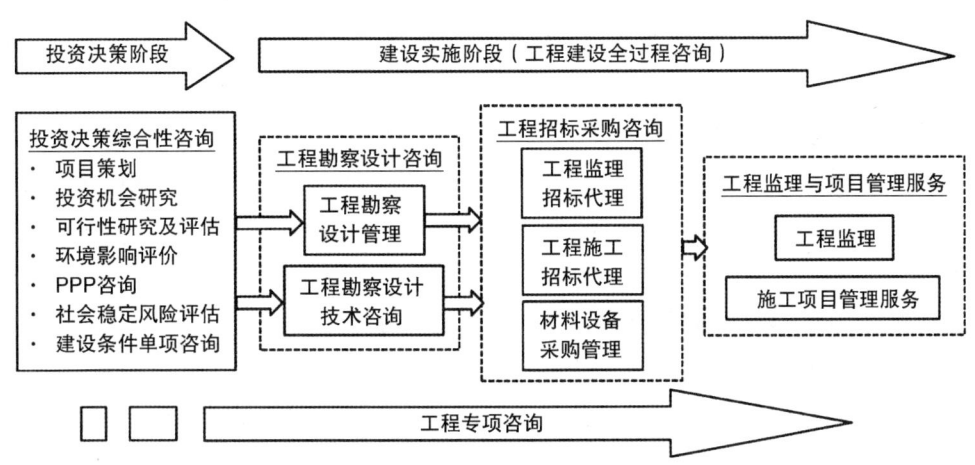

图 1-1　全过程工程咨询业务的组合示意图

资料来源：《房屋建筑和市政基础设施建设项目全过程工程咨询服务技术标准（征求意见稿）》。

(2) 2021年10月11日，工程咨询行业首个国家标准《工程咨询　基本术语》(GB/Z 40846—2021)发布。该标准运用标准化的手段，借鉴国际咨询工程师联合会(FIDIC)等国际工程咨询机构的咨询理念和业务实践，定义和规范了工程咨询的基本术语。其中详尽清晰地界定与解释了投资决策综合性咨询的主要服务内容（规划咨询、投资机会研究、投融资咨询、项目建议书、可行性研究、评估咨询、专题研究等），为我国的工程咨询业与国际接轨发挥了先导作用。

4. 相关协会发布的标准及规程

(1) 2022年3月，中国工程咨询协会印发《关于加快推进工程咨询业高质量发展的指导意见》，提出了行业高质量发展的新方向，落实了重点举措。涉及投资决策综合性咨询的相关举措包括：开展行业服务领域、模式与产品多维创新，进一步提升前期决策咨询业务的价值取向，鼓励咨询产业链的各环节集成发展和融合创新。

(2) 2021年，中国勘察设计协会发布《全过程工程咨询服务规程（征求意见稿）》，规程第四章"投资决策阶段"涉及本书相关内容，在项目建议书、可行性研究（含专项咨询及评估）、立项决策咨询的基础上，将建筑策划也纳入投资决策阶段。

(3) 2022年8月，中国工程建设标准化协会发布《建设项目全过程工程咨询标准》(T/

CECS 1030—2022),其中第六章"项目投资决策咨询及管理"界定了投资决策阶段的管理角色定位、管理层级、职能模块、内容界面、方法流程、成果文件、绩效评价等要素。

1.2.2 国际投资决策综合性咨询发展现状

咨询业作为一个独立的行业,最早在19世纪初的英国出现。20世纪40年代以后,西方发达国家开始出现专业化的大型现代咨询机构,涉及政府制定重大经济规划与政治政策、开展大型基础设施与重大技术工程项目建设等各个领域。本书提到的工程咨询领域,其本质是把科学系统的专业化服务引入投资建设项目决策与实施活动乃至国家经济社会发展中。

1. 国际业务实践模式

区别于我国目前各板块相对碎片化的工程咨询发展现状,欧美发达国家更注重建设项目的全生命周期工程顾问服务(Life Cycle Project Consulting),主流的工程咨询模式包括以下两种。

(1) 德国模式:工程项目设计公司与项目管理咨询公司(以设计为主体)组成联合体与业主签订合同,共同承担全过程咨询服务。

(2) 美国模式:由一家工程顾问公司承担项目全生命周期的设计与管理咨询服务,与业主签订一站式全过程工程顾问合同。

工程咨询的服务内容主要分为两类:一是与设计紧密相关的工程项目设计类服务,二是跟管理紧密相关的工程项目控制与管理类服务。在德国模式中,两种服务内容独立展开;而在美国模式中,两种服务内容则由一家咨询公司统筹进行。

比较典型的采用美国模式的机构如美国艾奕康(AECOM)设计集团,从1999年成立至今,其在全球范围内的业务领域已经从成立之初的5个扩展到现在的14个(包括交通运输、基础设施、建筑、水务、新能源及环境、经济规划、城市发展、项目管理等),涵盖了建设项目全生命周期的所有关键环节,业务足迹遍布全球150多个国家,奠定了其在全球设计咨询服务领域的重要地位。又如瑞典著名建筑设计与工程咨询公司斯维科(SWECO)集团,目前拥有员工已超过16 000人,同时在全球70多个国家和地区开展业务。SWECO集团以可持续发展为主题,以城市规划和建筑设计为重点,并结合能源、环境、交通、地理信息等多种工程咨询经验,为世界各国建设提供低碳、可持续发展的综合解决方案。

投资决策综合性咨询作为全生命周期工程顾问服务的引领阶段,为整个项目的科学有序开展奠定了坚实基础。

2. 国际行业协会政策导向

由最具权威性的国际咨询工程师联合会(FIDIC)制定的国际通用的《客户/咨询工程师(单位)协议书(白皮书)指南》(2001年第二版)(*Client/Consultant Model Services Agreement*)第四章服务协议书的服务范围(Normal, Additional and Exceptional Services)中明确规定了咨询工程师可提供的咨询服务内容,包括投资前、详细规划、设计、采购、实施和运营6个阶段的各类咨询。其中,投资前和详细规划两个阶段提供的咨询服务可基本对应本书中的"投资决策综合性咨询"概念。

此外,参考英国皇家建筑师学会(RIBA)2020年的工作手册(RIBA Plan of Work 2020 Overview)中的相关内容,可以看到"Pre-Design"(项目前期阶段)咨询基本可对应本书的"投资决策综合性咨询"一节相关内容。

项目前期阶段在RIBA的体系中包括"Stage 0 Strategic Definition"(0阶段 战略定位)以及"Stage 1 Preparation and Brief"(1阶段 设计准备与任务书)两个阶段。欧洲建筑师协会(ACE)与英国项目管理协会(APM)在项目前期阶段也有类似0阶段和1阶段的服务内容,如表1-1所示。

表1-1 国际通行惯例中的项目全生命周期阶段划分

	项目前期		设计				施工	交付	使用	终止
英国皇家建筑师学会(RIBA)	0	1	2	3		4	5	6	7	
	战略定位	设计准备与任务书	概念设计	无	施工图设计	技术专项设计	施工	完工&交付	使用	无
欧洲建筑师协会(ACE)	0	1	2.1	2.2	2.3	2.4	3		4	5
	项目识别	项目确认	概念设计	初步设计	施工图设计	深化设计	施工	无	使用	终止
美国建筑师协会(AIA)	—	—	—	—	—	—				
	无	无	方案设计	无	施工图设计	施工文件	施工	无	/	无
英国项目管理协会(APM)	0	1	2	3		4	5	6	7	
	战略研究	产出定位	可行性研究	无	概念设计	深化设计	交付	项目结束	实现效益	无
西班牙	—	—	—	—	—	—				
	无	无	项目基础	无	项目执行		施工	完工	无	无
澳大利亚国家建设规程协会(NATSPEC)	—		—	—	—	—				
	无	立项	概念设计	方案设计	施工图设计	施工文件	施工	无	设施管理	无
新西兰建造业议会(NZCIC)	—		—	—	—	—				
	无	项目前期	概念设计	初步设计	施工图设计	深化设计	施工	无	运营	无
俄罗斯										
	无	无	可行性研究	设计阶段	招标阶段	施工文件	施工	无	无	无
南非		1	2	3	—	4	5			
	无	项目立项	概念和可行性研究	施工图设计	无	施工文件	施工	项目结束	无	无

注:虚线框部分为文中提到的"项目前期阶段"。
资料来源:RIBA 2020年的工作手册,p9。

0阶段与1阶段所涉及的服务内容与投资决策综合性咨询中包含的规划咨询、投资机会研究、投融资分析、项目建议书、可行性研究、专题研究、评估咨询等服务内容基本契合。0阶段的主要服务内容包括根据业主需求提出总体战略、管理咨询、资金筹措方案、全生命周期分析、可持续性研究、设计思路、风险评估等；1阶段的主要服务内容包括开展可行性研究、形成详尽清晰的设计任务书、准备项目进度表等。在这两个阶段中，建设项目还未正式进入工程设计阶段，业主如有设计方面的需求，则可以指定第三方的设计顾问团队解答相关问题。

1.2.3 小结

综合对比国内外投资决策综合性咨询发展，可以发现，国内的工程咨询业近年来虽在行业规模和专业能力建设方面得到了较快增长，全过程工程咨询业务链基本形成，但咨询企业的综合实力仍然不强，综合咨询的能力、业务创新的能力以及参与国际市场竞争的能力仍然不足。我国工程咨询行业既要与国际接轨，又要兼顾既有的工程咨询相关标准，从顶层集成传统的"碎片化"工程咨询业务，目前在业务实践层面还有较大成长空间。

第 2 章

投资决策综合性咨询的服务内容及适用范围

2.1 投资决策综合性咨询的阶段划分

投资决策综合性咨询涵盖多专业和多阶段的工程咨询服务,以项目是否初步被识别为界限,可分为规划咨询和项目前期两个阶段。项目前期阶段依据项目决策的程度可分为项目识别阶段、初步立项决策阶段和立项最终决策阶段,如图 2-1 所示。

项目阶段	投资决策综合性咨询			项目实施阶段		项目运维阶段	
	规划咨询阶段	项目前期阶段			勘察设计	施工	实施后评价	运营维护
		项目识别	初步立项决策	立项最终决策阶段				
服务内容	规划咨询 战略规划 产业规划	投资机会研究 项目策划	项目建议书 投融资咨询 专题研究	项目可行性研究 项目申请报告 资金申请报告 评估咨询 专项评价				

图 2-1　投资决策综合性咨询阶段划分及其服务内容

在项目识别阶段,需完成投资机会研究、项目策划、投融资咨询、专题研究等服务内容;在初步立项决策阶段,需完成项目建议书(投融资咨询可纳入其中)、专题研究等服务内容;在立项最终决策阶段,需完成可行性研究(投融资咨询、专题研究可纳入其中)、项目申请报告(仅为核准类项目需要)、资金申请报告(仅为获得资金支持项目需要)、评估咨询、专项评价等服务内容。

2.2 投资决策综合性咨询的服务内容

投资决策综合性咨询作为建设项目的投资决策环节,内涵非常丰富,服务内容和适用范围也具有"弹性",旨在为业主提供综合性的咨询服务,包括规划咨询、投资机会研究、项目策划、投融资咨询、项目建议书、项目可行性研究、项目申请报告、资金申请报告、评估咨询、专题研究、专项评价等咨询服务。投资决策综合性咨询的各类型咨询之间也存在服务内容交叠等情况,在业务实践中,需根据具体情况统筹考虑。

2.2.1 规划咨询阶段

规划咨询是指与经济、社会、行业、机构或其他特定发展规划相关的咨询服务与交付物。根据社会发展的要求,分为不同层次和不同功能的规划,包括总体规划、专项规划、区域规划、主体功能区规划、行业规划、产业规划、战略规划、建设规划、企业规划等。规划咨询可以为具体项目识别提出合理可行的发展方向、产业规模、空间布局、总体实施方案等。

2.2.2 项目前期阶段

项目前期阶段需完成项目识别、初步立项决策和立项最终决策三个阶段的咨询服务,包括项目投资机会研究、项目建议书(预可行性研究)、可行性研究、项目申请报告、资金申请报告,以及投融资咨询、专项评价、专题研究等专项咨询。在具体实践中,投融资咨询、专项咨询等成果内容也可统筹纳入项目可行性研究报告。

1. **投资机会研究**

投资机会研究是指寻找有价值的工程项目投资机会的相关研究咨询服务及其交付物,包括行业投资机会研究和项目投资机会研究两大类。研究咨询的重点包括对潜在行业/项目的相关背景、市场状况、投资条件、投资回报与风险等进行初步调查研究和分析预测。投资方可根据研究结果进行投资方向/项目筛选,建立项目储备库,为制定投资计划和项目进一步研究决策奠定基础。

2. **项目建议书**

项目建议书是指与项目初步可行性研究及立项初步决策相关的研究咨询服务及其交付物,也称预可行性研究。其研究咨询重点可包括对拟投资项目的必要性、迫切性(时机)、可行性(技术、工程、财务、经济、环境、社会)、可能性(建设条件)等的调查比选论证,对总体方案进行综合比选,提出初步推荐方案,再对推荐方案的投资规模、财务效益、经济效益、社会效益和风险等进行初步估算和分析,对项目立项初步决策和进一步研究提出意见和建议。

3. **可行性研究**

项目可行性研究是指与项目可行性论证、立项最终决策和实施策划相关的研究咨询服务及其交付物。大型项目或复杂项目通常在项目投资机会、项目建议书（预可行性研究）基础上进行。研究咨询重点可包括对拟投资项目的必要性作进一步论证，对项目可行性（技术、工程、财务、经济、环境、社会等方面）、项目实施条件与保障措施等进一步调查比选论证，提出项目推荐方案，对推荐方案的建设规模、主要技术标准、总体与重要局部方案、项目实施计划、投资规模、投融资方案、财务效益、经济效益、风险与应对措施等进行全面深入分析，对项目立项最终决策和实施提出意见和建议。

可行性研究是投资决策综合性咨询服务的核心内容，应充分发挥其专业作用，辅助科学决策，主要聚焦需求可靠性、要素保障性、工程可行性、运营有效性、财务合理性、影响持续性、风险可控性等七个维度，围绕项目建设必要性、方案可行性及风险可控性三个目标展开。

4. 项目申请报告

项目申请报告是指企业投资项目为取得投资主管部门的行政许可而编制、提交的专项报告。根据我国现行投资管理规定，针对关系国家安全、涉及全国重大生产力布局、战略资源开发和重大公共利益的企业投资项目，政府需要进行核准管理，企业通常委托咨询方在项目可行性研究基础上编制，为投资主管部门核准项目提供依据。

5. 资金申请报告

资金申请报告是指为获得资金支持而编制、提交的专项报告。政府资金支持包括无偿补助、奖励、转贷、贷款贴息、基金或投资入股等方式。企业通常委托咨询方编制资金申请报告，为政府机构批准给予资金支持提供依据。

报告内容和格式需满足资金批准机构的要求，通常包括项目单位概况、项目概况（含项目建设内容和方案）、申请资金支持的原因及依据、项目效益分析与申请资金支持金额等。

6. 投融资咨询

投融资咨询是指与项目投融资策略和方案相关的专项研究咨询服务及其交付物，通常在项目策划与决策阶段进行，可以是项目建议书（预可行性研究）、可行性研究的内容，也可以是专项咨询成果。研究咨询内容可包括对拟投资项目的投资策略分析、投资规模与用款计划、投资方式、资本金与债务资金比例、资金来源与计划、资金成本与投资回报、投融资风险与应对措施等进行调查、分析、比选，提出可行的投资策略与投融资方案建议。

针对不同投资主体，投融资咨询的侧重点不同。针对政府投资类项目，强调公共财务管理的重要性；针对企业投资类项目，则需要为投资者设计合理的投资模式和融资方案，实现企业投资目标。

7. 评估咨询

评估咨询是指对规划、项目或特定事项的决策、实施过程与结果进行评价的咨询活动与交付物，可包括规划评估、项目决策评估、规划和项目中期评估、投产（运行/运营）前评估、后评价等综合性评估，也可包括安全评估、绩效评估、能效评估等专项评估。

评估咨询是投资项目前期和项目投资决策过程中的一项重要工作，贯穿工程决策的整个过程。评估工作可从宏观、中观和微观多个维度更准确地把握项目总体战略、投资有效性、建设可行性、后期运营维护等要求,从而更有效地促进决策目标实现。

在本书涉及的投资决策综合性咨询研究范围内,主要关注项目前期的评估阶段。不同委托主体和不同阶段的项目前期咨询成果,对评估的内容和侧重点有不同要求。结合具体业务实践,项目前期的评估咨询服务内容可包括项目建议书评估、可行性研究报告评估、项目申请报告评估、资金申请报告评估等。

8. 专题研究

专题研究是指对规划和工程项目涉及的基础资料、关键问题、重要局部方案进行的特定调查与试验研究。在业务实践中,针对一些影响项目决策的重大事项,通常会单独展开专题研究以为决策提供补充材料,其成果后期可纳入可行性研究统筹论证,以提高决策的科学化水平,如规划与项目所在地区人口、经济、社会发展、需求与价格、自然条件等调查预测,超高层建筑与桥梁的抗震、抗风荷载专项试验研究等。

9. 专项评价

专项评价是指对规划和工程项目的重要建设条件和方案的效果、影响进行的评估。例如规划与项目地震安全性、地质危害危险性、消防安全性和环境影响、节能水平、防洪能力、社会影响、工程安全与风险、社会稳定性风险等专项评价。

2.3 投资决策综合性咨询的适用范围

投资决策综合性咨询业务适用于《工程咨询行业管理办法》(2017年国家发展改革委令第9号)中规定的21种专业[1],本书中重点关注民用建筑和基础设施类建设项目两类。

根据投资主体及资金来源不同,建设项目可分为审批制、核准制、备案制[2]三种类型,它们需要完成的投资决策综合性咨询服务主要包括以下内容。

2.3.1 审批制项目

政府投资项目,包括政府采取直接投资方式、资本金注入方式投资的项目,采取审批制。项目单位应当编制项目建议书、可行性研究报告、初步设计,按照政府投资管理权限和规定的程序,报投资主管部门或者其他有关部门审批。

---

[1] 工程咨询业务包括以下二十一种专业:(一)农业、林业;(二)水利水电;(三)电力(含火电、水电、核电、新能源);(四)煤炭;(五)石油天然气;(六)公路;(七)铁路、城市轨道交通;(八)民航;(九)水运(含港口河海工程);(十)电子、信息工程(含通信、广电、信息化);(十一)冶金(含钢铁、有色);(十二)石化、化工、医药;(十三)核工业;(十四)机械(含智能制造);(十五)轻工、纺织;(十六)建材;(十七)建筑;(十八)市政公用工程;(十九)生态建设和环境工程;(二十)水文地质、工程测量、岩土工程;(二十一)其他(以实际专业为准)。

[2] 国务院2004年7月发布《国务院关于投资体制改革的决定》(国发〔2004〕20号),要求转变政府管理职能,确立企业的投资主体地位,根据建设项目是否使用政府资金投资建设及是否列入《政府核准的投资项目目录》,分别实行审批、核准、备案三种管理方式。

如项目资金全部使用政府投资,则不需要提供融资方案分析。

如项目建设资金涉及除政府投资以外的其他来源,还需要编制投融资专篇或者资金筹措方案专题报告[①]。采用政府和社会资本合作(Public-Private-Partnership,PPP)模式的项目,还需完成PPP项目实施方案。

政府专项补助和贴息资金申请项目,需完成资金申请报告。

2.3.2 核准制项目

实行核准管理的具体项目范围以及核准机关、核准权限,由国务院颁布的《政府核准的投资项目目录》(以下简称《核准目录》)确定。实行核准制的企业投资项目,需完成政府核准企业投资项目申请报告、政府核准企业投资项目评估报告。

2.3.3 备案制项目

对于不属于政府投资的项目以及不在《核准目录》内的项目,实行备案管理。企业可根据内部投资决策、招商或融资需要,编制可行性研究报告、招商手册、商业计划书等。

---

① 融资方案应在初步明确项目的融资主体和资金来源的基础上,对融资方案资金来源的可靠性、资金结构的合理性、融资成本的高低和融资风险的大小进行综合分析。

第 3 章

发展投资决策综合性咨询的价值与意义

投资决策综合性咨询是建设项目投资决策科学化和民主化的重要依托和智力支撑。提高投资决策综合性咨询的质量是工程咨询行业高质量发展的重要前提。

3.1 发展投资决策综合性咨询的重要性

3.1.1 投资决策综合性咨询是行业实现高质量发展的关键

传统工程咨询领域中，咨询、设计、监理、造价、招标代理等企业在各自专业领域处于相对封闭的状态，但彼此工作内容存在交叠，产业组织碎片化。我国已进入高质量发展的新阶段，传统模式难以适应新时代对综合性、一体化、跨阶段工程咨询服务的迫切需求。这种需求与现行制度造成的单项服务供给模式之间的矛盾日益显著，工程咨询业被赋予了新的时代需求。提高资源配置效率，服务国家重大战略，高质量投资和有效投资，适应政府职能转变，都是时代对投资决策综合性咨询提出的更高要求，因此，产业链融合集成发展势在必行。

3.1.2 投资决策综合性咨询在项目全过程咨询中具有统领作用

投资决策综合性咨询的准确性、科学性和引领性对整个建设项目的顺利实施、有效控制和高效利用投资至关重要，与后期的工程建设全过程咨询业务相互关联、密不可分，是建设项目全生命周期价值导向的首要体现。在业务实践中，尤其在复杂重大建设项目中，咨询企业更应秉承自身科学专业的知识体系，引导业主通过投资决策综合性咨询的系统性论证，准确把握投资方向，有效控制建设成本，规避投资风险。

3.1.3 投资决策综合性咨询为投资审批制度改革提供有效支撑

投资决策综合性咨询的优势主要体现为咨询服务的协调性、集约性，这就要求审批流程的高度集中和统一，对投资项目审批流程进行优化创新，减少大量内容大同小异的重复审批,精简审批事项和条件,取消不合法、不合理、不必要的审批事项,减少保留事项的前置条件。尤其建议建立"一审一批复"制度,综合报告一次审批,对国家法律法规和产业政策、行政审批中要求的专项评价评估,可一并纳入可行性研究统筹论证,整合可行性研究各专题,审批部门形成联审组,对可行性研究综合报告进行"一次审批",并联合出具"一份批复",实现"一本报告,并联审批"的操作性,提高审批效率,缩短审批周期。

3.2 投资决策综合性咨询未来业务展望

3.2.1 积极拓展非标准类综合性咨询业务

综合性咨询在区域规划实施到单个项目立项之间,存在可拓展的"项目形成前战略定位研究阶段"。在此阶段,政府决策部门较难仅以传统的项目建议书、可行性研究报告为决策的客观依据,当一系列综合性、跨部门(包括城市规划、市政、交通、投融资、建筑、工程经济等)的决策难点集聚出现时,在实际操作中便会产生大量咨询需求,综合咨询的难度大大提升。但对咨询企业而言,这同时也是价值创造的高地。未来,此类非标准综合性咨询,如发展战略咨询、产业规划咨询、定位研究与策划、重大项目识别、设计任务书策划等,可成为咨询企业重点拓展方向之一。

3.2.2 形成"1+N"多种服务方式组合模式

随着我国进入高质量发展时期,建设项目的复杂性和综合性要求逐渐提高,咨询企业从仅关注核心细分领域业务,逐步走向产业上下游融合、跨行业融合。咨询产业链的各环节集成发展和融合创新已成必然,采用"1+N"(综合咨询+单项咨询)模式将成为业务拓展的主要方式,如"战略规划+产业策划+专项研究"的组合型咨询服务总包,"前期策划+城市规划+建筑设计+立项咨询"的一体化园区开发,"重大项目谋划+前期策划+投融资咨询的综合决策咨询"等融合性业务,在业务实践中的比例将逐渐提高。

3.2.3 综合性咨询的人才体系建设

综合性咨询应设立"总咨询师负责制",充分发挥责任咨询师的核心主导作用。在人才队伍培养中,咨询企业应重视人才综合能力的提升。团队负责人通常需要具有扎实的跨专业融合能力、优秀的创新知识学习能力、准确的政策导向理解力与良好的协调沟通能力。在复杂项目中,团队负责人还需进行各板块咨询成果之间的协调和平衡,使各板块紧密融合,并可延伸至项目后期实施阶段。

3.2.4 数字化技术赋能综合性咨询

以人工智能、物联网为代表的新一代信息技术正在推动全球经济进入新一轮周期,对咨询企业而言,以数字化技术赋能综合性咨询,如建构专业知识库平台、数字化管理平台等,可促进企业价值创造产生叠加效应,帮助业主实现更优化的动态决策,实现更高的投入产出比。同时,也可帮助咨询企业强化资源的综合配置能力,有助于推动企业价值创造模式创新升级。

第 2 篇

服务成果及主要内容

第4章

前 期 策 划

　　策划,在《辞海》中解释为谋划、筹谋,亦作"策画",最早出现在《后汉书·隗嚣传》:"是以功名终申,策画复得。"主要指计谋、谋略,后来衍伸到设计、筹划、谋划等。在现代,策划有了更明确的概念。美国哈佛企业管理丛书认为:"策划是一种程序,在本质上是一种运用脑力的理性行为。"其包含了在项目开始之初,通过收集大量资料和开展调查研究以获得充分的信息,从而对决策实施进行多方面科学分析和论证的行为。也就是说,策划是当前针对未来要发生的事件作出决策。

　　策划在生活中已被应用得越来越广泛,大到国家、行业、区域等宏观策划,小到企业、活动、项目等微观策划。根据策划所针对的不同事物类型,其主要类别包括:制定长期发展方案的战略策划、树立市场形象价值推广方案的营销策划、运用活动事前布局而进行的广告策划、采取传播沟通媒介树立公共形象的公关策划……工程咨询行业是一个正在飞速发展的智力型服务行业,是运用多学科知识和经验为政府部门和投资者对建设项目的投资决策与实施提供咨询,以提高宏观和微观的经济效益的服务。2017年2月24日,国务院办公厅发布《关于促进建筑业持续健康发展的意见》(国办发〔2017〕19号),首次明确提出要"培育全过程工程咨询"。庄惟敏等在《建筑策划与后评估》一书中提出了"前策划—后评估"的理念和方法,"前策划""后评估"成为全过程咨询中一首一尾两个重要环节。如果说"后评估"是对项目建成后的适用性及合理性进行评判,那么"前策划"则是为项目前期的科学决策提供保障,建设项目的前瞻性、科学性需要充分的前期策划工作予以支撑。

　　本章主要探讨研究建设项目开始之初以决策为目的所进行的系统、科学的论证性工作,即建设项目前期策划。

4.1 前期策划的概念

　　策划是对事物的总体设计与安排,目的是使其有计划、有步骤地进行,以确保取得最佳效果。所谓建设项目的前期策划,是为了使项目建设达到预期目的而作的决策与计划。前期策划是在建设项目前期阶段,为委托方明确项目建设意图、征求上级主管部门意见、开展项目融资推广、进行工程建设和招商运营提供科学指导,提出建设项目目标及总体设想,并落实为导向科学、目标明确、系统完整、操作性强的成果，为项目决策提供依据的专业性活动。

前期策划工作处于建设项目全过程生命周期的前期阶段，需要在项目概念提出后，通过充分的信息收集和市场调查，针对项目决策提出投资的必要性、可能性、可行性、合理性，并展开科学分析和论证。前期策划的构成框架一般以政策规划的指导、市场发展的态势为基础，对建设项目的土地价值、产业方向、客户需求等进行深入研究，提出合理筹谋，包括发展定位谋划、功能产品策划、规模财务测算、开发运营计划等项目发展建议。项目前期策划本身是一种开放性、创造性的活动，适用于各类不同项目，因此也具备个性化的应用特点。根据项目前期策划报告种类不同，内容侧重点也会随之改变，但一般应包括政策性、可行性、技术性、创新性、弹性等特性。

在建设项目功能越来越复合、产品越来越创新的背景下，缺乏科学决策会造成项目建成效益达不到预期甚至严重资源浪费，在项目前期，通过前期策划科学地得出决策方向，已经取代了传统设计师辅助业主的单一决策方式。前期策划可以为下一阶段设计工作搜集、梳理、分析客观全面的信息，尽可能地科学优化和平衡多方利益，帮助项目尽快落地并实现建设目标，提升社会、经济、文化、生态等价值。

前期策划的目的是为项目建设的决策和实施增值。通过调查研究和分析现状条件，针对项目建设的决策和实施，或决策和实施过程中的某个问题，进行经济和技术等方面的科学分析和论证。前期策划是针对未来发展及其结果所作的谋划，能有效地指导未来工作的开展，并取得良好的成效。

前期策划与规划的不同在于，前期策划是策略与谋划，没有固定的规范和法则；而规划是规矩与划定，有固定的规范与通则，更加侧重对项目一定时期内发展的综合平衡、战略指引与保护控制，从而使其实现有序发展。前期策划需要整合多方面专业的知识，具有前瞻性和开放性的特点；规划则需在规范与通则的框架内进行综合性和系统性的安排，具有时效性和强制性的特点。前期策划是项目建设的灵魂，规划是项目实施的保障，如李忠先生所言，"策划之于建筑规划，不是'保健性'的OTC，而是解决'痛点'的Rx。规划工作中常常存在三大难以解决的'痛点'问题：经济与空间难平衡、内容和形式难对应、城市发展难引人。而策划，正是解决弥补规划工作'痛点'问题的有效手段"。策划师往往具有复合的知识、专业的技能、创新的思维等，在前期策划中解决经济、空间、内容、形式等问题，协同规划师、建筑师在下一阶段形成更为合理的、更加创新的设计方案。

总而言之，建设项目的前期策划是通过谋划、创意和论证，在充分研究现有条件和发展趋势的前提下，通过顶层设计，提出具有巨大价值的目标和可落地实操的最佳方案的活动，是集策略、理念、市场、创意、定位、运营、效益等于一体的综合性解决方案。

4.2 前期策划的原则

建设项目前期策划的目的是咨询方对项目的定位目标、产业环境、规划任务等提前作出预见性的分析评价,在论证过程中比选出最适用于实际情况的经济方案,为业主的最终决策提供充分依据。因此,前期策划作为业主和实施方之间的第三方咨询服务,应始终坚持以下原则,有机运行。

(1) 论证独立客观。即要求前期策划在综合多方诉求后从实际环境出发,只有遵循独立客观原则的前期策划才是真实可靠的,才能对项目决策作出正确的指导。

(2) 分析科学切实。即要求策划人员具备一定水平的专业素质和职业素养,掌握系统科学的理论及方法,使创新和创意自觉、能动地符合策划对象的客观需求。

(3) 实施讲求时效。即要求前期策划先行把控整个项目实施的进度安排,方能有条不紊。建设项目投资大、建设周期长的策划需要站位最前端,减少项目随时间推移出现的不确定性。

(4) 综合效益最大化。即要求策划人员根据建设业主总的目标要求运筹规划,保证项目在完成后获得满意可靠的经济效益、环境效益和社会效益。

(5) 可持续发展。即要求前期策划阶段对于后续施工过程的趋利避害作出全面的考虑,实现建设项目经济与人口、资源、环境相协调,做到开发利用与保护环境并重,达到可持续发展。

为了给委托方提供优质服务,前期策划应遵循的服务原则包括专业人力投入、时间进度计划、定期汇报交流、商业信息保密、科学合理定价等。项目前期策划报告应由经验丰富的咨询师组成的专业团队负责,保证在项目合同规定的服务周期内全程参与编制。为确保项目顺利开展,在编制过程中也须与委托方及相关政府部门充分地沟通交流,并根据时间进度计划定期向委托方或政府进行项目汇报,根据会议意见及建议对报告进行修改、优化、完善等工作。如项目涉密,应签订项目保密协议,切实保障委托方商业信息安全。前期策划服务收费参照2017年修订的《城市规划设计计费指导意见》中"17.2 开发策划"收费标准及同等类似案例,结合项目的服务类型、内容要求、投资额度及建设规模等实行科学合理的定价。

4.3 前期策划的价值兑现

前期策划是一个辅助业主或者设计单位进行项目决策的咨询服务过程,前期策划不是如可行性研究这样的法定程序,但由于其对项目投资、规划设计、建筑设计甚至后期运营都有非常重要的指引和借鉴意义,越来越受到各方决策层的重视。

前期策划的门槛不算高,无论是业主单位还是各个专业,都能在策划方面提出各方的理解,但真正做好前期策划又很难:没有相应的资质要求,也没有行业上的具体界限,但是又需要多专业集合。这是前期策划的现实情况,也是前期策划最为显著的特征。正是因为上述特征,前期策划与业主单位和各个专业才能有对话的语境,可以成为各方的沟通渠道和辅助工具,这是前期策划对推进建设项目最大的价值所在。

前期策划通过缜密的逻辑能力、强大的信息处理能力以及活跃的创意能力形成策划报告，对上（业主单位）可以用清晰易懂的逻辑和数据模型来辅助决策层进行项目的相关决策；对下（主要指规划建筑设计方）可以指引下一步的设计方案推进。虽然说前期策划服务最后的成果是一份策划文本，但在规划方案中或者建筑方案这些法规文件和实施方案中体现前期策划内容，才是前期策划最大的成果。前者是服务的成果，后者是策划的成果。

前期策划与规划/建筑设计工作协同是目前市场上的趋势，二者之间是相互赋能的关系。由前期策划形成的设计任务书在定位、功能、体量、运营、分期建设等多方面更能传达建设单位的建设意图。在一些需要创新思维的项目（如文旅类项目）中，前期策划更是整个项目方案的"灵魂"所在，其严谨的逻辑能力、创新的表现能力结合与之匹配的设计方案，更容易得到决策层的认可，实现项目的预期目标（如拿地、方案决策等）。

目前，很多设计单位都增设了以设计为主导的前期策划团队，面对一般传统或者常规的项目，因其项目设计经验丰富，不乏亮眼的表现。但面对问题复杂、内容新颖或者非其专长的项目领域时，难免力所不逮。而以咨询人员为主导的前期策划团队，无论是其独立性，还是项目经验、团队专业构成，或是接触新事物的能力，通常会强于以设计人员为主导的前期策划团队，在面对复杂项目、创新项目或者新领域项目时也往往更容易寻找到解决路径。

4.4　前期策划的主要内容

前期策划不只是提供"点子"或不切实际地"指点江山"，而是为业主提供战略方向研究、功能产品建议、投资决策服务等，也为后续工程咨询服务指明清晰方向，打下坚实基础。前期策划成果一般为"前期策划报告"，其中包含的内容依据不同建设项目的不同情况而有不同侧重点，不能照抄照搬，但基本的内容模块比较接近，通常包括五个主要方面内容，即前期调研模块、产业研究模块、整体定位模块、功能产品模块、开发运营模块和效益评价模块。

前期策划是逻辑性极强的创造性智力服务，而充分获取相对完整且科学的信息是前期策划的先决条件。作为前期策划最基础的一环，前期调研模块是指运用案头研究、实地踏勘、调研访谈等方法，充分获取项目有关资料并作科学分析，找出项目发展难点和痛点，并基于宏观、微观及市场等多维度分析，提出项目初步方向与策略思路，为后续策划模块顺利推进奠定较好的基础，确保后续少走弯路。根据项目基础数据分析，产业研究模块会结合咨询方需求与愿景对项目拟承载产业的方向、产业发展目标、产业设置和标准进行确定和论证等。整体定位模块是前期策划的重点内容，主要基于前期分析，给出项目整体定位、形象定位、客群定位、产业定位、功能定位等核心结论。根据分析结论，制定项目总体定位，设想具体策划思路，通过功能产品模块展开项目策划；在定位指导下完善项目功能的定性分析，将项目拟具有的功能、设施和服务等落到产品实处，引出运营模块。开发运营模块和效益评价模块主要包括投资运营、招商引资等内容，分析并评估项目投入产出、社会经济效益及招商引资方向,确保项目投入产出比良好,社会经济效益可观,招商引资活力四射。

一环扣一环的假设、分析、研究与论证,以及一个又一个精彩的创意与设计有机结合,构成了"顶天立地"(既有前瞻性又有落地性)的前期策划报告。

4.4.1 前期调研模块

前期调研是前期策划最基础的一环,也是不可缺少的一环,否则,后续策划内容将是无本之木、无源之水,经不起推敲。

前期调研模块主要包括宏观背景分析、基地条件分析、产业市场分析、物业市场分析等内容。其中,宏观背景分析从国内外大势、发展战略、所在地政府政策、城市规划、城市与区域间融合联动等维度展开,从宏观层面解读项目价值与机遇。基地条件分析则立足项目所在地,有的放矢地分析区位交通条件、现状资源(包括自然资源、文化资源、旅游资源等)、产业基础(既有产业规模及分布情况、龙头企业情况等)、地块条件(四至、规模、规划建设条件与指标等)、周边环境、周边项目、现状功能产品(既有建筑、功能、产品等),从中观及微观层面分析项目优劣势及发展机遇。产业市场分析包括某类或某几类产业市场需求、分布、竞合和变化方向,以期评估本地产业生态基础;市场规模容量、分销渠道运行模式和营销模式,以评估产业未来发展趋势。物业市场分析则是通过现场访谈,调研项目所在地周边办公、商业、住宅(类住宅)、商办、会议会务等,在充分获取详实的一手信息与资料基础上,针对最终成果需求详细分析与研判。

1. **宏观背景分析**

包括国际环境与大势、国家战略与政策、项目所处城市经济圈、省市层面发展政策与利好、城市上位规划解读、宏观区位交通组织、宏观产业经济分析等,研判项目发展机遇与挑战。

2. **基地条件分析**

包括微观区位交通条件、资源禀赋(自然资源、文化资源、旅游资源、产业资源等)、产业基础、地块条件(四至、规模、规划建设条件与指标)、周边环境、周边项目、现状功能产品等,分析项目发展优势与痛点问题。

3. **产业市场分析**

包括本地产业生态调研与分析、产业市场规模及增长分析、该产业或某(几)个环节市场占有率分析、该产业或某(几)个环节市场需求及增长分析、市场竞合分析等,通过图表等形式,直观表现该产业市场情况,预判产业市场格局与前景。产业市场分析通常结合相关产业、企业的访谈工作进行,需设计访谈提纲和调研表格,如表4-1~表4-7所示。

4. **物业市场分析**

主要分为办公、商业、住宅(类住宅)、商办、会议会务等,在充分调研获取一手信息与资料的基础上,进行多维度、交叉分析。办公市场分析包括但不限于办公物业规模、物业等级、总楼层数、标准层面积、标准层高、户型分割、得房率、交付标准、装修水平(公共部位)、租金水平、物业费等;商业市场分析包括但不限于物业规模、物业档次、业态业种、商业动线、租售情况、租金水平、出租率、物业费、开间、进深等;住宅(类住宅)市场分析包括但不限于单价、户型、容积率、客群、绿化率、物业费、配套等;商办市场分析包括但不限于物业规模、总层数、标准层面积、单层面积、每层单元数量、单价、总价、客群、装修标准、配套等。物业市场分析通常结合相关表格和实地调研、踏勘进行,须针对不同物业类型及项目成果需求设计调研表格,如表 4-8～表 4-10 所示。

表 4-1　产业访谈提纲——各级政府/管委会相关领导及人员访谈

访谈对象	访谈问题
政府办/自然资源局	● 简要介绍项目所在市/县/区发展定位与规划构思
发改委	● 简要介绍项目所在市/县/区经济基础(GDP 及其增速)、产业结构、基础设施建设、市政配套建设等基本情况; ● 目前项目所在市/县/区整体产业发展与周边地区产业之间的互动性,目前产业发展面临的困局; ● 项目所在地目前重大项目及发展情况,未来可能的招商项目; ● 项目所在地目前重点规划产业园区及发展概况、重点发展产业、未来产业发展方向、重点企业、招商引资政策等; ● 项目所在市/县/区对本项目的未来发展的构想和要求
招商局	● 在目前招商政策中,项目所在市/县/区重点招商的企业类型,限制引入的企业,以及有具体的招商政策及规则
管委会	● 项目所在地/园区目前有的重点企业,这些企业目前的发展情况,比如规模、就业人数、税收等; ● 项目所在地/园区目前重大项目及发展情况,未来招商可能有的项目; ● 园区管委会对本项目的未来发展的构想和基本要求

表 4-2　产业访谈提纲——项目所在地及周边重点产业园区相关领导及人员访谈

访谈对象	访谈问题
园区产业及招商负责人	● 园区经济现状与具有区域影响力的产业门类介绍; ● 园区目前主导产业、各产业产值占比、各产业布局情况; ● 园区主导产业的产业配套情况; ● 园区的重点项目、带动性情况; ● 园区产业招商扶持政策; ● 园区产业服务配套
园区运营负责人	● 园区未来发展设想; ● 园区与本项目之间联动及竞合关系; ● 园区开发建设情况与存在问题、未来发展思路; ● 园区的商业配套、分布、经营情况; ● 园区的居住配套建设、分布、居住人口数量和结构情况
园区企业对接负责人	● 园区企业入驻情况
园区物业管理负责人	● 园区物业体量、租售概况

表 4-3　产业情况调研——现有产业体系及相关经济指标

主导产业门类	当年产值规模	同比增速
……		
……		

表 4-4　产业情况调研——产业扶持平台及产业创新服务情况

产业扶持平台	细分	数量	备注(获认证情况)
① 创业孵化平台	孵化器		□国家级　□省级　□市级
② 技术服务平台	公共技术服务		□国家级　□省级　□市级
③ 专业服务平台	行政服务		
	法务服务		
	财税服务		
	市场服务		
	金融服务		
	人才服务		

表 4-5　招商情况调研

企业名称	主营业务	经营环节	近三年营收	近三年税收	近三年用工规模	企业地址	物业规模	物业情况
		□研发 □生产 □服务						□自建 □租赁
		□研发 □生产 □服务						□自建 □租赁

表 4-6　企业情况调研

分类	代表企业	数量
规模以上企业		
高新技术企业		
国内上市公司（不含新三板）		
新三板上市公司		

表 4-7 人才情况调研

分类	说明	数量
国内外顶尖人才	在世界一流大学、科研机构任职的国际著名学者以及同等层次人才等	
国家级领军人才	国家一流学科带头人,中国科学院"百人计划"专家,国家实验室、国家研究中心、国家重点实验室、国家工程(技术)研究中心、国家工程实验室主要负责人等	
省级领军人才	省部级科学技术奖突出贡献奖获得者,省部级重点实验室、工程实验室、工程技术研究中心和工程研究中心主任,高等院校国家重点学科带头人等	
市区级领军人才	市杰出人才奖获得者、市重大科技项目技术负责人、享受市政府特殊津贴人员以及同等层次人才等	
其他人才	取得国内高校硕士学位或取得国家教育部认可的国(境)外高校硕士学位者、区认定的重点企业以及新三板上市企业高级管理者等	

表 4-8 办公物业调研表格

简介: 综述(开发商、营销概念、写字楼特征): 主要特征(入驻企业类型及行业、入驻率详情): 存在问题:						照片
物业基本情况						
开发商				建筑设计单位		
地址		物业构成		物业管理公司		
占地面积		总建筑面积		物业等级		交房标准
总楼层数		套数		主力户型		出售价格/去化率
得房率		电梯数量/品牌		物业费		租金水平/出租率
外立面		空调		标准层面积		开间面积
开盘时间		入驻时间		标准层高		净高
车位数量		停车费用		商务配套		
入驻企业数量				备注		

表 4-9 商业调研表格

简介： 1. 概况： 2. 主要特征： 3. 建筑风格：			照片		
基本情况			开发商		
项目名称		地址		商铺主力面积	
所属辖区		商业定位		品牌档次	
总建筑面积		代表品牌		主力店	
开盘时间		销售价格/去化率		面宽/进深	
功能分布		租金价格/出租率		层高	
开业时间		电梯数量		总楼层数		物业费
车位数量		车位费用		物业结构		配套

表 4-10 住宅（类住宅产品）、商办物业调研表格

简介： 1. 概况： 2. 主要特征： 3. 周边配套：			照片	
地址			开发商	
建造时间		开盘时间	物业结构	户型面积区间
总建筑面积		幢数	几梯几户	销售价格
入住时间		总套数	交房标准	装修价格
住户数量		得房率	物业公司	物业费
楼盘品质调查情况			几梯几户	公共配套
去化率		楼盘档次	交通配套	建筑风格
小区环境		车位数量	备注	
人群构成		车位费用		

4.4.2 产业研究模块

产业研究是前期策划的重要内容之一。产业研究通过分析建设项目基础数据，结合业主方的需求与愿景，对项目拟承载产业的方向、产业发展目标、产业设置和标准进行确定和论证。

产业研究要遵循"顶天立地"的基本原则，所谓"顶天"，是指产业定位要站位高远、有较高层次，具备一定的前瞻性、战略性，要基于社会经济和科技迅速发展的视角；"立地"则是

指产业定位需立足实际,构建的产业体系及发展路径要具有可行性和可操作性。

产业研究核心在于依据产业内生逻辑,挖掘关键要素,通过筛选模型进行科学定位。产业筛选的思路首先是经过多重维度构建产业发展机会库;然后结合特定的方法模型,利用一定的指标体系评估候选产业,筛选出目标产业;再通过合适的方法模型选择细分产业,构建"顶天立地"的产业体系;最后根据产业发展需求,制定发展路径和实施策略,确保产业定位落到实处。

1. 研判产业方向

构建产业机会库。从国家宏观战略、区域发展策略、政策规划利好、本地产业基底、项目基础条件及其他层面进行多维度叠加分析,研判产业发展机遇,构建趋势向好、根基稳固、续航优越、特色显著且具备示范带动作用的评估候选产业体系,明晰项目产业初步发展方向。

2. 搭建产业结构

贯彻创新、协调、绿色、开放、共享等产业发展理念,采用 VC-3C 法[即产业价值链(Value-chain)、能力(Competence)、机会(Chance)、合作(Cooperation)四个维度]、一维线性法、二维线性法、因素叠加法、产业融合法、产业生态圈法等产业分析方法与模型评估候选产业,进行第一轮产业筛选,确定目标产业类型,搭建产业结构。

3. 构建产业体系

第二轮产业筛选是基于产业环节、市场供需、市场竞合、投资价值、基地特色等维度交叉分析与筛选,确定主导产业细分领域。依托初筛和复筛成果,构建"顶天立地"的产业定位体系,明确项目核心产业、支撑产业及基础产业。

4. 制定发展路径

"顶天立地"的产业体系成功构建之后,并不意味着产业研究工作的结束。产业如何落地、招商如何开展等也是产业研究的重要内容。一般而言,产业的开发落地都秉承一定的分期开发原则,根据区域发展阶段与特征、基地所在成熟片区开发的时序规律等,合理安排开发时序。紧随其后就是顺应潮流趋势,切合项目实际,明确招商对象,定制招商策略,确保产业研究实现闭环,切实解决项目落地问题,满足业主需求。

产业体系构建的一般步骤可参照图 4-1 执行。

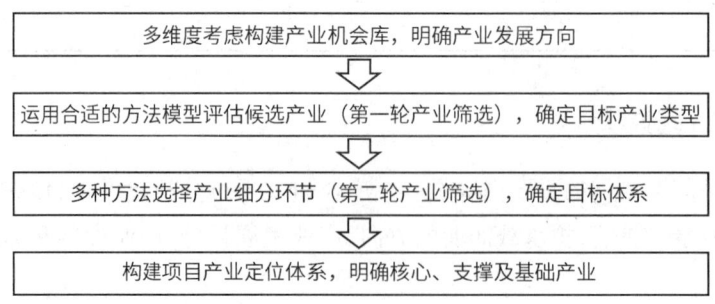

图 4-1　产业体系构建的一般步骤

产业研究是一个逻辑推导过程,具体到不同类型、不同规模、不同需求的项目时,需要根据项目实际情况作适当调整。如前所述,产业咨询项目按照级别可分为四类,一般来说,产业定位的一般步骤通用于不同规模能级的产业策划与规划,以及存量概念产业策划项目。但对于某类产业的产业策划来说,则需要有选择地采用。

4.4.3 整体定位模块

为了使项目能够顺利落地建设,并且在整个市场复杂多变的大环境之下,让项目抢占领擎地位,就要根据项目背景和市场分析对项目的市场角色进行精准的战略定位。一个项目能否落地并可持续发展,前提条件就是对"建什么"要有一个准确的建设意图和初步构思。整体定位的好坏直接影响整个项目策划的成败,应该具备可行性、可实施性和可持续性,并且需要与市场需求和技术水平相匹配。

整体定位模块是前期策划的重点内容和核心结论,嫁接前期分析阶段对项目开发核心问题的研究初判结论,确定项目到底是一个什么样的项目,对项目发展战略进行思考,也就是项目建设的基本思路,明确项目的性质、产业方向、客群来源、总体规模、建设标准以及预计项目在社会、经济发展中的地位、作用和影响力。整体定位往往是前期策划的最终成果,或者是在详细的功能分析和经济分析后对先期提出的整体定位的再修正。整体定位模块一般包含项目总体定位、建设目标愿景、项目客群定位、产业发展定位等。

1. 项目总体定位

总体定位要遵循多条定位原则,首先要符合时代和区域特征,应具备稀缺差异性和互补互动性,更要体现不同因素的盈利性和总体平衡性。科学合理的定位往往需要多要素(文化定位、主题定位、形象定位、市场定位、品牌定位、档次定位等)协同推导,比如能够锁定客群来源的市场定位、能够界定产品档次的品牌定位、能够体现文化特色的文化定位、能够凝练主题IP的形象定位等。

2. 建设目标愿景

项目承载使命及未来应达到的目标一般包括质量目标、投资目标、进度目标等方面,它们相互关联,构成了一个完整的系统。其中,质量目标需要根据项目类型和建设要求来明确,包括建设标准、建设档次等;投资目标指项目建设的总投资,需要根据区位、规模、建设标准等因素来初步确定;进度目标需要明确项目的建设周期及分期开发计划。

3. 项目客群定位

基本明确"到底是一个什么样的项目"之后,最关键的是要解决"人"的问题。首先解决"目标客户从哪里来"的问题,须捕获各级市场客群,包括基础存量客群、主力增量客群和潜力增量客群。根据市场需求分析,将瞄准目标客群对产品的偏好作为功能产品策划的市场依据。

4. 产业发展定位

在对项目所处的产业背景进行深入分析的基础上,综合考虑政策规划、本地基础、资源优势、市场需求等多方面因素，制定适合项目的产业发展策略，包括产业地位定位、产业体系主题、产业平台载体等方面。前瞻性、战略性的产业发展方案需要构建清晰的产业定位体系，明确核心主导产业，拓展支撑产业，延伸特色产业。

4.4.4 功能产品模块

在整体定位模块制定的纲领性方针下，以满足项目运营活动需要、客群需求为目的，归纳出每一类功能的主导需求，提出一系列可实施的重点项目、活动等功能产品方案，将项目拟具有的功能、设施和服务等落到实处，为项目后续规划设计提供依据，使规划设计方案更具合理性和可操作性。

通过引申整体定位，明确功能定位，分析各功能的具体使用和活动需求，构建功能产品体系。对具体产品进行分解和细化，考虑落地实现方式，进行功能分区和空间布局设想，研究建设指标，进一步对各功能区进行详细的面积分配，提出合理业态配比和建设规模等建议。功能产品模块的具体内容包括功能产品体系、功能分区设想、产品业态策划、业态规模建议。

1. 功能产品体系

在产业发展方向形成的产业体系矩阵中进行产品筛选，明确核心产品方向。优势产品往往以组群的方式联系起来发挥集聚效应，而不是将所有产品平均分散在项目内；需要分层次，明确项目会实现哪几大功能，每项功能又包含哪些产品，层层递进，形成清晰的功能产品结构体系。

2. 功能分区设想

在具体的项目建设中，设计往往更擅长形态的表现，在此基础上，通过前期策划将项目产业功能和文化主题契合进去，可以牵引项目的特色化空间设计。策划所做的功能分区是对功能的定性分析，不考虑空间的界限，不能代替规划设计，主要目的还是从整体上建立功能的串联，同时从分项上对功能分解作出梳理，诠释项目的策划逻辑，并考虑到建设区域和建设时序与功能实现的关系，加强运营思维导向。

3. 产品业态策划

业态策划是功能产品的分解和细化，反之也是确定、修改和调整功能定位的基础。业态策划从运营主体、使用客群出发，满足活动所需的各种设施与服务，明确各功能产品的性质、业态组成、规模和建设标准。

4. 业态规模建议

业态规模涵盖产品业态的用地面积、建筑面积等常规建设指标。例如，开发地下空间的项目需要细分地上、地下建筑面积；在城市更新项目中，业态的建筑规模建议细分为新建、改造、修缮等。针对不同类型项目功能产品，还需要给出人数、户数、座位数、房间数、床位数、设备数、车位数等其他规模指标建议，例如，医院项目需要尽可能提供科室数、床位数、医生/护士/医技人员数、医疗设备数量等建议。产品业态规模建议可参照表4-11。

表 4-11 产品业态规模建议表

功能分区	序号	产品名称	业态策划	用地面积 [公顷(hm²)]	建筑面积 (m²)	其他规模指标建议
分区一	1				新建/改造/修缮	人数/户数/座位数/房间数/床位数/设备数/车位数等
	2					
	合计(地上/地下)					
分区二	3					
	4					
	合计(地上/地下)					
总计(地上/地下)						

4.4.5 开发运营模块

前期策划基础分析、产业(市场)研究、整体定位、功能产品主要回答建设项目"做什么"的问题,开发运营则是重点回答建设项目"怎么做"的问题。前期策划阶段的开发运营主要是指对建设项目的开发模式、运营模式等提前作出安排和建议,为建设项目后续落地和实施指明方向。建设项目运营策划不是在运营阶段才进行,其时间越早,对建设项目的运营越有利。本模块开发运营主要涉及开发模式建议、开发分期计划、运营模式建议、运营招商策划、营销活动策划等内容。

1. 开发模式建议

根据项目规模、公私性质、开发主体、运营主体、投融资模式等方面的差异,建设项目开发模式侧重点应有所不同,总体上,以盘点项目特征、解析影响因素、定性分析为主。以产业园区为例,以发展趋势划分,特定项目的推荐模式不同,从政企合一的早期阶段开始,随着市场的发展,出现了以华夏幸福基业股份有限公司为代表的产业新城模式,其以区域整体委托开发为重点,但随着国家政策的变化、地方治理水平的提升、存量开发时代的开启,这类模式适用项目也越来越少,出现了产业地产商模式、城市更新模式等;以开发阶段划分,城镇新区的新建产业园区多以"政府主导、企业运营、产城融合"的三位一体模式为主,而存量工业厂房则可结合城市更新进行改造,以轻资产运营模式为主;以区位特征划分,交通站点周边以 TOD(Transit-Oriented-Development)开发模式为主;以开发主体划分,高校科技园区与民营企业自有园区诉求大相径庭,对应的开发模式也差异巨大。

2. 开发分期计划

对于大多数建设项目,统一规划、分期开发,最终是为了实现项目综合效益最大化。近期建设项目应重点解决项目建设的现实问题,突出可实施性;远期建设项目应充分考虑到未来的发展需求,突出前瞻性和引领性。建设项目开发分期计划一般受项目外部市场环境、基地自身条件、项目和产品特征、企业资金效率等因素的影响,需要综合各利益相关的诉求，提出最佳的分期开发计划。

3. 运营模式建议

前期策划阶段的运营模式主要从项目运营管理组织、不同类型物业运营模式、相关人员配置和拟导入的招商资源建议等角度进行建议。其中，开发运营模式的核心在于确定项目的盈利方式和租售比例。以产业园区为例，主要包括通过土地一级开发盈利、产业销售盈利、物业租赁盈利、提供产业服务和园区管理服务盈利、持有物业资本化盈利等，根据不同项目盈利重点不同，应确定不同的租售或自持运营比例，最终决定项目的运营管理组织模式。以商业综合体为例，则根据租售方式不同，可细分为六种常见模式，分别为零散出租与各自经营、整体出租、整体出售、零散销售和统一经营、零散销售和各自经营、租售结合。前两种单纯出租，模式简单，开发企业不必建立经营团队，每年除收取固定收益外，还可以通过物业产权抵押等方式融资，同时享有物业增值的收益，但项目租期较长、收益低、套现难度大；第三、四、五种模式为单纯出售，开发企业资金回笼快，但失去产权；最后一种模式的优点在于能够在前期完成大部分招商工作，降低项目运营风险，同时可以借助主力店经营形成品牌效应，利于后期招商，但市场上知名品牌多采用租用方式经营，导致投资回收期较长，未来不确定性增加。

4. 运营招商策划

运营招商策划是实现开发商利益最大化的重要环节，也是保障项目运营效益最大化的重要环节。随着地产存量时代的开启，开发利润的下降，运营阶段的获利也逐步受到重视。招商策划内容主要包括确定目标群体、收集资料、制定招商方案、制定方案实施策划和方案实施后的跟踪与反馈，各部分内容根据项目类型不同也有所区别。例如，对于产业类项目，在招商方案中应重点对招商政策进行分析，如企业入驻标准、产业导向政策、土地优惠政策、财税减免政策、人才政策等，制定有时效性、针对性、合理性的招商优惠政策是推动项目稳步实施的关键。

5. 营销活动策划

在运营阶段，活动策划是吸引客流、快速集聚人气的重要手段。尤其是文旅项目，系列主题活动包括节庆、会议、研讨会、文化展会、体育比赛等，可以以活动为载体对文旅产品或成果进行集中展示和交易，可以有效刺激消费动机，拉动消费增长。此外，随着数字经济时代的到来，除了线下活动，线上活动也可以让项目迅速"出圈"，利用网红效应，打开项目市场，获得较高知名度，树立项目形象。

4.4.6 效益评价模块

策划项目的效益评价是指对实现国家和地方各项社会发展目标的贡献的评价，是从建设期到后期运营阶段对整个社会创造的社会效益。策划项目的效益分析指标通常包括税收效益指标、就业效益指标、生态环境指标、风险分析指标等内容。

1. 税收效益指标

策划项目既是经济发展的重要推动力，也是税收收入的重要来源。税收效益是国民经济效益的重要组成部分,是衡量策划项目经济贡献度的重要指标。税收效益是指某个项目在一定的面积范围内(一般是1公顷,即15亩)所创造的税收总额,通常以每公顷或每亩的税收总额来衡量。策划项目的税收效益指标一般用"亩产税收"来表示,具体的要求因地区和政策而异。需要注意的是,不同地区和不同类型策划项目的"亩产税收"要求会有所不同,具体要求还需要根据当地的政策和行业情况来确定。

2. 就业效益指标

策划项目就业效益是指项目建成后给社会创造的新的就业机会。项目的就业效益一般用每单位投资所提供的就业人数的多少来衡量,或者用提供每个就业机会所需投资的量来衡量。按照策划项目投资结构和劳动力结构,劳动力就业效益指标可分为总就业效益指标、直接就业效益指标和间接就业效益指标。

3. 生态效益指标

随着"双碳"目标的提出,生态环境影响逐步得到各行各业的重视,策划项目的生态效益也得到越来越多的关注。因此,生态效益也可在效益评价中独立成篇,系统性分析项目在建设运营过程中对生态系统的改变和影响。由于生态环境的复杂性,在策划阶段,应以定量与定性结合的方式进行生态效益评价。生态效益的主要指标包括生物群落指数、区域环境指数以及水和土地指数,通过现场踏勘调研、实验室采样分析、仪器观测、卫星航拍图片、统计部门调研等方式获得数据。

4. 风险分析指标

策划项目面临着功能不断多样化、定位综合化、影响因素多元化等趋势,形成策划项目实现难度增大、项目综合集成的特点,在市场充分竞争的背景下,策划项目不可避免地面临风险。策划工作的风险分析指标体系是在前期策划阶段对未来的不确定风险提出预测和建议,通常包含自然条件风险、社会风险、经济风险、政策法规风险、经营管理风险等。

4.5 不同类型项目的前期策划实践

前期策划可按多种依据进行分类,包括项目策划的范围(总体或局部)、项目策划的阶段(决策阶段、实施阶段和运营阶段等)等。这里主要以前期策划的对象性质作为分类依据,将对象划分为产业项目、新型城镇化项目、城市更新项目、乡村振兴项目、大健康项目、文化旅游项目、文体设施项目、教育设施项目、城市公共空间项目、房地产开发项目等,并由此衍生出各类型项目策划。

4.5.1 产业项目策划

产业策划比较特殊,其特殊性在于它既可以是前期策划报告的重要组成部分,亦能独自成"章",成为独立的产业项目策划。本书所述"产业策划"主要指的是后者,即独立的产业项目策划。

产业是各级政府都十分关注的问题,历年政府工作报告高频词汇中不乏产业热点,如科技创新、"双碳"、制造核心竞争力、数字经济、区域协调发展等都与产业发展息息相关。且许多项目在建设之前,首先考虑的往往也是产业问题。政府及业主方从国家产业战略、所在地产业规划及布局、项目周边产业规划与集聚等维度,关注项目所在地未来产业发展重点与走向。只有产业定位鲜明且精准,项目定位才不会走弯路,后续建设运营及招商才会立于不败之地,从而获得较好的经济效益。

产业策划是基于当前国内外产业环境与发展趋势以及所在城市经济、产业发展规划与基础,通过分析项目所在地周边市场需求并结合项目自身特点,从资源、基础、能力分析等方面入手,分析各种资源要素和能力对备选产业发展的重要性。采用多种产业研究方法,多维度筛选,选择并确定项目产业体系。

产业策划的任务是基于新兴产业的不断产生和高科技产业的不断发展,依托项目所在地经济、社会环境和区域发展规划,特别是重点扶持的新兴产业发展规划,结合产业市场环境与所在地客观情况,确定项目将吸引和重点扶持主导产业的方向和产业载体,明确项目产业市场需求,制定在项目所在地发展的产业的促进或完善措施,构建产业发展规划和实施战略。

产业项目策划按照级别可分为四类,如表 4-12 所列。

表 4-12 产业项目策划分类

分类	说明
聚焦某类产业的产业策划	包括但不限于信息技术、人工智能、生物医药、全域旅游、视频文创、养老产业、物流产业等专项产业策划
不同规模能级的产业策划	包括但不限于城市(区域)战略、片区开发、产业园区、单个建筑产业业态等策划
结合存量概念的产业策划	包括但不限于工业用地转型、城市更新、片区(园区)能级提升等
依托特定需求和策略的专项产业策划	包括但不限于飞地经济、临空经济、海洋经济、高铁经济、临港区域等

一个成功的产业策划报告,不仅可以为基地构建兼具前瞻性、适配性、指向性、带动与落地性的产业发展体系,还能为业主解答产业目标是什么、如何落地布局、招商策略是什么、意向企业有哪些,进而真正实现产业可持续发展。下面以某县钙镁新材料产业园项目为例,展示高质量的产业策划报告如何体现价值,解决业主燃眉之急。

案例 4-1 某县钙镁新材料产业园项目

钙镁新材料产业园坐落于长三角某沿江县城,长江干流穿县而过,有国家一级航道,水路交通运输业蓬勃发展。县域矿产资源丰富,开发潜力较大,是长三角城市群内重要的冶金辅助原料矿产、化工原料非金属矿产、建材、有色金属矿产及其他非金属矿产生产基地。目前已发现矿产种类近 21 种,其中石灰石和白云石等非金属矿产资源质优量大,是省内乃至长三角区域重要的非金属矿产地,已探明或正在勘察的非金属矿产资源量达50余亿吨。虽然产业资源禀赋如此优越,但该县相关产业却面临粗加工、产业附加值低、恶性竞争等尴尬局面。基于此,该县"两委"提出,"十四五"期间,依托丰富的石灰石与白云石矿产资源,大力发展钙镁新材料产业,力求找准具有市场前途的细分领域,形成链式发展,布局附加值更高的产业链环节,制定适合本县钙镁新材料产业的招商策略,并针对每个细分产业绘制招商企业图谱。明确去"哪招""招谁来",加速产业园落地建设,从而推动园区发展为所在县市钙镁新材料产业高地。

为了对钙镁新材料产业园进行"顶天立地"的产业定位,首先必须清晰界定"钙镁新材料"产业范畴——即碳酸钙新材料、镁相关新材料、钙镁新材料。项目组基于《战略性新兴产业分类(2018)》(国家统计局令第23号)中提及的碳酸钙、镁相关新材料、钙镁新材料(包括中游精深加工及下游应用领域)着重分析研究,最终,园区将产业研究思路定位为:立足碳酸钙新材料、镁新材料、钙镁新材料三大产业,从产业环节、本地基础、市场竞合与发展趋势等四个维度,确定三大产业细分领域,创新性构建钙镁新材料产业体系。

明确三大产业重点发展方向,并在此基础上,大力发展相关外延产业;构建集研发服务、生产加工、仓储物流及配套服务于一体的产业定位体系,形成强大的产业链条和产业辐射能力。

另外,提出产业发展策略与招商引资企业名录,助力园区建成后按照产业细分方向引进一批行业头部企业。以点带面,点、线、面联动发展,带动县域乃至市域范围内钙镁新材料产业协同发展,实现产业水平的整体提升。

该项目的产业链分析及产业定位分析参见图4-2和图4-3。

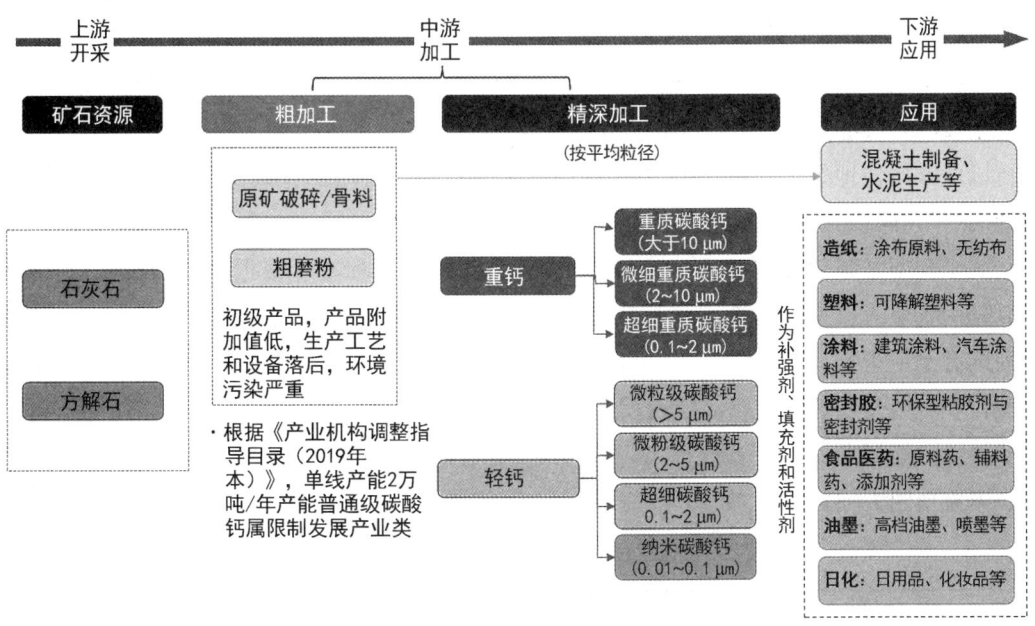

图4-2 某县钙镁新材料产业园项目——产业链分析

注:参考中国无机盐工业协会的分类。

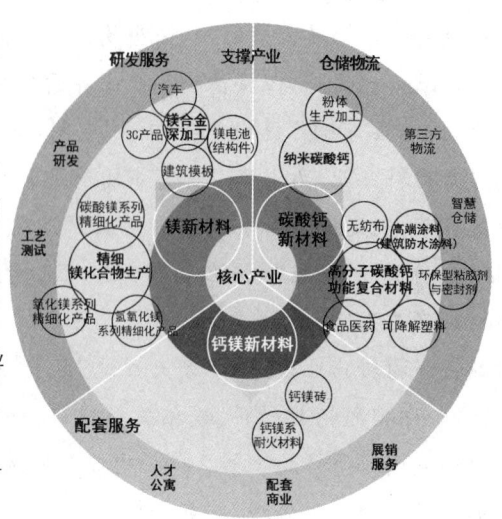

图 4-3　某县钙镁新材料产业园项目——产业定位

4.5.2　新型城镇化项目策划

自 2012 年党的十八大明确提出"走中国特色新型城镇化道路"以来,我国新型城镇化建设取得了世人瞩目的成绩。站在"两个一百年"奋斗目标的历史交汇期,深入推进"以人为核心的新型城镇化"发展战略,提升新型城镇化建设质量,既是我国最大的内需潜力,也是推动经济社会平稳健康发展、构建新发展格局、促进共同富裕的重要支撑。

2022 年 7 月 12 日,国家发展和改革委员会印发了《"十四五"新型城镇化实施方案》(发改规划〔2022〕960 号),实施方案是为了深入贯彻落实《中华人民共和国国民经济和社会发展第十四个五年规划和 2035 年远景目标纲要》(简称《"十四五"规划纲要》)、《国家新型城镇化规划(2021—2035 年)》而制定的。方案明确,放开、放宽除个别超大城市外的落户限制,试行以经常居住地登记户口制度,到 2025 年,全国常住人口城镇化率稳步提高。根据方案,到 2025 年,"两横三纵"城镇化战略格局全面形成。

关于新型城镇化策划项目分类,目前并无统一的划分标准。依据人口户籍制度,大致可以分为农业人口集聚区策划项目和城镇人口集聚区策划项目;依据土地制度,大致可以分为国有土地策划项目、集体土地策划项目;依据发展空间格局,大致可以分为区域发展策划项目和城镇发展策划项目。结合实际项目经验,本书以城镇化空间格局和空间形态作为新型城镇化策划项目的分类依据,涉及都市群策划、都市圈策划、大中小城市策划、特色小(城)镇策划四大项目类别,如表 4-13 所列。

表 4-13　新型城镇化项目策划分类

分类		说明
区域发展策划	城市群策划	包括但不限于信息技术、人工智能、生物医药、全域旅游、视频文创、养老产业、物流产业等专项产业策划

(续表)

分类		说明
区域发展策划	城市群策划	包括但不限于信息技术、人工智能、生物医药、全域旅游、视频文创、养老产业、物流产业等专项产业策划
城镇发展策划	大中小城市策划	包括但不限于工业用地转型、城市更新、片区(园区)能级提升等
	特色小(城)镇策划	包括但不限于飞地经济、临空经济、海洋经济、高铁经济、临港区域等

案例 4-2 某小镇概念性规划咨询及城市设计咨询①

某小镇项目因地理位置特殊,获得中央领导高度关注。2016年5月24日中午,习近平总书记来到地处我国东北端中俄边界的该小镇,实地察看了这里的保护与开发总体规划。习近平强调,不要建成开发区、工程区、游乐场。岛上建设的基础设施都应是对生态起保护作用的。保护生态,留一张白纸。

如何落实习近平总书记的指示,实现该小镇的生态化保护开发;如何实现该市农业、经济的跨越式发展;如何运用乡村规划途径,使城市"听得到乡音,找得到乡愁"是项目需解决的一系列问题。

策划咨询中提出了八大创新体系(表4-14),重点包括以下三大创新性解决方案。

一是创新性提出了国内首创的野生(生态系统)公园,以此来保护该小镇的生态环境,展示当地带性及原生天然生态系统。实现某岛的生态化保护开发。

二是创新性提出了"休闲支持型农业"体系,通过该模式来实现该地农业的跨越式发展。通过深入挖掘当地资源,聚集核心资源优势,提出依托某市生物资源的多样性,开展结合自然资源保护事业(生物多样性)的创新源经济方案,力争实现经济的创新发展。

三是采用"休闲城市的乡村规划途径",在保证各项城市功能的前提下,让城市"听得到乡音,找得到乡愁"。运用大区域景观设计的创新景观设计技术方法,实现完美生态基础上的景观唯美。

表4-14 某小镇概念性规划咨询及城市设计咨询——八大创新体系

创新体系名称	创新体系名称
1. 基于供给侧的城市产业动力学过程	5. 野生(生态系统)公园
2. 休闲城市整体解决方案	6. 两头对开网络覆盖的空间控制模式
3. 休闲支持型农业	7. 大区域景观设计
4. 创新源经济	8. 休闲城市的乡村规划途径

---

① 该项目获得2016年上海市工程咨询成果一等奖。

4.5.3 城市更新项目策划

中国城市已经开始进入存量时代,习近平总书记在多种场合对城市建设工作作出重要指示,强调要保护历史文化,不急功近利,不大拆大建,要突出地方特色,注重人居环境改善,要多采用微改造这种"绣花"功夫,注重文明传承、文化延续,让城市留下记忆,让人们记住乡愁。2020年11月,《中共中央关于制定国民经济和社会发展第十四个五年规划和二〇三五年远景目标的建议》(简称《建议》)公布。《建议》明确提出"实施城市更新行动",这意味着我国城市开发建设和城市更新方式将开启转型升级的全新格局。《"十四五"规划纲要》在第二十九章"全面提升城市品质"中强调,加快转变城市发展方式,统筹城市规划建设管理,实施城市更新行动,推动城市空间结构优化和品质提升;同时明确了"十四五"时期的城市更新目标:完成21.9万个城镇老旧小区改造,基本完成大城市老旧厂区改造,改造一批大型老旧街区,因地制宜改造一批城中村。

与面向城市新区、传统的片区综合开发建设项目不同,城市更新工作的主要目标是特定城市建成区的提升(包括旧工业区、旧商业区、旧住宅区、城中村及旧屋村等)。城市更新片区以补足公共服务短板、加强城市活力为主要内容,以"改建"为主,包含根据城市规划和规定程序进行的综合整治、有机更新和拆除重建活动,从而改善片区内基础设施不够完善、环境恶劣亟需修复、现有土地用途或建筑物使用功能明显不符合社会经济发展要求等城市遗留问题。其中,城市经营和管理也占据了重要的分量。

站在前期策划的角度,城市更新项目主要面临的问题是"经济与空间的难平衡",关键之处不在于城市更新的空间规划,而是构建平衡不同利益主体诉求的更新经济模式,在前期策划阶段就引入运营思维作为更新导向,采取设计-投资-建造-运营一体化(Design-Invest-Build-Operation,DIBO)城市更新路径。

按实施方式不同,根据建筑质量、风貌、更新需求目标,结合建筑"留、改、拆"方式的不同,城市更新大致可以分为综合整治类、改建加建类、拆除重建类三种模式,如表4-15所列。不同城市命名会略有不同,但实质相近。尽管城市更新的模式分为以上三类,但在实际操作中,应视当地的具体情况,结合某几种方式共同使用。城市更新策划服务可从存量土地用途的角度分为旧城镇改造、城中村(旧村)改造、老旧商业区/旧物业改造、老旧工业区/旧厂房改造、老旧城市街区/历史文化街区改造五类,如表4-16所列。

表4-15 城市更新三种模式对比

类型	综合整治类(留)	改建加建类(改)	拆除重建类(拆)
改造力度	改造力度弱;小规模、缓慢渐进式局部调整	改造力度适中;对建构筑物进行部分保留、部分拆除、部分改建、适当加建	改造力度强;产权结构、土地结构、空间形态等重构重塑

(续表)

类型	综合整治类(留)	改建加建类(改)	拆除重建类(拆)
更新内容	对基础设施、公共服务配套设施和环境进行更新完善,以及对既有建筑进行节能改造和修缮翻新等,但不改变建筑主体结构和使用功能	对建筑物局部改建、功能置换、修缮翻新,以及对建筑所在区域进行配套设施完善等建设活动	将原有建筑物进行拆除,按照新的规划和用地条件重新建设
土地/规划调整	土地性质、土地用途、权利主体不变,一般不增加建筑面积	一般不改变土地使用权权利主体,必要时可实施土地用途变更,部分城市可增加建筑面积(但受限)	可改变土地使用权权利主体,可变更部门土地性质
参与主体	自下而上多元主体参与推动	房企一般可通过改造、持有运营等方式参与项目	可分为政府主导、市场主导、政府和市场合作三种模式
盈利模式	利润较薄,以装修修缮为主	依靠资产管理和运营来提供现金流,投资回收期长	强调短期经济利益的实现

表 4-16 城市更新项目策划分类

分类	说明
旧城镇改造	对旧城镇危破旧房集中、基础设施落后的地段进行更新、保育、活化的改造活动
城中村(旧村)改造	对旧村庄与其他存量建设用地、零星农用地统筹整理,进行成片更新改造
老旧商业区/旧物业改造	常见模式为"商改商",指对原本为商业性质的物业进行改造升级,提升物业经济和社会价值
老旧工业区/旧厂房改造	包括"退二"企业用地及低效利用的旧厂房、旧仓储、旧站场、旧市场等(以下统称旧厂房)建设用地的更新改造。将现有普通工业用地改变为新型产业用地;将旧工业区升级改造为新型产业园;将城市内的废弃工业厂区打造成新型文创产业园
老旧城市街区/历史文化街区改造	涵盖老旧城市街区、历史文化街区的更新改造。历史文化街区改造是在历史建筑的基础上融入更多文化创意和对建筑保育的新理解,根据不同的建筑风格量身定制其未来用途,在最大限度保留延续历史、文化价值的基础上,充分发挥经济、社会价值

案例 4-3　某市老城区城市更新策划方案

作为坐拥顶级资源的世界级文化旅游城市,某市老城区存在城区设施老化、经济发展式微、旅游贡献不足、空间功能模糊等问题。策划组在前期调研中就充分研究老城区所涉及的多方角色需求,走访各级政府、开发商、融资机构、历史文化遗址单位、老城区居民以及外来游客不同的立场诉求,以人为本,提出"内容+空间"齐头并进的策划方案,获国际竞赛第一名,见图4-4。

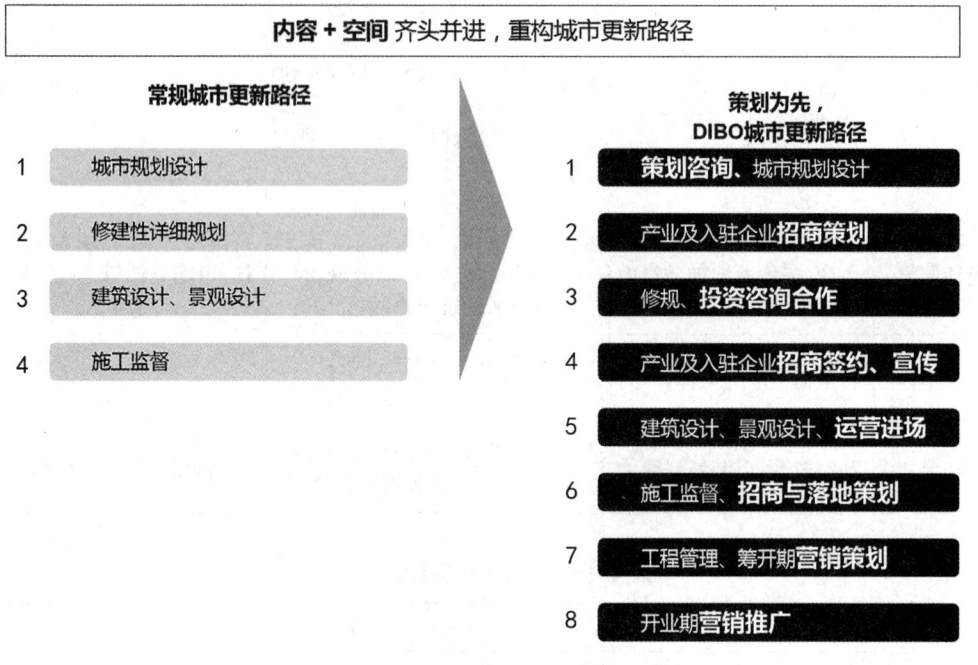

图4-4 城市更新运营思维导向下的投资建设思路——策划为先的城市更新一体化实施路径

城市更新前期策划重视"目标导向"与"问题导向"的紧密结合,以"运筹、审势、把脉、蓝图、聚焦、谋术"的逻辑思路,优化老城区规划定位,完善城市功能,激发城市活力,加强生态保护,提升城市形象,解决了城市更新的诸多难点和问题。首先以"建设某市国际化大都市最具魅力新城,打造国际文化旅游目的地,进而建设某市国际化大都市副中心城市"为总目标,围绕"山宫城寨站河""华夏源脉轴线"发展构想,有针对性地重构了项目城市更新路径。策划先于空间规划,梳理提炼项目所属地的区域文化特质,科学挖掘并活化城市历史文化底蕴,提炼出老城区"华夏源、国风潮、山河韵"的总体空间形象定位。然后,从城市战略的角度对华夏源脉上不同的板块作出价值判断,以各片区的多维价值潜力评估为基础,搭建老城区内不同板块的文化主题脉络体系,组成张弛有度的更新项目体系。结合老城区空间本底,形成"一轴一环六区"的文化结构,策划"山城寨站绿居"六大功能板块,提出了老城区特有的"十二大城市更新明星项目"。最后,给出相关的业态策划和投资实施建议,以点带面,引导后续各板块不同强度的建设运营,推行策划为先DIBO城市更新路径。

该项目前期策划为业主提供强落地、重运营的更新实践方案,全覆盖式划定统筹更新片区,对各片区进行资源整合,明确发展方向,统筹考虑13 km² 老城区策划控制区后续投融资、建设运营工作,落实资金保障,提升项目招商引资吸引力和商业谈判竞争力,持续推动国家全域旅游示范区建设迈向更高水平,实现该市老城的可持续发展,见图4-5。

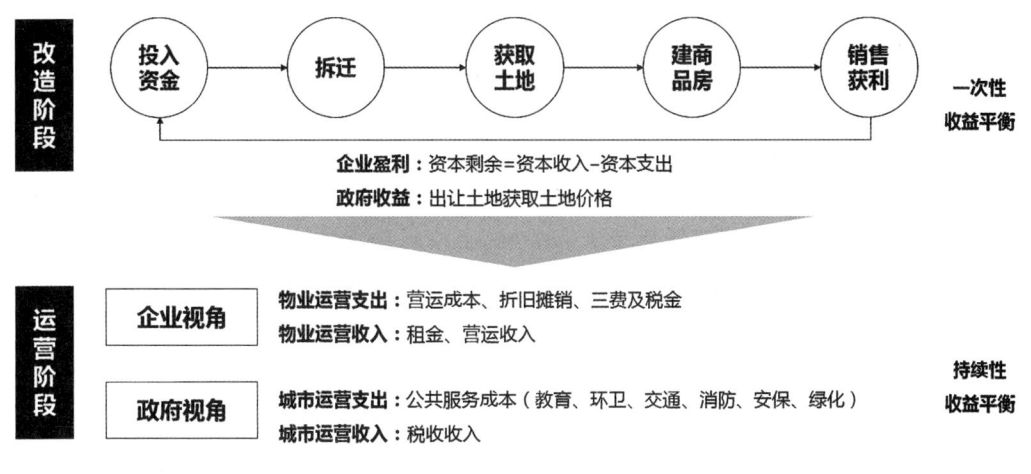

图 4-5 城市更新项目收益平衡模式转变

4.5.4 乡村振兴项目策划

"三农"(农业、农村、农民)问题是关系国计民生的根本性问题。目前,我国进入全面建设社会主义现代化国家的新发展阶段,实施乡村振兴战略,是党的十九大作出的重大决策部署,并提出实施乡村振兴战略的总要求,即"产业兴旺、生态宜居、乡风文明、治理有效、生活富裕"。2021年,设立国家乡村振兴局,出台《中华人民共和国乡村振兴促进法》,为乡村振兴战略提供力量支撑和法制保障。

从内在组分和内生过程角度上看,农业发展可以分为传统农耕和农业现代化两个阶段。依据这两个阶段,乡村振兴策划项目大致可分为传统乡村项目策划和现代农业项目策划,如表 4-17 所列。传统乡村项目策划主要指传统村落保护策划,现代农业项目策划主要涉及田园综合体策划、现代农业园区策划、数字乡村建设方案策划。

表 4-17 乡村振兴项目策划分类

分类		说明
传统乡村项目策划	传统村落保护策划	包括但不限于文物保护规划、保护实施方案、乡村旅游规划、非遗文化活动策划等
现代农业项目策划	田园综合体策划	包括但不限于农林类、农产类、文旅类、综合类等
	现代农业园区策划	包括但不限于国家级农业高新技术开发区、国家级农业科技园、高效农业示范区、省市级农业科技园区等
	数字乡村建设方案策划	包括但不限于智慧乡村建设方案、数字孪生底板、可视化系统等

案例 4-4　某市生态农业科技创新集聚区某片区发展规划及概念性规划方案[①]

该项目是当地世界级生态岛建设、农业发展规划的重点项目之一,是深入贯彻落实十九大精神、全力推动乡村振兴的重要载体。项目策划需要基于当地国际生态岛建设、农业发展规划对本案提出定位要求、总体发展策略、近中远期实施重点。概念规划需要基于区域统筹和区域生态景观规划角度,提出先期启动区区别于传统农业集聚区的发展高度与亮点,提出分区景观及风貌等层面的提升策略建议。

该项目策划咨询从国际、中国、该市三个农业产业维度思考,提炼出"生态农业""智能科技农业集聚""农业双创""新技术/新农民/新乡村"作为某片区农业未来发展关键词,充分结合"双中心"建设背景、某区绿色农业发展"2+2+1"战略布局背景、世界级生态岛建设背景,创新性地提出将该市生态农业科技创新集聚区某片区打造成为"农创走廊",围绕三高五化(三高:高产、高抗、高效;五化:机械化、标准化、产业化、组织化、生态化),实现全生态、全智能、全共享。以农创走廊串联一、二、三产,统筹三农新发展,做到"科创实践""新三农提升""示范引领"。规划上构建出"一廊、一带、一环、五片区"的空间概念规划蓝图,并通过重点项目落地实现发展规划连接。该项目策划咨询基于区域农业资源基础,在育种及设施环节、种植生产环节、加工环节、流通环节、消费环节等农业产业链环节上给出了项目的方向选择,如图 4-6 所示。

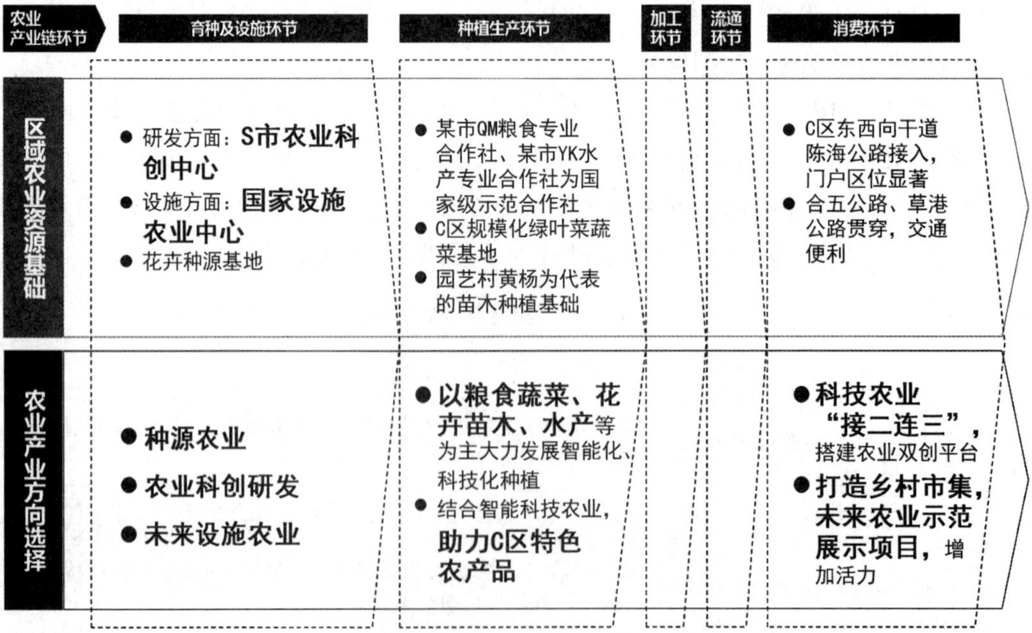

农业产业链环节	育种及设施环节	种植生产环节	加工环节	流通环节	消费环节
区域农业资源基础	• 研发方面:**S市农业科创中心** • 设施方面:**国家设施农业中心** • 花卉种源基地	• 某市QM粮食专业合作社、某市YK水产专业合作社为国家级示范合作社 • C区规模化绿叶菜蔬菜基地 • 园艺村黄杨为代表的苗木种植基础			• C区东西向干道陈海公路接入,门户区位显著 • 合五公路、草港公路贯穿,交通便利
农业产业方向选择	• **种源农业** • **农业科创研发** • **未来设施农业**	• 以**粮食蔬菜、花卉苗木、水产**等为主大力发展智能化、科技化种植 • 结合智能科技农业,**助力C区特色农产品**			• 科技农业"接二连三",搭建农业双创平台 • **打造乡村市集,未来农业示范展示项目**,增加活力

图 4-6　某市生态农业科技创新集聚区某片区发展规划及概念性规划方案——农业产业体系

---

① 该项目荣获上海市优秀工程咨询成果二等奖。

4.5.5 大健康项目策划

党的十九大报告把"实施健康中国战略"作为国家发展基本方略中的重要内容。为全面推进健康中国建设,中共中央、国务院印发《"健康中国 2030"规划纲要》,国务院办公厅印发《"十四五"国民健康规划》(以下简称《规划》)。

《规划》提出,到 2025 年,公共卫生服务能力显著增强,一批重大疾病危害得到控制和消除,医疗卫生服务质量持续改善,医疗卫生相关支撑能力和健康产业发展水平不断提升,国民健康政策体系进一步健全,人均预期寿命在 2020 年基础上继续提高 1 岁左右。同时《规划》确定了促进中医药传承创新发展、做优做强健康产业等七项工作任务。

一般认为,与人类健康相关的产业都可以纳入大健康产业的范畴。因此,对于大健康策划项目分类,各家咨询机构都按照自己的标准来划分。本书从健康消费需求和服务模式角度出发,将大健康项目策划分为医疗性服务项目策划和非医疗性服务项目策划,如表 4-18 所列。医疗性服务项目策划分为医疗服务机构项目策划和医药产业策划,非医疗性服务项目策划主要包括健康管理服务项目策划。

表 4-18 大健康项目策划分类

分类		说明
医疗性服务项目策划	医疗服务机构项目策划	包括但不限于各类医院(综合医院、中医医院、专科医院、康复医院等)、门诊部、妇幼保健院、疗养院、卫生院、卫生所、急救中心、急救站、临床检验中心、护理院、护理站、其他诊疗机构等
	医药产业策划	包括但不限于医药产业发展规划、医药产业园区、医药产业项目等
非医疗性服务项目策划	健康管理服务项目策划	包括但不限于养老服务(养老社区、养老公寓、养老酒店)、健康旅游、养老与健康照护等

案例 4-5 某药企国际生态健康城项目

该项目是企业投资项目,属于企业发展战略中的新领域,需要在详细策划论证后给出是否实施的建议。项目策划需要重点解决两大问题,一是确定项目定位及功能产品组合,即做什么的问题;二是在保证项目可行性的基础上,明确下阶段的设计内容和指标,即做多少的问题。

针对"做什么的问题",策划组开展了大量调研工作,如图 4-7 所示。调研了 S 市、L 区城区各层面的养老、医疗、康复、房地产市场,在充分了解市场现状的基础上,寻求本项目的发展机会。通过市场需求和企业自身优势评判,将项目定位为"医康养综合体",以"康复服务"作为核心依托,并提出"1+3+5"的产品组合建议。

针对"做多少的问题",项目原用土地性质为医疗卫生和社会福利用地,在投资控制、造价成本控制基础上,通过经济考量,得出只有将总地块不低于 85% 的面积调整为可出售产

专项市场	区域养老市场	区域医疗市场	区域康复市场	区域房地产市场
S市	• 至2020年缺口4.3万张床位;平均入住率51.5%; • 平均床位费每张大多2 500元/月以下; • 以来自S市不能自理老人为主,占比66.9%	• 在H省内较好,面临医疗资源分布不均、医疗机构效率低等问题,主要集中在老城区; • 鼓励医疗资源从市中心外扩,推进中医药建设与社会办医	• S市康复医院和有康复科的三甲医院集中在老城区; • 康复医院发展刚起步; • 三甲医院康复科配置远未达标	• S市规范化力度加强; • 市场集中度大幅上升、一线房企入驻带来品质化趋势; • 成交面积集中在80~140 m²,总价集中在100万~250万元/套; • 购房者最关注主城四区、G区
L区	• 至2020年缺口1 477张,平均入住率49.5%;平均床位费每张大多2 000元/月以下; • 以来自L区老人为主,S市区及周县为辅; • 健康情况以半自理老人、不能自理老人为主	• 无三级医院,医疗水平在S市略显薄弱,缺乏特色; • 到2020年,L区民营医院床位缺口为425张; • 导向:中医药、大健康服务业、社会办医高端、专科化	• L区无康复医院	• L区库存较大,L区非市内热点区域,与临近的主城区价差显著,承接外溢需求; • L区住宅均单价在300万元/亩,土地流拍频现; • 90 m²左右两室最受欢迎,售价在10 000元/m²左右
趋势预判	• 养老机构市场化趋势明显; • 民办养老机构价格自主权、养老结合趋势将更加紧密; • 服务将更亲情化、人性化; • 标准化运营是未来主旋律	• 国内医疗市场的发展趋向于发展中医药、健康管理和精准医疗三大板块,政策支持,市场空间巨大; • 赴京就诊趋势仍将继续	• 医保支付制度的改革将会更大刺激行业发展; • 康复人均床位差距大,康复医院数量短缺; • 康复人才缺口大,现阶段我国政策推力大	• 关注十九届四中全会及两会; • 区域吸引力不足及未来新四区库存去化周期延长等问题; • 未来市场规范化及专业度提升,对本项目开发的要求也上升到新的高度
发展建议	• 医养结合;四星级以上等级标准;注重服务的人性化;机构、居家、社区养老融合发展	• 瞄准病前、病后环节;不争夺医疗资源,搭建病中环节绿色通道	• 建议建造康复医院,但要注意核心优势打造、人才引进、医保支付、转诊合作等问题	• 承接主城区外溢需求;打造特色标签,健康主题地产;目标客群锁定"三高"人群

图4-7 某药企国际生态健康城项目——专项市场研究

权的CCRC(Continuing Care Retirement Community,持续照料退休社区)康养住宅的住宅建设用地,才能使整个项目达到社会平均收益水平线。基于此,策划组最终给出了"项目谨慎实施"的建议。

在解决了上述两个核心问题的基础上,基于案例分析,给出了该项目的运营模式建议,如图4-8所示。

运营模式	特点	代表案例
保险预售	• 金融机构产品与项目挂钩的养老创新模式 • 保险—理财—医疗一入驻资格 • 根据被保险人的性别、投保年龄、领取年限、交费方式以及的投保档次确定缴纳的保险费,等到65岁时,可随时入住养老社区,保费抵入住押金	泰康人寿养老社区
会员制	• 市场认可度比较高的模式,通过老年资本的募集撬动后续产业开发 • 指收取大数额的押金和少量或者不收月租的一种盈利模式,无产权 • 对于地产开发的要求较低,土地的选取选择性比较多样,可使用居住用地、商业用地、综合性用地、工业用地、旅游配套用地、农业配套地、公益用地等 • 金融收益目前还可以存在,但是风险极高。风险来源于影子银行似的社会资金链条断裂、客户法律意识的增强、未来政策管控等,其利润空间不会越来越大	上海亲和源 北京太申样和山庄 燕达国际健康城
全部出售	• 取决于开发土地的属性,需通过市场招拍挂等公开出让渠道拿到70年产权的商品房建设用地 • 前期融入适老化理念进行规划与策划,在销售阶段采用出售产权房的模式	
租售结合	• 物业有销售、租赁。销售物业和租赁物业形成一个互相支撑的作用 • 通过出售物业可快速地回笼资金,确保资金流的平衡	北京太阳城 台湾桃园长庚养生文化村
只租不售	• 长期持有,出租使用权,产权不发生转移,所以运作企业可以进行一些资本上的运作 • 前期投入的资金没办法通过一次性的资金回笼,而且回收期比较长,会面临市场风险	寿山福海

• 从经营模式来看:受土地性质等因素影响,房屋无产权,主体养老公寓部分多采取持有经营为主;社区医院基本上与大型医院合作,餐饮、会所、物业等服务性配套可外包。
• 从趋势及资本运作角度来看:服务持续盈利和管理输出成为养老地产今后的发展方向。会员制一般收取较高会费、长期租赁一次性转让数十年使用权、短期租赁收取较高押金,通过老年资本的募集撬动后续产业开发。
➡ 本项目可选用会员制运营模式。

图4-8 某药企国际生态健康城项目——运营模式建议

4.5.6 文化旅游项目策划

与普通旅游不同,文旅融合方针下的文化旅游不仅仅是简单的"文化+旅游"或"旅游+文化"。文化是旅游的核心资源,但不是唯一的核心资源;文化旅游只是旅游形态之一,不是旅游的全部。"文化+旅游"要为文化赋予新的竞争力,本质是用旅游的方式增进地方文化形象,提升地方生活品位;"旅游+文化"要为旅游增添内在生产力,本质是用文化的内涵改善旅游休闲体验,优化旅游休闲品质,丰富旅游休闲内容。

2018年3月,文化和旅游部成立。由此,促进文化和旅游的融合发展成了关系到国民社会经济发展的重要命题。2022年1月,国务院印发《"十四五"旅游业发展规划》(以下简称《发展规划》)。《发展规划》明确坚持以文塑旅、以旅彰文,系统观念、筑牢防线,旅游为民、旅游带动、创新驱动、优质发展,生态优先、科学利用的基本原则。目标是到2025年,文化与旅游深度融合,建设一批富有文化底蕴的世界级旅游景区和度假区,打造一批文化特色鲜明的国家级旅游休闲城市和街区,红色旅游、乡村旅游等加快发展。根据《发展规划》的意见,推动文化旅游事业建设需要进一步向深度、广度展开。一方面,加大对文旅产业深度发展的探索,促进产业发展提质增效;另一方面,拓展文化旅游的广度,探索新的领域、新的发展模式和新的业态等。

2015年互联网大会上,习近平总书记提到:"第二次乌镇改造时,我在这里帮助他们策划,支持他们古建保护、旅游开发",这给了我们一个透视中国旅游策划的切入点。在保护历史文化遗产与文化旅游开发之间掌握好封存,保护和开发双管齐下,把从不同的土地上获取的价值观融入到旅游开发中,让当地政府、开发商和当地居民之间自如地进行价值切换与价值融合,让文化旅游策划理念能够在地化生长。

前期阶段文化旅游类项目策划可再细分为以下六类:全域旅游类策划,向各级行政区域及省市县镇的空间尺度单位提供策划服务;风景名胜区/旅游度假区类策划,向具备统一经营管理机构、明确地域范围的景区单位提供策划服务;旅游小镇/乡村旅游类策划,向"非镇非区"发展旅游产业的特定区域提供策划服务;古镇/古城/历史街区类策划,向以本土历史文化资源本身开展旅游活动的单位提供策划服务;特色主题旅游类策划,向游乐、影视、体育、医疗等主题旅游项目提供策划服务;旅游产品类策划,向文体建筑(博物馆、赛车场等)、演艺设施(剧院、音乐厅等)、商业街区(文创街、风情购物街等)、住宿产品(酒店、民宿等)等具体旅游产品提供策划服务。各类文旅项目策划分类如表4-19所示。

表4-19 文化旅游项目策划分类

分类	说明
全域旅游类策划	以各级行政区域及省市县镇为空间尺度。重点指导旅游产业结构转变的战略理念,其核心理念是旅游业不能单一发展或孤立发展,一个旅游目的地应充分合理规划利用本地旅游资源,并有效地与其他产业融合,建设一个可吸引旅游者逗留时间长、消费高并能提高当地居民生活质量的旅游城市或县镇

(续表)

分类	说明
风景名胜区/ 旅游度假区 类策划	具备统一的经营管理机构、明确的地域范围。按照旅游景区质量等级划分为五级。按资源类型划分为自然类旅游景区、历史文化类旅游景区和人工型旅游景区;按照功能特征划分为观光体验类景区、度假休闲类景区、科考探险类景区和宗教活动类景区等
旅游小镇/ 乡村旅游 类策划	以"非镇非区"发展旅游产业的特定区域为范围策划。依托区位、自然资源、人文资源、特色产业、特色社区等优势发展旅游产业,并使之与其他相关产业、居住社区、其他旅游区(或风景区)发生交互关系
古镇/古城/ 历史街区 类策划	以本土历史文化资源作为开展旅游活动的主要吸引物。可开展文化考察游、名胜古迹游、民俗风情体验游等多种形式旅游,让游客在游览过程中达到文化研究、文化研学的目的
特色主题旅游 类策划	涵盖游乐、影视、体育、医疗等主题旅游。不拘泥于固定热门主题,主题发展既包含传统的主题公园游乐,也拥有利用自身品牌、场地优势的主题活动。主题旅游发展逐渐向主题IP化、规模化双向拓展
旅游产品 类策划	旅游业者通过开发、利用旅游资源提供给旅游者的旅游吸引物与服务的组合。按旅游产品组成状况分类,可分为整体旅游产品和单项旅游产品。涵盖文体建筑(博物馆、赛车场等)、演艺设施(剧院、音乐厅等)、商业街区(文创街、风情购物街等)、住宿产品(酒店、民宿等)等具体旅游产品

案例 4-6　某州旅游系列项目[①]

作为当地首个做全域旅游的州,某州旅游资源较突出,但发展起步晚,知名度低,资源优势难以转化为经济优势,因此,通过发展全域旅游来推动产业升级。如何创建达到全国一流水平并具有地方特色的全域旅游发展模式是我们工作的难点,如何创建全新的旅游资源评估指标,如何促进旅游、经济产业、民生改善、新型城镇化融合发展,如何以"生态化、休闲化、全域化"价值观为该地旅游发展提供指引等一系列问题需要突破。

项目首创性地提出全新的旅游资源遴选与评估体系,提出六大创新性评估指标:区域空间架构、骨干交通流线、资源要素价值、区域联动价值、品牌营销价值和整体开发价值,并建立与之高度契合的城镇及产业协调发展体系,创造了全域旅游的"某州模式"。基于资源评估结果,构建四层景区空间架构以支撑当地全域旅游的发展格局:第一层级是全域(全州范围),第二层级是片区(3个区域控制平台),第三层级是景区群(8大景区群),第四层级是若干个景区(分布在各景区群内)。结合旅游景区四级架构,构建相应的城镇化四级体系——"新型中等城市—县域城镇化—特色小(城)镇—田园(自然)综合体"以及相应的产业四级体系,如图4-9所示。

以全域旅游策划成果为基础,政府出台了一系列全域旅游发展的实施意见和行动方

---

① 该项目荣获上海市优秀工程咨询成果二等奖。

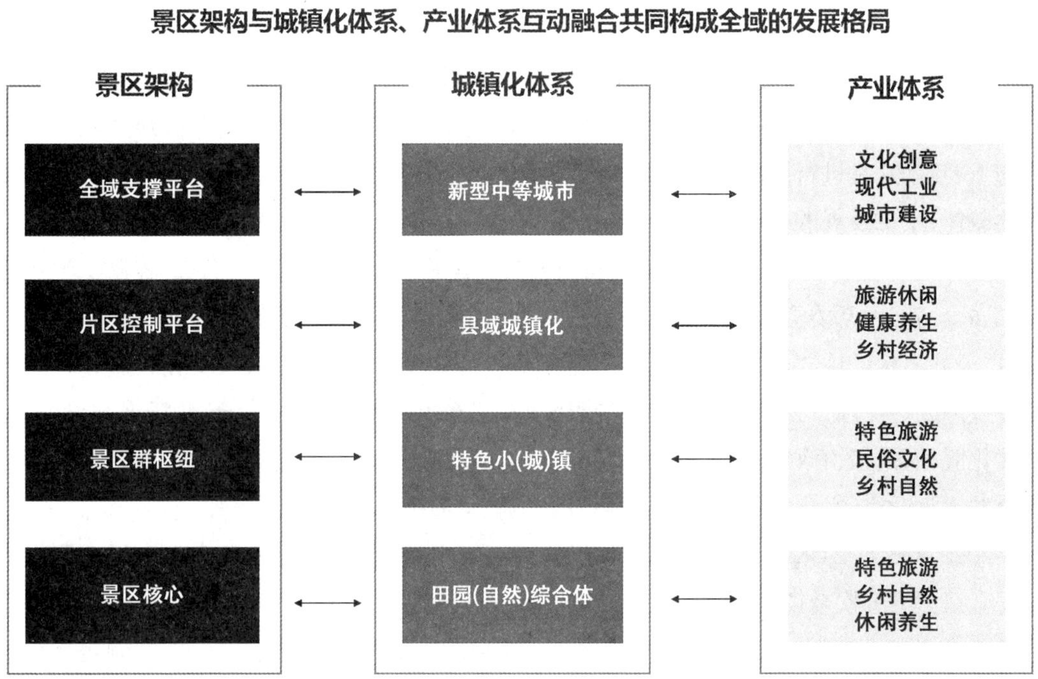

景区架构与城镇化体系、产业体系互动融合共同构成全域的发展格局
景区架构
城镇化体系
产业体系
全域支撑平台
新型中等城市
文化创意
现代工业
城市建设
片区控制平台
县域城镇化
旅游休闲
健康养生
乡村经济
景区群枢纽
特色小(城)镇
特色旅游
民俗文化
乡村自然
景区核心
田园(自然)综合体
特色旅游
乡村自然
休闲养生

图 4-9　某州全域旅游前期策划

案，后续开展四大景区（首期重点工程）、乡村旅游等专项策划。坚持“一业携手五业走，三产融合共发展”的发展思路，以休闲旅游业为核心，搭建“生态化休闲旅游平台”，培育忠诚的大城市客户群体，携手“工业、贸易、康养、文化、乡村”五业，提供“来得值，住得下，玩得开，带得走”全过程旅游体验，延长产业链，促进三产融合发展。如图 4-10 所示。

服务范围：全域→专项，州→县，景区→景点
服务阶段：设计招标前，前期策划→概念性规划→设计任务书
J县生态旅游
策划+概规
B州全域旅游
策划+概规
规划面积2.7万km²
B州乡村旅游
策划+概规
建设兵团旅游
策划+概规
规划面积2 869 km²
景区4A升5A
景区提升概规+
景点建设方案
规划面积1 301 km²
四大景区
策划+设计任务书
景观设计招标前
B河生态文化长廊
旅游规划
规划长度90 km

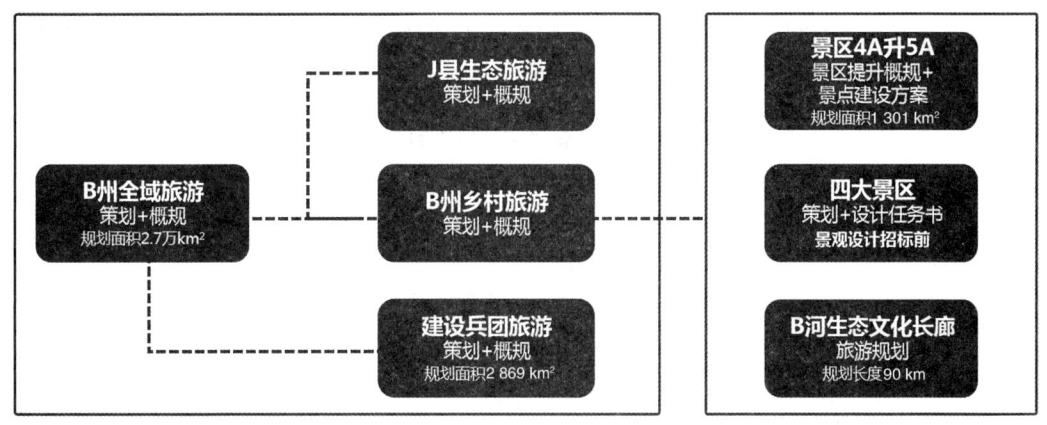

图 4-10　某州旅游系列项目

4.5.7 文体设施项目策划

文体设施是文化体育建设的基础,通常是指提供文化体育服务的建筑物、场地和设备。文体设施尤其是公共文体设施,是展示城市文化体育事业建设成果、开展群众文化体育活动的重要阵地,是进行国际文化体育交流和传播的重要平台,也是城市形象的符号、城市精神的载体、城市发展的标志。

2016年12月25日,《中华人民共和国公共文化服务保障法》(以下简称《保障法》)由第十二届全国人大常委会第二十五次会议通过,2017年3月1日起施行。《保障法》从立法层面对"公共文化设施""公共文化服务"等基本概念作出明确界定,为公共文化设施建设与管理提供制度性保障。公共文化设施,是指用于提供公共文化服务的建筑物、场地和设备;公共文化服务,是指由政府主导、社会力量参与,以满足公民基本文化需求为主要目的而提供的公共文化设施、文化产品、文化活动以及其他相关服务。

2022年6月24日,《中华人民共和国体育法》(以下简称《体育法》)由十三届全国人大常委会第三十五次会议修订通过,2023年1月1日起施行。《体育法》推进体育强国和健康中国建设,首次把国家实施全民健身战略写入法律,全面促进竞技体育发展,并制定体育产业发展规划。国务院发布《全民健身计划(2021—2025年)》,国务院办公厅发布《关于促进全民健身和体育消费推动体育产业高质量发展的意见》等政策,进一步加强了体育产业建设布局。

文体设施作为城市文体建设必不可少的重要组成部分,同时也是活动开展、市场繁荣等其他发展要素的载体,涉及众多领域,研究内容丰富。前期阶段文体设施类项目策划可再细分为以下四类:向文体集群类项目提供的策划服务,如多馆合一策划、建筑集群类策划等;向文化设施单体类项目提供的策划服务,如艺术表演策划、文化博览策划、图书阅览策划等;向体育设施类项目提供的策划服务,如全民健身/竞技体育策划、体育产业策划等;向专项课题类项目提供的策划研究服务,如区域专项规划、技术专项研究、信息化专项研究等。文体设施项目策划分类具体如表4-20所列。

表4-20 文体设施项目策划分类

分类		说明
文体集群	多馆合一	涵盖文化中心、体育中心、文体中心等
	建筑集群	涵盖文化集聚区、体育集聚区、文体集聚区等
文化设施	艺术表演	涵盖大剧院、音乐厅、歌剧院、戏剧院、话剧院、戏曲院、舞蹈中心、杂技马戏剧场、演艺中心等文化建筑
	文化博览	涵盖博物馆、美术馆、科技馆、陈列馆、纪念馆、档案馆等文化建筑
	图书阅览	涵盖公共图书馆、少儿图书馆等文化建筑

(续表)

分类		说明
文化设施	群众艺术	涵盖文化馆、工人文化宫、青少年宫、妇女儿童活动中心、老年人活动中心等文化建筑
体育设施	全民健身/竞技体育	涵盖综合体育馆、综合体育场、游泳馆、跳水馆、综合训练馆及健身中心等体育建筑,体育公园等体育场地
	体育产业类	涵盖赛车、电竞、马术、极限运动等体育产业
专项研究	省/市/区级公共文体设施专项规划	为城市重要公共区域提供集聚化、复合化发展的文体设施规划发展建议
	文体设施技术专项研究	例如文化博览类建筑的展陈专项研究、艺术表演类建筑的声学专项研究、文体设施选址研究、开发建设时序研究等
	文体设施信息化专项研究	例如文化建筑大数据平台

案例 4-7　某歌剧院项目[①]

该项目所在城市的文化设施布局无论是总量还是系统性、专业性,都已经处于国内领先水平,但对标伦敦、纽约、巴黎、东京等国际大都市,尚缺少一座标志性、具备引领性的专业歌剧院。该歌剧院的建设,填补了这一空白。该项目确定"以建成国内顶尖、亚洲一流、世界知名专业歌剧院为目标,集演出交流、创制排演、艺术教育等于一体,成为世界级城市文化地标,专业级国际歌剧艺术重要舞台,高品质城市公共文化客厅"为建设目标和功能定位。在前期策划中,需要解决面向的观众及人群,演出剧目来源,各类功能需要配备的用房数量,剧院的运营管理模式及运营目标等问题。

该歌剧院按全产业链要素设计建造,涵盖"演、创、制、教"四大核心功能——即歌剧艺术表演、民族歌剧创作、经典歌剧制作、歌剧艺术教育以及"歌剧艺术交流、歌剧历史展示、歌剧理论研究"三大辅助功能,如图 4-11 所示。演出用房由大、中、小三个歌剧厅组成,将成为世界上歌剧原创、制作和演出质量高、影响大的专业级国际歌剧艺术重要舞台。2 000 座大歌剧厅主要演出中国民族歌剧、世界经典歌剧、音乐会版歌剧、交响合唱、清唱剧等;1 200 座中歌剧厅主要演出实验歌剧、轻歌剧等;1 000 座小歌剧厅以吸引和培养青年歌剧观众及国内外游客为目标群体,打造一台天天表演的集通俗美声、独特场景和黑科技为一体的情景歌剧。三个厅承担了不同的功能,又有内在的逻辑联系,它们主要面向三大类观众:一类是音乐和歌剧的爱好者,一类是对歌剧还不太了解的观众(尤其是青年观众),一类是游客。演出剧目可以创制中国民族歌剧,与国内外优秀歌剧院联合制作经典歌剧,引进国内外优秀歌剧。这就与绝大多数剧院只有单一的演出功能不同,该歌剧院必须具有自己的歌剧生产能

---

① 该项目荣获 2020 年全国优秀工程咨询成果一等奖。

力,每年要有一定数量的自制创排歌剧,并达到一定规模的歌剧演出场次。为了创作和制作,该歌剧院配备了一系列专业用房,包括1∶1合成排练厅、歌剧创制工作室、排练用房(合唱、独唱、乐队、舞蹈)、剧目制作用房等。目标歌剧创作制作平均每年原创民族歌剧两部,制作或联合制作经典歌剧6~7部,开业5年内要将中国原创的歌剧推向世界舞台。

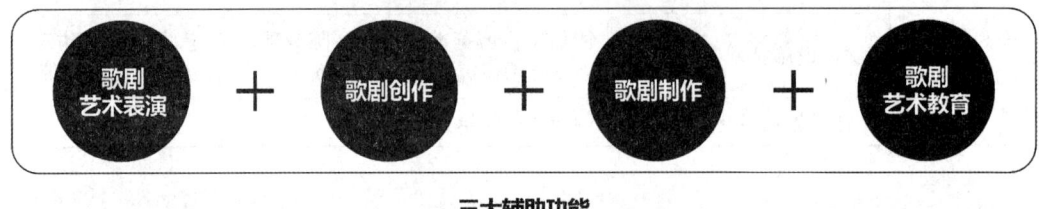

图4-11 某歌剧院主要功能

该歌剧院是"十三五"期间重大文化设施项目,也是当地打响"文化品牌"、建设国际文化大都市的重要载体,于2019年正式开工。国内剧院建设常常面临"建管脱离"的问题,该歌剧院按照所有权和经营权分离的原则,创新运营管理模式,实现运营管理的专业化、市场化和国际化。"白+黑"的运营模式,全天候对外开放,系统安排歌剧艺术教育和艺术培训;举办歌剧展演月或国际歌剧节;每年两部户外歌剧的制作演出;定期举办世界歌剧发展高峰论坛。歌剧展示及艺术教育用房包括歌剧展示、歌剧视听室、艺术家零距离平台、学术报告厅及配套会议室、多媒体互动空间、歌剧教室和亲子艺术园地等。该歌剧院计划开业后,第一年演出目标为650场,观众65万人次,前5年平均年演出目标720场,年观众75万人次,既成为国内外观众观演的目的地,也成为国内外游客旅游的目的地,真正做到了文旅融合。

4.5.8 教育设施项目策划

教育一直是牵动全社会高度关注的话题——"健全国民教育体系""完善普惠性学前教育和特殊教育""专门教育保障机制""加强科教基础设施和产教融合平台建设""完善职业技术教育和培训体系""支持和规范民办教育发展""开展高水平中外合作办学"……这些热点话题无一不在强调完善和强化教育设施的重要性,以期构建智慧化、多元化、复合化、人性化的校园,为学生提供良好的学习生活空间,全方位提升学校的教学和实践水平。

一般而言,广义的教育设施是指开展教育工作所必需的软硬件设施。主要包括教育工作所需要的空间、环境,以及有关的教育教学设备,即教育基建、学校设备和社会教育设施。从性质上看,本书所述教育设施策划,不仅包括新建校园(校区)研究策划,还包括学校改建研究策划;从内容上看,本书所述教育设施策划既指策划设计美观和富有特色的学校各项建筑(含建筑室内色彩、灯光、空间、陈设与设备等策划),又包括学校学科设置、课程设置、师资配置、班级规模、整体定位、功能定位、产品体系等方面的研究策划,还有诸如对教育环境与政策的研究,拟(改)建学校场地、区位交通条件、配套条件等多维度分析。

本书所述教育设施项目主要分为三类,如表4-21所列。从教育阶段上看,分为学前教育、初等教育、中等教育(含职业教育)、高等教育(含继续教育)四个阶段开展教育工作时必需的所有软硬件设施;从设施规模上看,分为教育产业园类、校区类、教育单体设施类;从投资主体上看,分为公办、民办、民办公助等类型设施。不同类别的教育设施的策划内容与侧重点不同,但无论是哪一类教育设施项目,都需立足项目所在地发展需求,结合教育市场特点,从而确定项目发展定位、课程或专业设置种类、功能设施规模、教育相关产业或业态的发展以及投资效益分析等。

表 4-21 教育设施项目策划分类

分类	说明
教育阶段	包括但不限于学前教育、初等教育、中等教育(含职业教育)、高等教育(含继续教育)等教育设施策划
设施规模	包括但不限于教育产业园类、校区类及单体设施类策划
投资主体	包括但不限于公办、民办、民办公助等教育设施类策划

党的二十大报告提出,要加快义务教育优质均衡发展和城乡一体化,优化区域教育资源配置,强化学前教育、特殊教育普惠发展,坚持高中阶段学校多样化发展,完善覆盖全学段学生资助体系。要引导规范民办教育发展。教育发展的重要性不言而喻。下面将以某市国际双语学校前期策划项目为例,展示同济大学建筑设计研究院(集团)有限公司在教育设施策划方面的思考与尝试。

案例 4-8　某市国际双语学校前期策划项目

该项目所在城市是我国经济特区之一,是东南沿海重要的中心城市,也是中国大陆最具影响力的城市之一。持续扩大的城市影响力与国际链接力,使得该市迈入国际化城市行列的步伐逐渐加快,亟需国际化的学校来推动城市发展,完善功能,彰显城市的国际个性。但目前该市乃至临省的国际化学校数量较少,难以满足区域国际化教育需求,故而该市规划提出将大力推进国际化教育进程,并鼓励提升社会力量国际化办学水平,本项目顺势而出。

学校位于该市中心城区,总用地面积约 12.5 万 m^2,规模大,条件好,具备创办一所高水平学校的基本条件。除此之外,学校拟建地块享受城市及各类规划利好,区位交通优势突出,可辐射市场范围广,未来有充足的生源保障。结合城市发展需求、基地发展条件与业主需求,本项目需解决校园目标愿景、定位(包括但不限于办学特色、办学规模、学生定位、课程设置、师资配置、收费建议等内容)、基础设施建议(包括但不限于校园基础设施分类、设置原则、功能分区、功能策划与规模测算等内容)及投资效益分析(包括但不限于投资估算、财务效益分析等内容),为该市建设一所国际化学校,助其打造高端教育办学标杆、高端教育示范基地,满足城市高端教育需求,进而提升城市国际化吸引力。

本项目难点有二:第一,从学校规模、课程设置、师资配置、收费等量化指标上明晰校园定位;第二,提出校园基础设施分类与规模建议。为解决这两大难题,项目组开展了"民办国际学校专题研究",解读分析民办国际学校的办学政策、要求与规范;访谈项目所在市、区相关部门领导与北上广等地民办国际学校专家,听取意见与建议;深度研究北上广深等地知名度较高的相关学校,分析和借鉴其在学校建设、教育办学过程中的实践经验,为我所用。

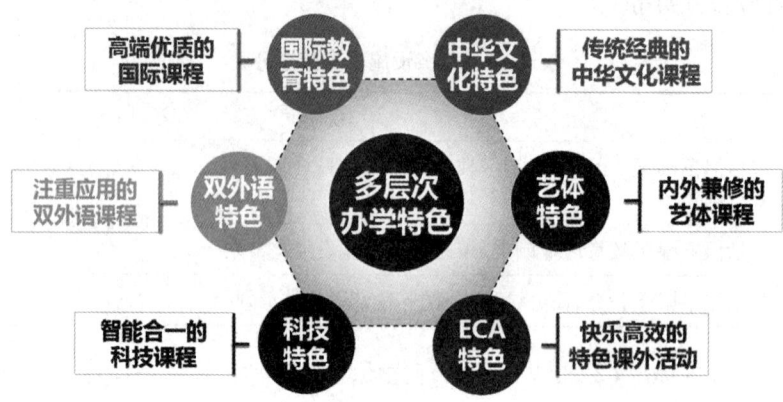

图4-12　某市国际双语学校前期策划项目——办学特色

注:ECA即"Extra Curricular Activity"的英文简写,意为"课外活动"。

结合项目本身的发展条件,经过一轮轮抽丝剥茧的研究分析,我们提出:在学校办学特色上,创新性打造多层次办学特色——将国际教育特色、中华文化特色、双外语特色、艺体特色、科技特色五大特色课程与特色课外活动相结合,如图4-12所示。在办学规模上,建议实行小班化教学,共130个班级,学生总数逾4 000人,幼儿部、小学部、初中部、高中部学生比例分别为9%、49%、24%、18%,幼儿部具体规模建议分析如表4-22所列。学生定位上,以该市希望接受国际化高端教育的境内,港、澳、台等境外以及外籍学生为主。在学校课程设置上,不同学部采用差异性的课程体系,但国际课程及中华文化课程贯穿整个教育阶段,从而让每个学生都能接受全面的素质教育。师资配置上,按照1∶5.0的班师比配置教师数量,共计教师人数650名,专职教师与职工比例为2∶1,中国籍教师与外籍教师比例为4∶1。基础设施建设上,必选设施与可选设施按照不同学部厘清哪些共享、哪些相对独立,并估算各自建设规模与投入产出。

表 4-22　某市国际双语学校前期策划项目——基础设施规模建议(幼儿部)

基础设施内容			上海建设标准	全国建设标准	本项目特色
活动及辅助用房	托儿用房	活动室(含卧室)	不宜少于 90 m²	不宜少于 90 m²	按上海标准设计
		卫生间	不宜少于 15 m²	不宜少于 15 m²	按上海标准设计
		消毒间	不宜少于 5 m²	—	按上海标准设计
		衣帽教具储藏室	不宜少于 9 m²	不宜少于 9 m²	按上海标准设计
	幼儿用房	活动室(含卧室)	不宜少于 90 m²	不宜少于 90 m²	按上海标准设计
		餐厅	不宜少于 25 m²	—	按上海标准设计
		卫生间	不宜少于 15 m²	不宜少于 15 m²	按上海标准设计
		消毒间	不宜少于 5 m²	生活用房设开水消毒间 8 m²、10 m²、12 m²	按上海标准设计
		衣帽教具储藏室	不宜少于 9 m²	不宜少于 9 m²	按上海标准设计
	共用活动用房	多功能活动室	全园设 1 间,10 班、15 班规模使用面积分别不宜小于 180 m²、220 m²	音体活动室,按 6 班、9 班、12 班,分别为 120 m²、140 m²、160 m²	多功能活动室按上海标准设计;专用活动室设置 10 间,类型包括室内小剧院、室内游乐场、星空阅览室、美术教室、音乐教室、绘画教室等
		专用活动室	4～6 间,每间面积不小于 60 m²		
办公及辅助用房		行政办公室	—	按 6 班、9 班、12 班,分别为 75 m²、112 m²、139 m²	行政办公设置 4 间,各 20 m²
		教师办公室	教师每人使用面积不宜低于 4 m² 设坐		按上海标准设计
		会议兼接待室	30～45 m²	按 6 班、9 班、12 班,分别为 22 m²、25 m²、30 m²	2 间 30 m²,共 60 m²
		图书资料兼教研室	40～50 m²	—	按上海标准设计
		教玩具制作兼陈列室	30～45 m²	按 6 班、9 班、12 班,分别为 12,15,20 m²	按上海标准设计
		总务仓库	36～54 m²	—	按上海标准设计
		晨检兼接送室	25～30 m²	按 6 班、9 班、12 班,分别为 18 m²、21 m²、24 m²	按上海标准设计
		保健及观察室	全园设 3 间,每间不宜小于 30 m²	按 6 班、9 班、12 班,分别为 14 m²、16 m²、18 m²	按上海标准设计

(续表)

基础设施内容		上海建设标准	全国建设标准	本项目特色
办公及辅助用房	网络控制室	不宜小于 8 m²	—	按上海标准设计
	活动器械储藏室	不宜小于 20 m²	按 6 班、9 班、12 班,分别为 36 m²、42 m²、48 m²	按上海标准设计
	保育员休息室	不宜小于 14 m²	值班室 12 m²	按上海标准设计
	传达值班室	不宜小于 20 m²	传达室 10 m²	按上海标准设计
	教工厕所	全园设 2~3 间,每间不宜小于 20 m²	12 m²	按上海标准设计
生活用房	厨房	81~110 m²	按 6 班、9 班、12 班,分别为 77 m²、90 m²、107 m²	按上海标准设计
	教工餐厅	就餐人数按教职工人数的 80% 设座,每座使用面积不宜小于 0.85 m²	—	按上海标准设计
	炊事员更衣休息室	12~14 m²	按 6 班、9 班、12 班,分别为 13 m²、18 m²、23 m²	—
	配电间	不宜小于 10 m²	—	—
	淋浴、洗衣房	20~25 m²	—	—
	教工宿舍	—	—	全校教工公寓集中到一起
室外活动场地		应包括共用游戏场地、分班游戏场地、30 m 直跑道、活动器械场地、沙坑等	—	除了标准的场地,另外设置小植物园等特色场地

本项目研究过程中,既有逻辑自洽、援引可考的定性分析,亦有条理清晰、直观明确的定量分析,充分解答了在创办一所高端民办国际化学校时需要解决的一系列问题,帮助业主梳理、明晰办学政策,更加深入了解国内民办国际化学校的办学现状,有的放矢地作出最终决策,超出期望地完成了策划任务。

4.5.9 城市公共空间项目策划

2019 年 11 月,习近平总书记在上海考察时提出了"人民城市人民建,人民城市为人民"的重要理念。城市公共空间规划建设关系到城市产业转型与能级提升、形象与文化建设、生态建设、民生宜居等方面。同时,城市公共空间为公众提供丰富的公共服务产品,是连接了生活、生产和生态空间的功能载体。2006 年,全国第一个公共空间的专项规划《深圳经济特区公共空间系统规划》发布;2021 年,《深圳市城市规划标准与准则》(以下简称《深标》)提出,从人与城市场所的互动关系出发,营造人性化、生态化和特色化的公共空间。《深标》指出:"公共空间是指具有一定规模、面向所有市民 24 h 免费开放并提供休闲活动设施的公共场所,一般指露天或有遮盖的室外空间,符合上述条件的建筑物内部公共大厅和通道也可作为公共空间。"

营造高品质的城市公共空间,从单纯空间建造升级转换到场景营造,和谐统一"人、城、境、业",是新时代城市实现"精明增长"和高质量发展的重要一环。将城市文脉、生态安全、景观营造、城市活力等因素注入城市公共空间建设,既能呈现大美城市形态,又能为市民点亮各具特色、创新活力的城市共享空间。城市公共空间营造不是一蹴而就的,需要经过长时间详实的研究与打磨。而在前期各项研究中,城市公共空间的定位、理念、功能、产品、活动策划、开发运营等策划内容是城市公共空间是否有特色、聚人气、接地气的关键。

目前,我国城市公共空间研究理论成果匮乏,分类概念依旧模糊不清,《深标》中按照空间和功能两种依据,将公共空间的类型简单划分为室内型和室外型以及绿地型、广场型和街道型。结合历年来城市公共空间前期策划项目经验,本书以空间资源和空间场所作为城市公共空间策划项目的分类依据,涉及滨水公共空间策划、城市公园绿地策划、城市街道空间策划、地下公共空间策划四大项目类别,如表 4-23 所列。

表 4-23 公共空间项目策划分类

分类	说明
滨水公共空间策划	根据滨水公共空间的特点、需求,策划滨水公共空间的发展目标、功能布局、标志节点、空间延伸、保障措施等主要内容,并结合沿岸地区科创研发、文化创意、商业娱乐和旅游体育等产业布局,对滨水公共空间内绿化、河湖水面以及停车配套、商业配套和公共服务设施等进行策划
城市公园绿地策划	以零碳绿色生态、人文艺术景观、公共开放空间、主题活动功能、全龄友好设施、智慧便民服务六大高标准要素策划高质量城市公园绿地,发掘地域亮点、文化内涵,差异化策划公园的园林景观生境、游憩活动内容和配套服务设施等
城市街道空间策划	结合城市现有的历史文化资源,打造特色鲜明的人文街道,对市政设施、景观环境、沿街建筑、历史风貌等要素进行有机整合,通过整体空间景观环境的功能场景策划,满足多样化消费、休闲和体验需求,塑造多元的街道特色
地下公共空间策划	科学合理、高效生态地利用城市地下空间资源,突出功能品质,强化智慧引领,结合轨道交通布局、地下空间层高等,对地下公共空间进行功能策划,比如地下交通功能、地下市政功能、地下公共活动功能、地下防灾安全功能等功能类型,构建体系完整、功能复合、安全韧性、绿色智慧的地下空间功能系统

案例 4-9　某市某区滨江国际创新带前期策划

某市滨江具备科教资源丰富、创新资源融合、工业遗存特色、岸线空间充足等资源优势,但现状用地以工业、仓储以及大型市政设施用地为主,涉及多处历史遗存保留利用。结合该区滨江开发实际和特点,要求策划创新功能布局,贯通滨江公共空间,在建设滨江国际创新带时,如何彰显特色、提升品质、创新发展、落实功能等是项目前期策划命题。

按照两岸综合开发的总体要求,围绕该区建设国家创新型城区、科创中心重要承载区、更高品质的国际大都市中心城区和国家双创示范基地的中心任务,参考伦敦、纽约等全球城市的世界级滨水区开发模式、经验和做法,策划"滨江国际创新带、后工业未来水岸"的总体定位和"历史感、智慧型、生活化、生态型"四大规划理念。将传统CBD打造成新型中央活动区CAZ,滨江区CAZ发展将活力与欢乐结合,突出区域商业文化优势,结合滨江绿带休闲优势资源,融合商业、文化、居住社区,形成24h活力区。如何解读"滨江国际创新带"发展定位?该区"滨江"集合优势区位与资源,靠近城市传统中央商务区,是该区在中心城区最重要的"窗口",亟待打响"国际"影响力,引进国际级企业、国际级人才、国际最新技术商业模式,模式的创新、技术的创新、文化的创新需要构建"创新"产业发展的生态环境,打造"三带和弦"城市空间,如图4-13所示。文商融合延伸带文旅结合,推动文化与科技、文化与创意产业的集合;工业艺术聚落带引进市级文化设施,填补区域功能空白,极大地提升了该区的文化影响力,丰富了市民的文化生活,成为中央活动区最具活力的特色空间;生态景观体验带重拾该区滨江的城市生态与休闲效益。

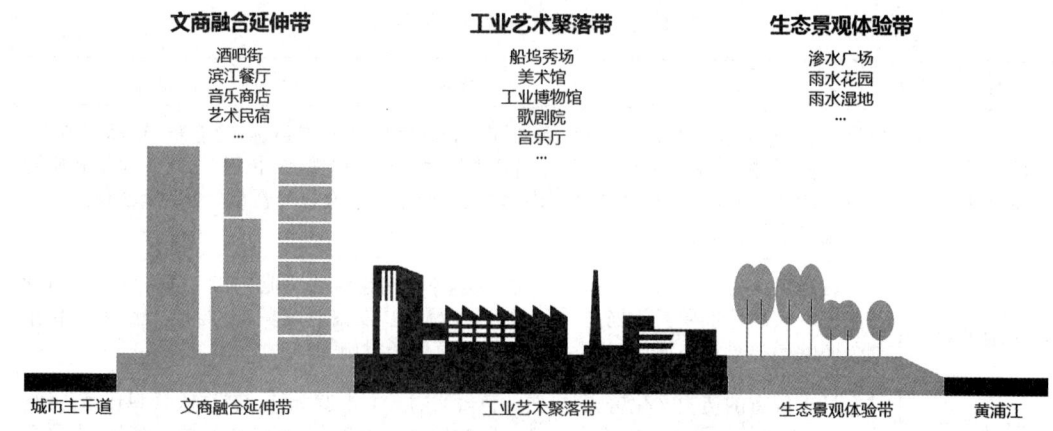

图4-13 某市某区滨江"三带和弦"发展建议

基于"加快建设某区滨江国际创新带"的前期策划,根据地区开发策略、土地出让时序和重大项目建设的初步安排,选择该区滨江船厂地区和大桥地区展开综合开发实施方案国际征集工作,大赛主题为"创意让滨江更美丽"。前期策划明确船厂地区定位为"文化创意+科技金融",是该区滨江的重要节点,未来建成功能型总部集聚区;大桥地区遵循功能复合、以人为本、绿色生态的原则,定位为"文化+体育+科技",形成地上地下功能复合的创新型生态文化公园。从定位规划阶段到开发准备阶段、建设阶段、运营阶段,都在为该区滨江国际创新带提供建设管理顾问服务,为建设环境优美、空间舒适、宜人宜行宜业的滨江而努力。各阶段服务成果如表4-24所列。

表 4-24 某市某区滨江国际创新带建设管理顾问成果展望

阶段	服务项目	成果文件
定位规划阶段	战略研究融合提升	《Y区滨江国际创新带战略定位》
	与招标团队合作共同策划国际招标总体方案	《Y区滨江国际创新带国际招标总体方案》
	对设计任务书提出优化建议	《国际招标设计任务书编制建议书》
	协助业主遴选评审专家并构建评审委员会	—
	结合区域定位,梳理需优化的规划内容	《Y区滨江需调整规划指标列表及说明》
开发准备阶段	配套政策研究	政策配套建议
	建设目标论证	项目分解结构(PBS)、投资总体规划、总进度规划、质量管理规划等
	组织结构策划	组织机构图、工作分解(WBS)职责分工表
	建设管理制度策划	一纲九册:建设大纲、工程部管理手册、设计部管理手册等
建设阶段	建设管理顾问	—
运营阶段	运营管理顾问	《招商方案建议》《运营管理方案建议》

4.5.10 物业开发项目策划

物业策划是一项基于市场情况,为物业项目从项目定位、产品设计到营销定位、推广、销售等一系列工作提供合理化建议、策略以及具体执行,根据市场、产品以及销售要求,根据项目不同阶段、不同情况提供不同的解决方案,是一项综合性很强的工作。

从广义来说,物业策划主要包括:项目的前期定位策划(即物业开发项目的可行性研究,包括市场调研、项目定位、项目的经济效益分析等)、项目的推广整合策划(包括项目的VI设计,项目推广期、促销期、强销期、收盘期投放多种媒体的广告方案设计和各种促销活动的策划方案等)、项目的销售招商策划(包括售楼人员培训、销售手册的编制、分阶段销售价格的确定等,项目的商业部分还要进行业态定位策划和招商策划)等。

以项目的前期定位策划为例,主要围绕业主需求与项目核心问题,从"有什么""为什么""做什么""怎么做"等四个维度展开分析与研究。"有什么"指项目基本情况介绍,主要包括项目宏观、微观区位交通条件,地块性质与规划建设指标(占地规模、地上地下建筑面积、物业产品分类等),周边环境、内部环境与资源(自然资源、市政设施、公园绿地、水系资源、相关配套等)及业主资源等,分析项目目标、指标及优劣势,明确项目核心问题。"为什么"包括政策、产品趋势及市场研究,其中最重要的是政策与市场研究。物业政策影响市场走向,也影响项目产品定位与策划。市场研究分为宏观和微观两个板块,宏观市场研究主要对区域各物业市场总体规模、项目分布、去化周期、成交价格、成交面积、成交数量、存量等指标进行交叉分析,了解宏观市场态势;微观市场研究则立足于项目本身,分析项目周边各物业价格、面积、形态、业态、客群等，明晰各物业市场机会。"做什么"则综合项目情况分析、政策研判、市场研究，提出项目整体定位、物业产品组合、各物业规模建议、价格及客群建议等。"怎么做"是根据项目规划建设指标与资源情况，提出开发时序建议、功能布局建议、指标配比建议，指导建筑设计；并基于项目特色与业主需求，提出开发策略，估算投资效益，推动项目落地建设。

案例 4-10　某市棚户区改造项目

该项目业主是某大型机场集团下属置业公司，具备一定的物业开发经验，前期也成功开发过多个物业项目。项目基地距该市核心商圈不到 3 km，区位交通优势显著；基地分南、北两大地块，周边多住宅小区，居住氛围浓厚，商业竞争激烈，办公氛围不强。如何根据既有边界与前提，提出产品组合方案，实现业主增值与快速回现的目标需求，是本次策划需要解决的核心问题。

这是一个典型且难度较大的物业前期定位项目。之所以典型，是因为项目研究内容包含了传统物业前期定位项目"有什么""为什么""做什么""怎么做"等内容。难度大则体现在需要同时满足"住宅综合容积率2.8，商业综合容积率6.5，以及安置户数1 388 户，南、北区安置分开考虑"两大既定前提条件，且项目产品必须具有前瞻性、特色性，并快速回现。该项目产品体量建议分析如图 4-14 所示。

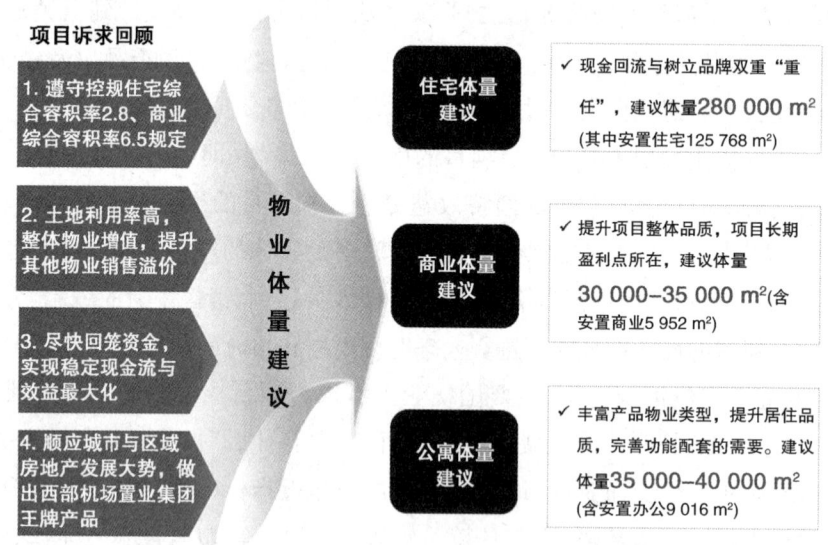

图 4-14　某市棚户区改造项目——产品体量建议

通过梳理、分析市区两级物业开发政策、产品发展趋势，调研分析该市整体及项目所在片区物业市场，结合项目特色与业主需求，我们创新性地提出将该项目打造为"以绿色生态、活力健康、创新体验为主题，注入机场文化元素，集高端居住、文化亲子体验、休闲购物、娱乐放松等功能于一体的绿色芯都会"。产品设置上,根据市场需求与安置要求,面向不同客群,推出"住宅+邻里商业+公寓"的产品组合。其中,住宅分为销售与安置两类,前者面向高净值人群,主打高溢价的立体垂直森林类产品,助力项目打开知名度与快速回现;后者则面向安置人群,主推板点结合的高层产品,彰显企业担当。

明确了产品具体形态、业态、户型、规模与售价之后,秉承"降低风险,滚动开发,提高溢价"的总体开发原则,紧接着提出了四大营销策略,并基于咨询公司评估价格与总体假设,按照"整体开发、50%还迁安置""100%开发、100%还迁安置""北区开发、100%还迁安置""南区开发、100%还迁安置"四种方案,分别做了投资测算与投资效益估算,为业主就本项目开发制定明智的开发计划,降低开发风险,确保开发绩效,最大化投资回报率。

该项目策划方案帮助业主解答了做什么、为谁做、做多少、如何做的难题,有助于企业制定科学决策,实现开发效益最大化;并顺利启动可行性研究与项目设计工作,加快了项目落地建设步伐,在业主召开的项目论证大会上受到了高度好评,如图4-15所示。

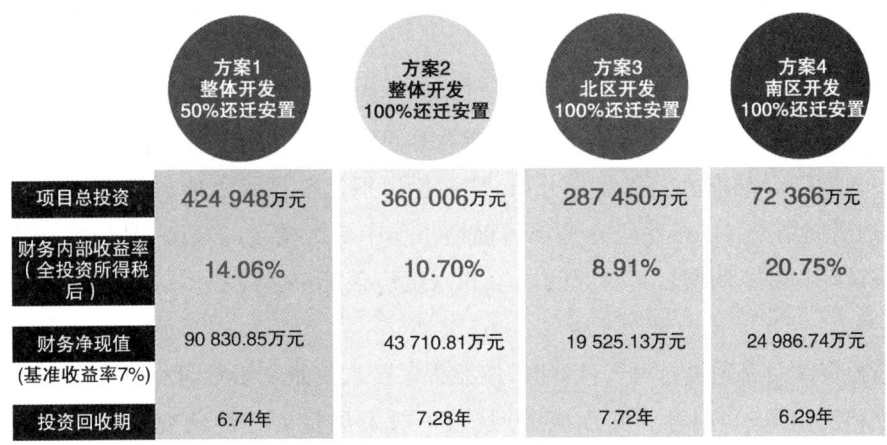

图4-15 某市棚户区改造项目——项目效益测算

第 5 章

可行性研究

5.1 可行性研究的概念

可行性研究是建设项目前期工作的重要内容，是建设项目投资决策的重要依据。扎实、充分、深入地做好建设项目可行性研究是提高项目前期工作质量的关键，也是提升投资决策科学化水平的必然要求。

可行性研究通过对项目建设内容和配套条件，如市场需求、资源供应、建设规模、工艺路线、设备选型、环境影响、资金筹措、盈利能力等因素，从需求、建设、运营、财务、影响及风险管控等角度进行调查研究和优化分析，从而提出拟建项目是否值得投资和如何进行建设、运营的研究结论。可行性研究是项目前期工作中最为重要的环节，是项目投资决策及工程方案设计的基本依据。其研究的内容和深度应该能够满足投资决策定方案定项目的需要。

政府投资项目必须进行可行性研究，按照程序要求编制和报批可行性研究报告作为建设项目立项的依据，其内容和深度应参照《政府投资项目可行性研究报告编写通用大纲（2023 年版）》(发改投资规〔2023〕304 号)（以下简称《通用大纲》）及其相关规定执行。企业投资项目由企业进行自主决策，应重视项目可行性研究，加强内部决策管理，其内容和深度一般以企业内部要求为主，无相关要求的企业亦可参考《企业投资项目可行性研究报告编写参考大纲（2023 年版）》(发改投资规〔2023〕304 号)（以下简称《参考大纲》）及其相关规定进行项目可行性研究。

5.1.1 可行性研究的作用

可行性研究是投资决策的核心环节，加强项目可行性研究是实现投资高质量发展的基础支撑，是巩固和深化投融资体制改革的客观需要，也是提升投资决策科学化、法制化水平的必然要求。

1. 为政府投资项目审批提供依据

政府投资项目实行审批制，可行性研究的相关成果则是政府投资项目决策审批的依据。

可行性研究成果不仅是政府投资项目决策审批的重要依据,同时也是项目批准后进入实施阶段开展后续工作的重要指导性文件。可行性研究对政府投资项目的需求可靠性、工程可行性、运营有效性、财务合理性、影响持续性和风险可控性进行研究,政府投资主管部门对可行性研究报告的批复文件,是开展初步设计、施工图设计等工作的重要依据。

2. 为企业投资项目决策提供依据

(1) 企业投资自主决策的依据。可行性研究从需求、建设、运营、财务、影响和风险等方面,针对各个研究模块进行分析,为企业提供全面、客观、可靠的项目投资建设必要性、方案可行性及风险可控性研究结论和建议,为企业投资自主决策提供重要依据。

(2) 筹措资金和申请贷款的依据。银行等金融机构通过对企业投资项目可行性研究报告的评估,分析项目产品的市场竞争力、工程技术可靠性、项目盈利能力和还款能力,据此决定是否对项目提供贷款。

(3) 签订合同或协议等的依据。可行性研究的结论是项目单位就项目有关的设计、工程承包、设备供应、原材料供应、产品销售和运输等问题与有关单位签订合同或协议等的依据。

3. 为政府审核企业投资项目提供依据

企业投资项目可行性研究除了是企业自主决策的重要依据外,也是企业办理核准、备案手续的重要支撑材料。

(1) 企业办理项目核准手续,应当向核准机关提交项目申请报告(也称项目申请书),包含:①是否危害经济安全、社会安全、生态安全等国家安全;②是否符合相关发展建设规划、技术标准和产业政策;③是否合理开发并有效利用资源;④是否对重大公共利益产生不利影响。

(2) 对于实行备案管理的企业投资项目,告知如下备案信息:①企业基本情况;②项目名称、建设地点、建设规模、建设内容;③项目总投资额;④项目符合产业政策的声明。

4. 为政府审批专项补助和贴息资金提供依据

一方面,可行性研究中对项目的技术、经济、管理等方面进行了全面论述,能够清晰地反映项目是否符合国家的相关政策及规定,是否具备开展的条件和可操作性,以及在经济效益、社会效益等方面是否能够达到预期目标。另一方面,可行性研究对项目可能产生的环境影响和社会风险也进行评估,有助于政府部门对项目的环境友好性和可持续性进行评估。这些内容可以作为政府决策者审核项目是否符合专项补助或贴息资助要求的依据。

5. 为政府和社会资本合作项目审批提供依据

采用政府和社会资本合作模式进行投资建设和运营的基础设施项目,有政府合作方参与,涉及公共利益,部分项目还需要财政资金参与建设投资及经营期财政补贴,因此,需要履行政府审批程序,对基础设施项目采用政府和社会资本合作模式的必要性、可行性及合理性进行研究。其可行性研究结论既是政府投资主管部门审批决策、作出是否采用政府和社会资本合作模式决定的依据,也是遴选社会资本方以及签订相关合同文件的重要基础。

5.1.2 可行性研究与建设条件单项咨询的关系

可行性研究是在投资决策阶段具有综合性咨询特征的核心内容。通过分析论述影响项目落地、实施、运营的各项因素,满足决策者"定方案""定项目"的要求,支撑投资方进行有效的内部决策。

国家住房和城乡建设部2020年研究起草了《房屋建筑和市政基础设施建设项目全过程工程咨询服务技术标准(征求意见稿)》(以下简称《技术标准》),其中列出了10类建设条件单项咨询:建设项目选址论证、建设项目压覆重要矿产资源评估、建设项目环境影响评价、节能评估、防洪影响评价、生产建设项目水土保持方案、建设项目水资源论证、建设项目文物影响评估、社会稳定风险评估、政府和社会资本合作咨询。具体详见本章第5.5节"建设条件单项咨询"。

《技术标准》中明确表示,"鼓励将国家法律法规、行政审批中要求的可行性研究报告报批前必须完成的建设条件单项咨询纳入可行性研究统筹论证""鼓励将开工前必须完成的其他建设条件单项咨询主要内容纳入可行性研究统筹论证"。

建设项目选址论证、建设项目压覆重要矿产资源评估、建设项目环境影响评价、节能评估、建设项目水资源论证、社会稳定风险评估等单项咨询一般需在可行性研究阶段或更早开展,其研究结论直接影响项目建设方案可行性。生产建设项目水土保持方案、建设项目文物影响评估、防洪影响评价、政府和社会资本合作咨询等单项咨询则通常在完成项目投资决策后,在项目实施前准备阶段(建设项目开工之前)根据项目实际需求开展。

一般来说,在项目建设前期出现较大的、复杂的、关键性的问题时,例如涉及技术难题、法律纠纷、环境保护等方面的问题时,可以委托具备相应资质的专业咨询机构进行建设条件单项咨询。此外,在特定领域也可能存在一些常规性的单项咨询需求,例如,在能源、交通、水利等领域有着较为成熟的技术标准和规范,需要进行相应的技术评估和咨询。综合考虑项目的特点、阶段和相关领域的要求,可以确定是否需要做一个或多个建设条件单项咨询。

因此,建设条件单项咨询可以是可行性研究的一部分,但并不是必需的。在完成项目可行性研究后,仍可能需要进行建设条件单项咨询来解决具体问题。

5.2 可行性研究的原则

国家发展和改革委员会提出要坚持推动建设项目可行性研究高质量发展。可行性研究除了要完整、准确、全面贯彻新发展理念,发挥宏观战略、发展规划和产业政策的引领作用之外,还"要立足投资项目全生命周期管理,研究借鉴可持续发展要求,更加注重经济、社会、环境评价等新理念新方法的应用,将绿色发展、自主创新、共同富裕、国家安全、风险管理等理念以及投资建设数字化等要求融入可行性研究"。

基于以上总体要求,建设项目可行性研究应当遵循以下八项原则。

(1) 客观性原则——在进行可行性研究时,应当保持客观、公正、实事求是的态度,真实反映项目的情况,对项目的各方面因素全面、深入地分析和研究,避免主观臆断和片面。

(2) 综合性原则——可行性研究应当全面考虑项目的技术、经济、市场、管理、环境和社会等因素,同时关注项目的长期效益和短期效益,进行综合评估和平衡。

(3) 系统性原则——可行性研究应当采用系统思维,从整体上考虑项目各个方面因素之间的相互关系和影响。

(4) 预见性原则——在可行性研究中,应当根据相关市场和行业的发展趋势,采用科学的预测方法对项目未来的运行发展进行预测和评估,以尽量满足项目的长期稳定。

(5) 改进性原则——项目可行性研究应关注对已存在问题的改进和优化,对于不确定因素和潜在风险,要积极提出改进措施,使项目更具可行性。

(6) 可操作性原则——可行性研究应当给出具体、详细、切实可行的建设方案和实施步骤,为项目的实施提供实用的建议和措施,使项目在实际操作中顺利推进。

(7) 经济效益原则——在可行性研究中,要关注项目的经济效益,使项目投入产出比尽量最大化,确保项目具备良好的经济效益,以利于后期实施和投资回报。

(8) 可持续性原则——在可行性研究中,要重视项目对环境和社会的影响,通过环境影响评估、社会风险评估等手段,确保项目对环境和社会的影响在可接受范围内,尽量实现环境、社会和经济效益的协调发展。

5.3 可行性研究相关成果报告

5.3.1 建设项目的分类

不同类型的建设项目因其项目性质、经营主体、资金来源、所属行业等方面不同,其决策要求、决策程序等均有所不同,因而其可行性研究成果报告的形式、研究内容及侧重点也各有不同。不同分类标准的项目类型划分大致可见表5-1~表5-4。

表 5-1 按不同经营主体分类

分类标准	项目分类	
经营主体	政府投资项目	—
	企业投资项目	—
	外商投资项目	—
	境外投资项目	—
	资本运作项目	联合、兼并、收购、重组等

表 5-2 按不同决策程序分类

分类标准	项目分类		
决策程序	审批项目	政府审批	企业审批
	核准项目	国家和地方投资主管部门	
	备案项目	国家和地方投资主管部门	
	债权人决策		

表 5-3 按不同项目性质分类

分类标准	项目分类	
项目性质	新建项目	
	改扩建项目	
	更新改造项目	
	技术改造项目	
	其他	装饰装修工程 展教工程	技术援助 其他

表 5-4 按不同专业领域分类

分类标准	项目分类			
专业领域	农业、林业	农业	林业	畜牧业	渔业
	水利水电	水库 河道整治	大坝 水土保持	排灌 引调水
	电力(含火电、水电、核电、新能源)	电网(输变电) 火电 水电 其他新能源(地热、潮汐等)	核电 新能源 风力发电	太阳能发电 新能源汽车充电桩 生物质能发电
	煤炭	露天煤矿	井工煤矿	
	石油天然气	石油开采 天然气开采	油气加工 管道建设	油气库建设 油气码头建设
	公路	高速公路	普通公路	
	铁路、城市轨道交通	高速铁路	普通铁路	城市轨道	城市地铁
	民航			
	水运(含港口河海工程)	港口	航道工程	河流工程
	电子、信息工程(含通信、广电、信息化)	电子 新基建(5G、人工智能、数据中心、工业互联网)	广电	信息化	通信
	冶金(含钢铁、有色金属)	钢铁	有色金属	
	石化、化工、医药	石化	化工	医药

(续表)

分类标准	项目分类			
专业领域	核工业			
	机械(含智能制造)	机械制造	智能制造	
	轻工、纺织	轻工	纺织	
	建材	水泥 玻璃	陶瓷	新型建材	非金属矿
	建筑	工业厂房 机关办公楼 教育机构(大学、中学、小学、幼儿园) 医疗机构(医院、疾控中心、养老机构) 文体设施(体育馆、图书馆、影剧院、博物馆)	住宅小区、保障房 老街小区改造		
	市政公用工程	市政道路 公共交通	给排水 热力燃气	垃圾处理 风景园林	环境卫生 污水处理
	生态建设和环境工程	生态建设	环境工程		
	水文地质、工程测量、岩土工程	水文地质	工程测量	岩土工程	
	其他	旅游工程 商物粮 邮政工程	气象工程 土地整理 海洋工程	包装工程 片区开发 文物保护	减贫工程 移民工程 其他

5.3.2 可行性研究相关成果报告

本节内容结合项目经营主体和决策程序不同,对部分可行性研究成果报告及其主要内容进行梳理。

1. 政府投资项目决策审批的成果报告

政府投资决策审批项目,主要是市场无法有效配置资源的项目,多集中在社会公益服务、公共基础设施、农业农村、生态环境保护、重大科技进步、社会管理、国家安全等公共领域[①]。

政府投资决策审批项目可行性研究主要成果报告包括项目建议书和可行性研究报告,其中可行性研究报告又可根据政府直接投资或政府注资分为两类,如表5-5所示。

表5-5 政府投资项目决策审批的可行性研究成果报告

成果报告	主要研究内容
政府投资项目建议书	重点对项目建设的必要性、时机迫切性、建设条件可能性进行论证,主要根据建设内容及建设规模,对投资匡算、资金筹措、投资风险以及经济社会等影响效果进行初步分析

---

① 政府投资范围由国家定期评估并进行调整,以便不断优化政府投资方向和结构。

(续表)

成果报告	主要研究内容
可行性研究报告 （政府直接投资）	针对非经营性政府直接投资项目的技术经济特点，主要对拟建项目的需求方案、建设方案、运营方案、财务方案及资源、环境、经济、社会等影响效果进行全面分析论证，落实各项建设和运行保障条件
可行性研究报告 （政府资本金注入）	对影响项目是否可行的各种因素进行全面系统的分析。还应包括：①既有项目法人情况或新项目法人的组建方案；②项目资本金出资比例、出资方及其出资数额，以及拟申请以资本金注入方式使用政府预算内投资的额度；③政府出资人代表及其权利义务；④政府出资人代表同意接受政府预算内投资转为其拟持有国有股份的意见。

2. 企业投资项目自主决策的成果报告

企业投资项目是指企业在中国境内投资建设，且不使用政府直接投资或资本金注入的各类固定资产投资项目，包括企业使用自筹资金进行投资建设的项目，以及使用自筹资金并申请使用政府投资补助或贷款贴息等的建设项目。企业投资项目自主决策的成果报告如表 5-6 所列。

表 5-6　企业投资项目自主决策的可行性研究成果报告

成果报告	主要研究内容
预可行性研究报告 （企业投资）	根据国民经济的发展、国家和地方中长期规划、产业政策、生产力布局、国内外市场、所在地的内外部条件，提出的某一具体项目的建议文件，是对拟建项目提出的框架性的总体设想
可行性研究报告 （企业投资）	对项目产品（服务）的市场需求、资源供应、建设规模、建设方案、资金筹措、盈利能力、外部影响和风险管控等进行分析，判断拟建项目的需求可靠性、工程可行性、运营有效性、财务合理性、影响持续性和风险可控性
商业计划书 （招商实施方案）	以投资决策和招商融资等为目的，重点分析企业及其拟建项目基本情况、未来发展前景与执行策略的研究论证报告，是针对项目招商实施方案及其可行性的研究成果。主要内容包括实施单位和项目概述、项目需求分析、建设和运营方案、实施机构和管理团队、商业模式、投融资方案、财务分析、风险管控等

3. 企业投资项目提交政府进行审核的成果报告

根据《企业投资项目核准和备案管理办法》（国家发展改革委员会 2017 年第 2 号令），对企业投资项目根据不同性质分别按照核准制、备案制和承诺制进行管理。对于关系国家安全、涉及全国重大生产力布局、战略性资源开发和重大公共利益等项目，实行核准管理。具体项目范围以及核准机关、核准权限依照国家发展和改革委员会定期颁布的《政府核准的投资项目目录》确定。核准类企业投资项目应编写项目申请报告（项目申请书）主要内容如下。

分析企业投资项目在符合发展建设规划、技术标准和产业政策的前提下，重点阐述项目的外部性、公共性等事项，包括维护经济安全、合理开发利用资源、保护生态环境、优化重大布局、保障公众利益、防止出现垄断等内容，旨在获得项目核准许可。

对于《政府核准的投资项目目录》以外的项目，实行备案管理，企业一般无须向政府主管部门提交可行性研究成果报告，仅需在开工建设前通过投资项目在线审批监管平台，告知如下备案信息：①企业基本情况；②项目名称、建设地点、建设规模、建设内容；③项目总投资额；④项目符合产业政策的声明。条件成熟的实行承诺制管理，以政策性条件引导企业投资，企业进行信用承诺并完善投资项目审核制度体系。

4. 申请政府专项补助和贴息资金的可行性研究成果报告

政府专项补助和贴息资金是对符合条件的地方政府投资项目和企业投资项目给予的建设投资补助，以及使用中长期贷款的投资项目给予的贷款利息补贴，均为对拟建项目无偿投入财政预算内资金。投资补助和贴息资金重点用于市场不能有效配置资源、需要政府支持的经济和社会领域，主要包括：①社会公益服务和公共基础设施；②农业和农村建设；③生态环境保护和修复；④重大科技进步专项；⑤社会管理和国家安全领域；⑥符合国家有关规定的其他公共领域。申请财政预算内建设投资补助或贷款贴息资金的项目应编写资金申请报告的主要内容如下。

专项资金申请和使用的实施方案研究，重点从资金使用合理性的角度进行研究，明确项目投资预定目标、实施周期、支持范围、资金安排方式、工作程序、监督管理等内容，并针对不同行业、不同地区、不同性质投资项目的具体情况，确定相应的投资补助、贴息标准。

包括：①项目单位的基本情况；②项目的基本情况，包括在线平台生成的项目代码、建设内容、总投资及资金来源、建设条件落实情况等；③项目列入3年滚动投资计划，并通过在线平台完成审批（核准、备案）情况；④申请投资补助或者贴息资金的主要理由和政策依据；⑤工作方案或管理办法要求提供的其他内容。

5. 政府和社会资本合作项目的可行性研究成果报告

政府和社会资本合作项目（PPP项目），是指重点在基础设施和公共服务领域，由政府采用竞争方式选择社会资本方，双方订立协议明确各自的权利和义务，建立利益共享、风险分担、合作共赢且可持续的合作伙伴关系，由成立特殊目的项目公司（SPV，Special Purpose Vehicle）负责项目投资、建设、运营，并通过使用者付费、政府付费、混合付费等方式获得合理收益的基础设施投资项目。PPP项目应在编制可行性研究报告的同时一并编制PPP项目实施方案，主要内容如下。

在对项目技术经济可行性、资金筹措方案及项目投资效益等进行分析论证的基础上，对PPP项目公司组建方式和社会投资方遴选方式、项目的合作方式、融资结构和回报机制、项目风险分担方案、政府方和社会资本方的各自责任、PPP项目实施监管及绩效评价体系、项目需要签署的主要合同及其核心条款等进行研究。

5.4 可行性研究的主要内容

可行性研究的主要内容是对项目产出、资源保障、建设规模、工艺路线、设备选型、资金筹措等方案进行分析，从需求、建设、运营、财务、影响及风险管控等角度进行综合研判，提出项目是否值得投资以及如何进行建设与运营的结论与建议。

国家发展和改革委员会2023年3月印发的《通用大纲》和《参考大纲》强调可行性研究要围绕项目建设必要性、方案可行性及风险可控性三大目标开展系统、专业、深入论证,重点把握"七个维度"的研究论证内容(图5-1)。

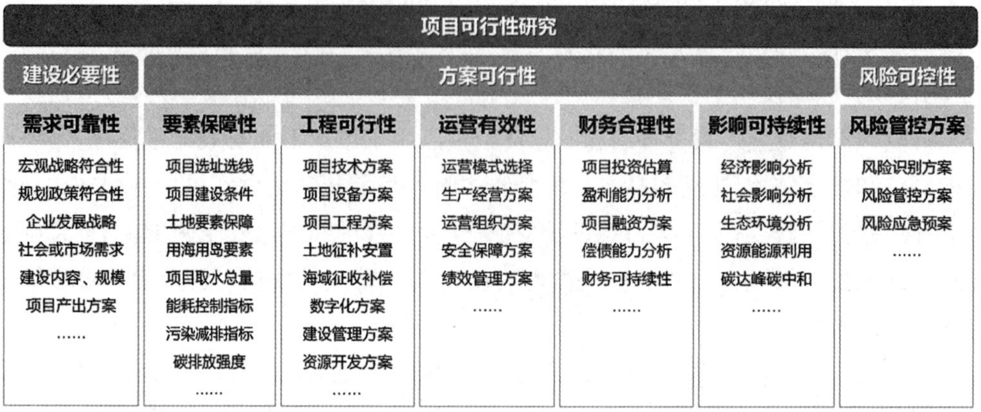

项目可行性研究						
建设必要性	方案可行性					风险可控性
需求可靠性	要素保障性	工程可行性	运营有效性	财务合理性	影响可持续性	风险管控方案
宏观战略符合性 规划政策符合性 企业发展战略 社会或市场需求 建设内容、规模 项目产出方案 ……	项目选址选线 项目建设条件 土地要素保障 用海用岛要素 项目取水总量 能耗控制指标 污染减排指标 碳排放强度 ……	项目技术方案 项目设备方案 项目工程方案 土地征补安置 海域征收补偿 数字化方案 建设管理方案 资源开发方案	运营模式选择 生产经营方案 运营组织方案 安全保障方案 绩效管理方案	项目投资估算 盈利能力分析 项目融资方案 偿债能力分析 财务可持续性	经济影响分析 社会影响分析 生态环境分析 资源能源利用 碳达峰碳中和	风险识别方案 风险管控方案 风险应急预案 ……

图5-1 可行性研究"三大目标、七个维度"的核心内容

资料来源:根据发改投资规〔2023〕304号文绘制。

项目建设必要性应从需求可靠性维度得出结论。项目建设必要性应主要从宏观、中观和微观层面展开分析。对于主要满足社会公共需求的投资项目,应进行社会需求研究。要通过对项目的产出品、投入品或服务的社会容量、供应结构和数量等进行分析,为确定项目的目标受益群体、建设规模和服务方案提供依据。

项目方案可行性应从要素保障性、工程可行性、运营有效性、财务合理性和影响可持续性等五个维度进行研究论证。其中,要素保障性分析应包括项目选址、土地要素保障,以及水资源、能耗、碳排放强度和污染减排指标控制要求及保障能力等。工程可行性分析应包括技术方案、设备方案、工程方案,并明确建设管理方案等。运营有效性分析应包括运营模式选择、运营组织、安全保障、绩效管理等。财务合理性分析应研究项目投资需求和融资方案,计算有关财务评价指标,评价项目财务盈利能力、偿债能力和财务持续能力。影响可持续性应重视经济社会、资源能源、生态环境等外部影响效果的评价,并注意与节能评价、环境影响评价等专项评价的结果相衔接。

项目风险可控性应从各类风险管控方案维度研究得出结论。可行性研究应重视识别项目存在的各种潜在风险因素,并分析评价风险发生的可能性及其危害程度,提出风险管控方案和风险应急预案。重大项目还应当对社会稳定风险进行调查分析,对可能引发"邻避"问题的,应提出综合管控方案。

在这些核心内容中,不同行业、不同类型项目、不同作用的可行性研究侧重点也略有不同。总体而言,政府投资项目可行性研究更关注项目的经济社会综合效益,并根据经济社会发展需要和财政可负担性,合理确定建设标准、建设内容、投资规模等,以防范地方政府隐性债务风险;企业投资项目可行性研究更关注项目的经济性,聚焦企业自主投资决策所关注的投资收益、市场风险规避等内容,以引导企业提高投资决策的科学性和财务的可持续性。

本节将从"七个维度"分别进行介绍。

5.4.1 需求可靠性研究

通过项目产出需求研究,从宏观、中观和微观层面展开分析,通过宏观战略、发展规划、社会需求、市场预测和企业战略等角度进行调查分析,研究项目建设的理由和依据,解决"做什么、不做什么"的问题,明确项目建设的必要性。对于主要满足社会公共需求的非经营性项目,进行社会需求研究,通过对项目的产出品、投入品或服务的社会容量、供应结构和数量等进行分析,为确定项目的目标受益群体、建设规模和服务方案提供依据。

需求可靠性研究通常包括以下内容。

1. 规划政策符合性

从经济社会发展及战略规划管理的视角,评价拟建项目与扩大内需、共同富裕、乡村振兴、科技创新、节能减排、碳达峰、碳中和、国家安全、基本公共服务保障等国家重大战略及政策目标的匹配性,以及与行业发展规划、产业发展规划、区域发展规划的一致性,研究提出项目建设的必要性。

企业投资项目还应重点关注项目与相关产业政策、行业和市场准入标准的符合性。

2. 企业发展战略

对于企业投资项目而言,多以满足市场需求为导向,应结合企业战略发展规划;从项目市场需求分析、市场竞争力等角度研究论证项目建设的必要性。关系企业长远发展的重大项目,需要论述企业发展战略对拟建项目的需求程度和拟建项目对促进企业发展战略实现的重要性和紧迫性。

3. 社会或市场需求

根据经济社会发展规划、国家和地方标准规范以及项目自身特点,通过文案资料、现场调研、数字化技术等方法,分析需求现状和未来预期等情况,研究提出拟建项目近期目标和远期目标、产品或服务的需求总量及结构,为确定项目建设内容和规模提供支撑。

4. 建设内容、规模及产出方案

在需求分析基础上,阐述拟建项目总体目标及分阶段目标,提出拟建项目建设内容和规模,明确项目产品方案或服务方案及其质量要求,并评价项目建设内容、规模以及产品方案的合理性。大型、复杂及分期建设项目应根据项目整体规划、资源利用条件及近远期需求预测,明确项目近远期建设规模、分阶段建设目标和建设进度安排,并说明预留发展空间及其合理性、预留条件对远期规模的影响等。

企业投资项目还需要研究项目商业模式,分析拟建项目收入来源和结构,判断项目是否具有充分的商业可行性和金融机构等相关方的可接受性,研究项目综合开发等模式创新路径及可行性,在项目前期作出可行性预判。

政府投资项目和企业投资项目在需求可靠性研究时的侧重点有所差异,见表5-7。政府投资项目和企业投资重大项目均应重视宏观战略规划分析,但对于关系企业长远发展战略的重大项目还应开展企业发展战略需求分析,为项目建设的必要性提供企业战略需求层面的判断依据。政府投资项目的产出,应主要满足社会公共需求、进行社会需求研究,对项目的产出品、投入品或服务的社会容量、供应结构和数量等进行调查分析;企业投资项目的产品或服务产出,主要以满足市场需求为导向,多在战略规划、区域及行业发展、企业战略需求等研究的基础上,从项目产出物市场需求的角度分析项目建设的必要性。

表5-7 政府投资项目和企业投资项目需求可靠性分析的不同侧重

分析内容	政府投资项目	企业投资项目
规划政策符合性	从重大战略和规划、产业政策、经济社会发展、项目单位履职尽责等层面,综合论证项目建设的必要性和建设时机的适当性	论述项目与经济社会发展规划、产业政策、行业和市场准入标准的符合性
需求分析	分析产品或服务的可接受性或市场需求潜力,研究提出拟建项目功能定位、近期和远期目标、产品或服务的需求总量及结构	分析项目所在行业的业态、目标市场环境和容量、产业链供应链、产品或服务价格,评价市场饱和程度、项目产品或服务的竞争力,预测产品或服务的市场拥有量
建设内容、规模及产出方案	结合项目建设目标和功能定位等,论证拟建项目的总体布局、主要建设内容及规模,确定建设标准,并提出项目正常运营年份应达到的生产或服务能力及其质量标准要求	阐述拟建项目总体目标及分阶段目标,提出拟建项目建设内容和规模,明确项目产品方案或服务方案及其质量要求,并分析拟建项目收入来源和结构

资料来源:根据发改投资规〔2023〕304号文整理。

案例5-1 某市博物馆东馆新建项目①

政府投资项目的需求可靠性研究主要围绕"战略规划需求研究、区域发展需求研究、项目社会需求研究、项目产出方案界定"展开,以某市博物馆东馆新建项目为例。

(1)国家战略规划层面。国家要求大力发展文化,建设社会主义文化强国。博物馆是公共文化服务体系的重要组成部分,是强化民族认同感,增强民族文化竞争力的重要阵地。项目的建设是更好展示中华文化独特魅力,增强国际影响力的重要手段。因此,项目的建设对于提高国家文化软实力,展示中华文化独特魅力,增强国际话语权具有现实意义。

(2)区域发展规划层面。某市提出建设国际文化大都市、增强国际影响力;某市既有博物馆规模与其城市地位无法匹配;某市文化五年规划要求打造"两轴一廊、双核多点"的城市文化空间,项目即位于"双核"之一的区域。因此,项目的建设是服务某市文化发展目标,构建"国际文化大都市"的需要,也是优化全市文化设施布局,促进地区金融、文化协调发展的需要。

---

① 该项目获得2018年全国工程咨询成果一等奖。

(3) 社会需求层面。通过对标分析,与同为国际文化大都市的纽约、伦敦、巴黎、东京等城市比较,发现某市潜在的艺术展览文化需求相当可观。新建分馆有助于满足公众日益增长的文化艺术欣赏需求,也能够最大化利用某市博物馆现有场馆优势资源,提升公共文化服务能力。因此,项目的建设是满足市民文化艺术欣赏需求,提升公众服务能力的需要。

(4) 项目产出方案。基于上述分析,开展了博物馆用房规模的论证。首先参照《博物馆建设标准》和《博物馆建筑设计规范》(JGJ 66—2015),采用参观人数及藏品数量两种方式测算,得出某市博物馆现有场馆的面积缺额有 8 万~16 万 m^2。其次对新建分馆的参观人数进行增长预测,并结合邻近场馆客流量判断预测值合理性,明确新建分馆宜按年接待量 340 万人次进行规划设计,并最终确定了合理的项目建设内容及规模。

案例 5-2　某海南生产支持基地建设项目

企业投资项目的需求可靠性研究主要围绕"行业发展需求研究、企业战略需求研究、项目市场需求研究"展开,以某央企海南生产支持基地建设项目为例。

该项目在进行项目需求可靠性研究时,首先分析项目与"四个革命、一个合作"的国家能源安全新战略的符合性,得出项目的建设承担着国家南海能源安全新战略的功能性需要;其次通过分析海南自由贸易港建设的一系列政策、规划内容,判断项目的建设是否有助于海南自贸港高质量发展,得出项目的建设是支持海南全面深化改革开放的需要;再次从企业发展需求角度,分析该央企"十四五"规划、产业体系规划、主营业务发展规划、海南区域发展规划及七年行动计划等规划计划文件,并对该公司在海南区域现有基地情况进行摸排后,明确了该基地总体定位,得出项目的建设有助于落实"前港后厂"布局思路,而且对现有基地的支撑和补充,也是解决水下装备"卡脖子"困境,保障技术服务的途径。该项目必要性论证如图 5-2 所示。

承担国家能源安全新战略使命
能源安全问题已在一定程度上制约着海南省的经济社会协调可持续发展,本项目作为生产支持基地,将根据国家需要随时发挥其功能性作用

支持海南全面深化改革开放
在某区建设面向南海的油气勘探生产服务基地,将为**增加国家能源战略供给,推动海洋工业科技发展,建立国际能源经济中心枢纽**,提升我国在东南亚国家联盟、"一带一路"国家乃至国际社会的影响力发挥重要作用

支撑和补充现有基地设施
海南基地码头后方的用地明显不足,无法满足企业未来在海南区域发展的需求。"**靠前服务、就近服务**",提高后勤服务效率,减少周转时间,更能为企业降低生产运营成本

推动能源行业数字化、低碳化转型
加快推动公司从传统管理模式向现代化、数字化、智能化跨越,自觉扛起能源绿色低碳转型主力军,积极有序推动新能源产业发展

图 5-2　某海南生产支持基地项目的建设必要性论证

资料来源:该项目可行性研究汇报文件。

在此基础上,进一步分析该企业三大产业板块若干核心业务的市场和产业环境,筛选入驻该基地的业务部门及主营业务,经过多轮调研访谈后确定项目的建设内容及规模。该项目产业筛选及规模分析如图 5-3 所示。

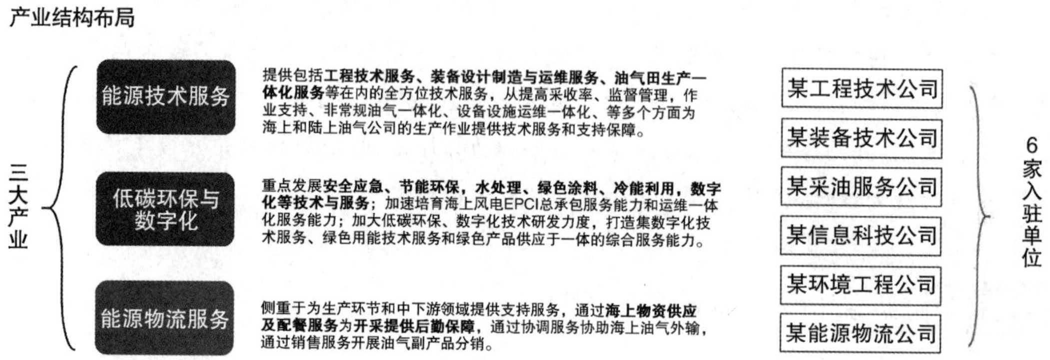

产业结构布局

```
         ┌─ 能源技术服务 ── 提供包括工程技术服务、装备设计制造与运维服务、油气田生产一
         │                  体化服务等在内的全方位技术服务,从提高采收率、监督管理、作
         │                  业支持、非常规油气一体化、设备设施运维一体化、等多个方面为
         │                  海上和陆上油气公司的生产作业提供技术服务和支持保障。
三大产业 ─┤
         ├─ 低碳环保与      重点发展安全应急、节能环保、水处理、绿色涂料、冷能利用、数字
         │   数字化         化等技术与服务;加速培育海上风电EPCI总承包服务能力和运维一
         │                  体化服务能力;加大低碳环保、数字化技术研发力度,打造集数字技
         │                  术服务、绿色用能技术服务和绿色产品供应于一体的综合服务能力。
         │
         └─ 能源物流服务 ── 侧重于为生产环节和中下游领域提供支持服务,通过海上物资供应
                            及配餐服务为开采提供后勤保障,通过协调服务协助海上油气外输,
                            通过销售服务开展油气副产品分销。
```

6家入驻单位:某工程技术公司、某装备技术公司、某采油服务公司、某信息科技公司、某环境工程公司、某能源物流公司

序号	产业	入驻单位	车间(个)	库房(个)	料棚(个)	堆场(个)	办公(个)	实验(个)	入驻员工(人)
1	能源技术服务	单位一	11 000	12 500	2 000	43 000	4 000	11 000	389
2		单位二	17 950	4 000	4 500	10 000	1 958	300	145
3		单位三		600	600	500			4
4		单位四		1 500		4 500	180	500	70
5	能源物流服务	单位五		12 000		18 000	743		120
6	低碳环保与数字化	单位六				650	242		9
7		单位七				1 500	20		3
8	园区运营服务	单位八	200	800	1 000	500	945	2 000	69
9		单位九		3 000					41
合计			29 150	34 400	8 100	78 650	8 088	13 800	850

资料来源:该项目可行性研究汇报文件。

图 5-3 某海南生产支持基地项目的建设内容产业筛选及规模分析

5.4.2 要素保障性研究

要素保障是项目方案可行性的基础条件,要素的及时匹配对项目进度影响较大,如果关键要素存在重大制约,则项目不可行。工程可行性中的要素主要聚焦项目建设所必备的土地、资源、环境等约束性要素指标,项目建设应先行落实土地、岸线、航道、水资源、能耗、碳排放强度和污染减排等要素保障条件。

1. 项目选址或选线

通过多方案比较,选择项目最佳或合理的场址或线路方案,明确拟建项目场址或线路

的土地权属、供地方式、土地利用状况、矿产压覆、占用耕地和永久基本农田、生态保护红线、地质灾害危险性评估等。备选场址方案或线路方案比选要综合考虑规划、技术、经济、社会等条件。

项目选址、选线分析要坚持国土空间"唯一性"要求,从规划条件、技术条件、经济条件和资源节约、集约利用等方面,以国土空间规划和用途管制规则为基本依据,基于国土空间规划"一张图",将耕地和永久基本农田保护、生态红线保护、节约、集约利用土地作为方案比选核心要素,对拟定的备选场址方案或线路方案进行比较和择优。

选址方案研究应鼓励公众参与,充分考虑不同影响和风险因素,进行早期筛查判断并初步分析成果,结合利益相关方的诉求或建议反馈,完善和优化选址、选线方案,避免产生风险,影响社会稳定。

2. 项目建设条件

主要分析拟建项目所在地的自然环境、交通运输、公用工程等支撑项目建设的外部因素。

(1) 自然环境条件包括地形地貌、气象、水文、泥沙、地质、地震、防洪等。

(2) 交通运输条件包括铁路、公路、港口、机场、管道等。

(3) 公用工程条件包括周边市政道路、水、电、气、热、消防和通信等。

(4) 其他支撑项目建设的外部因素,包括施工条件、生活配套设施和公共服务依托条件等。

改扩建工程要分析现有设施条件的容量和能力,提出设施改扩建和利用方案。

3. 要素保障分析

1) 土地要素保障

分析拟建项目相关的国土空间规划、土地利用年度计划、建设用地控制指标等土地要素保障条件,开展节约、集约用地论证分析,评价用地规模和功能分区的合理性、节地水平的先进性。说明拟建项目用地总体情况;涉及耕地、园地、林地、草地等农用地转为建设用地的,说明农用地转用指标的落实、转用审批手续办理安排及耕地占补平衡的落实情况;涉及占用永久基本农田的,说明永久基本农田占用补划情况;如果项目涉及用海、用岛,应明确用海、用岛的方式,具体位置和规模等内容。

2) 资源环境要素保障

分析拟建项目水资源、能源、大气环境、生态等承载能力及其保障条件,以及取水总量、能耗、碳排放强度和污染减排指标控制要求等,说明是否存在环境敏感区和环境制约因素。对于涉及用海的项目,应分析利用港口岸线资源、航道资源的基本情况及其保障条件;对于需围填海的项目,应分析围填海基本情况及其保障条件。

对于重大投资项目,还应列示规划、用地、用水、用能、环境以及可能涉及的用海、用岛等要素保障指标,综合分析,提出要素保障方案。

案例 5-3　某省美术馆及艺术中心项目

政府投资项目和企业投资项目在要素保障性研究的内容基本一致，以某省美术馆及艺术中心项目为例。

该项目在项目建议书编制阶段并未明确项目选址，但提供了三处备选场址。在编制可行性研究报告之前，专门针对项目作了选址论证。综合国内外知名场馆的选址情况，通过归纳总结，发现美术馆及艺术中心选址的一般影响因素包括区位条件、自然与人文环境、基础设施配套条件、地形地质水文条件、周围文化建筑现状布局、既有公共服务设施建设等。在此基础上，考察了三个备选场址的区位条件、用地权属及场地现状、交通条件、现状建设情况、生态景观条件、市政设施条件。因其中两个备选场址临江，故从安全性、坡度、水体保护、现有道路、地质灾害风险 5 个角度综合分析了各场址的用地适宜性；两个场址涉及村庄建设用地征地和居民拆迁安置，故进行了用地支撑分析；一个场址位于江中岛上，故从越江客流量及交通疏散能力等方面进行了交通支撑分析。此外也对 3 个场址的景观环境和社会效益进行了分析。最终对 3 个备选场址给出了选址意见。

备选场址二由于区位过偏，辐射带动有限，还会造成对城市交通及起步区发展的多种影响，因此不建议在此集中建设大型文化类场馆设施。

备选场址一可作为两个重点文化项目集中建设的选址，但首先需要水务、环保部门组织进行必要的技术论证，同时对某轨道一号线的局部线位进行优化，增设轨道站。

备选场址三可作为两个重点文化项目集中建设的选址，但建议将选址地块向东调整，可避免跨江交通与场地交通组织的干扰，靠近某大道，交通支撑条件更优，同时可与轨道交通三号线站点一体化设计，进一步提高交通疏散能力和到达便捷度；在征拆方面，可减少约 20 万 m^2 的征拆面积；在城市界面塑造方面，可提升某大道的界面品质。

5.4.3　工程可行性研究

项目建设方案主要从工程技术方案和工程实体建设的角度研究工程可行性，主要研究制定实现项目投资目标的工程技术路径和实现方案，包括技术方案、设备方案、工程方案以及建设管理方案等。对技术方案、设备方案、工程方案的合理性、先进性、适用性、自主性、可靠性、安全性、经济性等进行多方案比选，研究工程技术方案的可行性，根据生态文明建设、推进绿色发展、全面节约资源等要求，在绿色低碳、节约集约、智慧创新、安全韧性等方面加强比选。

如果项目涉及土地征收或用海海域征收，建设方案中应明确征收范围、土地现状、征收目的、补偿方式和标准、安置对象、安置方式、社会保障、补偿（安置）费用等内容。

此外，项目建设方案还应体现数字化转型要求，对于具备条件的项目，鼓励推动数字化设计—施工—运维等模式创新，建立以数字化交付为目的的建设运行新机制。

建设方案可行性研究通常包括以下内容。

1. 技术方案

通过技术比较提出项目预期达到的技术目标、技术来源及其实现路径,确定核心技术方案和核心技术指标。

2. 设备方案

提出所需主要设备(含软件)的规格、数量、性能参数、来源和价格,论述与技术的匹配性和可靠性以及对工程方案的设计技术需求。对于改、扩建项目,应分析现有设备利用或改造情况。

3. 工程方案

提出工程建设标准、工程总体布置、主要建(构)筑物和系统设计方案、外部运输方案、公用工程方案及其他配套设施方案。

工程方案要充分考虑土地利用、地上地下空间综合利用、人民防空工程、抗震设防、防洪减灾、消防应急等要求,以及绿色和韧性工程相关内容。涉及分期建设的项目,需要阐述分期建设方案。

通常情况下,可行性研究应对多个工程方案从艺术风格、结构特点、建筑规模、功能布局、与周边环境的协调度、节能环保、投资估算、维护保养等角度进行分析,说明各备选方案的优劣势,并给出推荐方案及原因。

4. 资源开发方案

对于资源开发类项目(多为企业投资项目),应依据资源开发规划、资源储量、资源品质、赋存条件、开发价值等,研究制定资源开发和综合利用方案,评价资源利用效率。

5. 用地用海征收补偿(安置)方案

涉及土地征收或用海海域征收的项目,应根据有关法律法规政策规定,提出征收补偿(安置)方案。土地征收补偿(安置)方案应当包括征收范围、土地现状、征收目的、补偿方式和标准、安置对象、安置方式、社会保障、补偿(安置)费用等内容。用海用岛涉及利益相关者的,应根据有关法律法规政策规定等,确定利益相关者协调方案。

6. 数字化方案

对于具备条件的项目,应在方案可行性研究中提出拟建项目数字化应用方案,包括技术、设备、工程、建设管理和运维、网络与数据安全保障等方面,以数字化交付为目的,实现设计—施工—运维全过程数字化应用方案。

7. 建设管理方案

建设管理方案应:①提出项目建设组织模式和机构设置,制定质量、安全管理方案和验收标准,明确建设质量和安全管理目标及要求;②提出项目建设工期,对项目建设主要时间节点作出时序性安排;③提出包括招标范围、招标组织形式和招标方式等在内的拟建项目招标方案;④研究提出拟采用的建设管理模式,如代建管理、全过程工程咨询服务、工程总承包(EPC)等。此外,政府投资项目还应提出拟采用新材料、新设备、新技术、新工艺等推动高质量建设的技术措施,以及根据项目实际提出拟实施以工代赈的建设任务等。

政府投资项目与企业投资项目在方案可行性维度的研究内容差异不大。值得注意的是,企业投资项目既可能是运营服务类项目,也可能是完全用于满足市场化需求的产品生产类项目,其技术方案一般需要详细描述生产方法、生产工艺技术和流程,论证项目技术的适用性、成熟性、可靠性和先进性。

案例 5-4　某公办九年一贯制学校项目

以某中部省会城市海归人才社区某公办九年一贯制学校项目为例,介绍可行性研究中的工程方案比选分析。

该项目在可行性研究阶段的前期,通过与建设单位和使用单位多轮方案论证会,最终对筛选出的三个方案在布局特点、用地集约性、室外活动场地数量、公共功能空间布置、整体方案效果等多个方面进行了比选,如表 5-8 所示。

表 5-8　某公办九年一贯制学校方案比选分析

	方案一	方案二	方案三
总平面			
布局特点	灵活对称院落式布局	灵活布局	传统学校布局
用地集约性	教学楼整体布局集中,教学组团相对独立,小学西侧尚有留存远期开发用地	沿街布置建筑,整体布局靠西,未留有远期开发用地	整体布局靠西,未留有远期开发用地
室外活动场地	西侧一个 200 m 环形田径场、东侧一个 300 m 环形田径场,另有 1 片 5 人足球场、7 片篮球场以及 1 片排球场	东侧布置一个 400 m 环形田径场,另有 6 片篮球场和 4 片排球场	东侧布置一个 300 m 环形田径场,另有 6 片篮球场和 6 片排球场
公共功能空间	食堂、图书馆、报告厅等公共空间设置在基地中心	食堂、图书馆、报告厅等公共空间设置在基地中心	食堂位于场地北侧,报告厅与图书馆位于建筑群中间
整体效果	红墙灰瓦、现代简洁的整体形象,具有国际风貌	灰白为主要色调,点缀红色,新中式立面,较为严肃,强调秩序性和规律性	传统红砖风格,较长的连廊配合围合式院落建筑,贴合较为古典的建筑风格

资料来源:根据该项目可行性研究相关成果文件整理。

比选分析后发现以下不同。

(1)方案一的布局更灵活机动,预留了部分远期开发用地,为学校未来多样化教学空间需求留有余地。方案二、方案三均未考虑。

（2）方案一考虑了小学部和中学部体育活动空间的分离，各学部学生可就近利用场地活动，较为安全、合理。方案二中，小学部学生前往田径场流线较长，篮球场地集中布置在小学部。方案三中体育活动场地统一集中布置于东侧，未考虑分设。

（3）当地常年主导风向为西北风，方案一、方案二中食堂油烟等气味对于教学楼影响较小，方案三中的影响概率较大。

因此，该项目可行性研究阶段确定方案一为主推方案，目前该项目已在该方案基础上深化完成了施工图设计。

5.4.4 运营有效性研究

新时代的可行性研究摒弃了过去"重建设、轻运营"的模式，更多强调从经营管理者的视角，重视项目的运营有效性研究，分析项目投产运营实现的产出目标。运营方案应能提供项目正常生产或运营服务所必要的原料、燃料动力、人力等条件，保证项目提供符合产品质量或服务标准要求的产出交付方案，实现项目稳定有效运营。同时，需要根据项目的工程技术特点，遵循有关部门颁布的各类运营管理标准，确保满足产品或服务质量、安全标准等要求。

运营有效性分析通常包括以下内容。

1. 运营模式选择

项目运营方案要重视研究运营模式的选择和创新。政府投资项目要评价市场化运营的可行性和利益相关方的可接受性，研究提出项目运营模式，确定自主运营管理还是委托第三方运营管理，并阐明主要理由。委托第三方运营管理的，应同时提出对第三方的运营管理能力要求，即为了达到项目产出目标需要运营方所具备的具体要求。

2. 生产经营方案

对于产品生产类项目，需要论证生产保障方案，明确项目对产品质量安全、原材料供应、燃料动力供应以及维护维修等方面的要求，评价生产经营的有效性和可持续性。

对于提供运营服务的项目，需要论证运营服务方案，明确项目提供服务内容及标准，制定服务流程、运营服务计量、运营维护与修理等方案，并提出运营服务效率要求。

3. 运营组织方案

运营组织方案的目的是确保项目能够高效运作，实现项目的产出目标。主要包括：①根据项目的特点以及工作量、周期、负责人等因素，合理设定各个部门或岗位，明确各自职责和权限，即组织机构设置方案；②根据岗位职责和工作量，制定合理的招聘计划，保证项目所需的人力资源充足、合理和稳定，即人力资源配置方案；③根据员工岗位职责及其个人的能力、工作经验、知识水平等制定员工培训需求及计划。根据项目实际情况，提出合规管理、治理体系优化和信息披露等方面的措施。

4. 安全保障方案

为秉承安全发展理念，强化运营单位主体责任，落实政府监管要求，无论政府投资项目还是企业投资项目,均应在项目可行性研究中编制安全保障方案,分析项目运营管理中存在的危险因素及其危害程度;明确安全生产责任制,建立安全管理体系,提出劳动安全与卫生防范措施,以及项目可能涉及的数据安全、网络安全、供应链安全的责任制度或措施方案,并制定项目安全应急管理预案。

5. 绩效管理方案

政府投资项目需要在可行性研究时制定项目全生命周期关键绩效指标和绩效管理机制,提出项目主要投入产出效率、直接效果、外部影响和可持续性等管理方案。对于大型、复杂及分期建设项目,应按照子项目分别确定绩效目标和评价指标体系,并说明影响项目绩效目标实现的关键因素。企业投资项目也应在运营管理方案中提出项目绩效考核方案、奖惩机制等设想。

政府投资项目和企业投资项目在运营有效性分析时都应重视研究运营模式的选择和创新方案,但侧重点有所差异,如表 5-9 所示。政府投资项目要评价市场化运营的可行性和利益相关方的可接受性;企业投资项目则需要详细论证生产运营方案,研究资源的供应方案、采购方案和运输方案等。另外,政府投资项目必须注重绩效管理,强调按效付费,需研究制定项目全生命周期关键绩效指标和绩效管理初步方案。

表 5-9 政府投资项目和企业投资项目运营有效性分析的不同侧重

分析内容	政府投资项目	企业投资项目
运营模式/方案	分析自主运营及第三方运营的适用性及相关方的可接受程度,若选用自主运营,需提出运营组织管理方案;若选用第三方运营,需提出对其运营能力的要求	论证生产保障方案或运营服务方案,确保能够达到项目产出目标。对于关键技术、专有品牌或原材料供应来源于境外的企业投资项目,要充分考虑供应链风险,防止被"卡脖子"
安全保障	分析项目运营管理中存在的危险因素及其危害程度,提出劳动安全与卫生防范措施,以及数据安全、网络安全、供应链安全相关制度或措施,制定项目安全应急管理预案	分析项目运营管理中存在的危险因素及其危害程度,制定项目安全应急管理预案
绩效管理	研究制定项目全生命周期关键绩效指标和绩效管理机制	绩效考核方案、奖惩机制等

资料来源:根据发改投资规〔2023〕304 号文整理。

关于政府投资项目的运营有效性研究,以某省科技馆项目及某区中心医院发热门诊改扩建工程项目为例,分别介绍运营组织方案和绩效管理方案分析内容。企业投资项目的运营有效性分析以某医工转化平台项目为例。

案例 5-5 某省科技馆项目[①]

为了解决科技馆建成后如何成功运营、如何持续发展等问题,该项目对国内外部分科

---

① 该项目获得 2021 年上海市优秀咨询成果奖三等奖。

技馆在运营管理方面的主要举措进行研究后,在运营模式、管理组织和人力资源等方面提出了项目运营管理机制建议。

(1) 在运营模式方面,该项目建设单位为省科学技术协会下属公益性事业单位,建成后自主运营科技馆,除市财政每年拨给固定经费外,国家财政也将拨给运营经费,科技馆运营收入(除社会捐款外)应全数上交市财政,实行收支两线。同时提出科技馆应结合自身展教特点和城市特征,积极拓宽创收渠道,努力降低运营成本、补充运营收入,以减轻政府财政负担,实现可持续发展。

(2) 在管理组织方面,建议该项目采用馆长负责制,下设副馆长多名,负责科技馆具体管理事务,并向馆长负责。根据科技馆总体事务分类,遵循机构精干、配置合理的原则,提出运营组织架构建议,并对各部门、岗位职责作了简要描述,如表5-10、图5-4所示。

表5-10 某省科技馆项目岗位及部门职责介绍

岗位/部门		职责
管理层	馆长	统领科技馆所有事务,是科技馆的总负责人
	副馆长	协助馆长分管各项事务
	总工程师	主持科技馆的技术和技术管理工作
	党总支	处理党组织建设及管理工作
执行层	展教工程部	
	解说辅导科	负责观众讲解、辅导工作
	展品维修科	负责展品、展项维修保养工作
	出版科	负责科技馆相关书籍、多媒体等出版物的出版与发行
	科普教育科	负责科技馆科普教育、培训等工作
	工程管理科	负责展品、展项的更新、布展、撤展等管理工作
	展品、展项研发中心	负责展品、展项的研发工作
	经营会务管理中心	负责科技馆经营策划、活动策划、发展规划等工作
	综合部	
	采购科	负责采购、物流等工作
	票务科	负责全馆的票务工作
	人事科	负责人力资源管理工作
	财务科	负责科技馆财税和社会捐赠基金管理等工作
	外务接待办公室	负责外务交流与接待等工作
	后勤保障科	负责科技馆行政、办公等工作
	信息管理中心	负责计算机管理及网络科技馆建设工作

资料来源:该项目可行性研究成果报告。

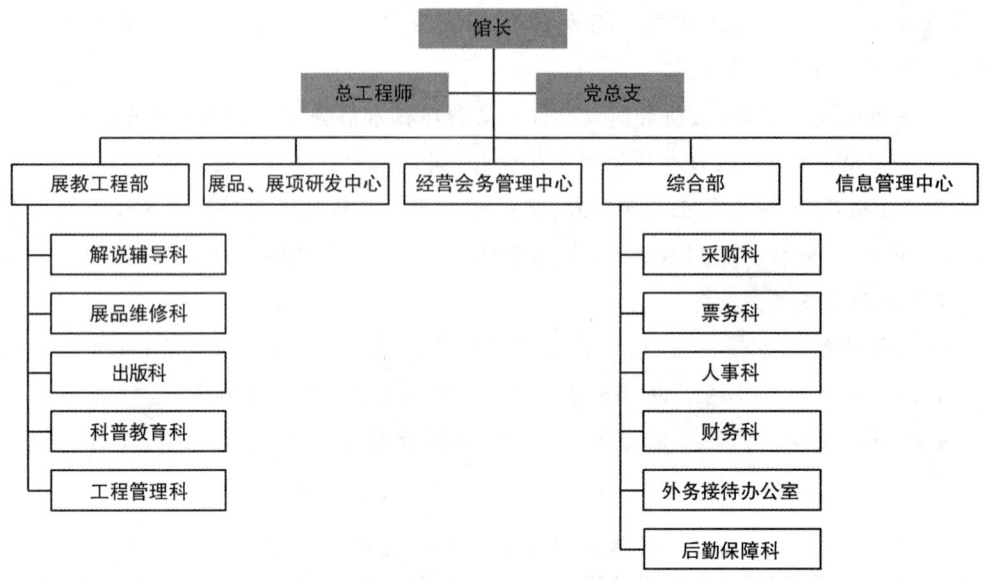

图 5-4 某省科技馆项目运营组织架构建议

资料来源:该项目可行性研究成果文件。

(3) 在人力资源方面,根据《科学技术馆建设标准》(JB 101—2007)及同类科技馆人员配置情况,确定了该项目运营所需人员配置,包括管理人员、专业技术人员、工勤人员等列编人员 180 名,以及物业管理公司人员 60 名和义工若干。同时也提出了对员工(即展教工程人才)的培养思路。

案例 5-6 某区中心医院发热门诊改扩建工程

该项目为政府投资项目,在可行性研究阶段明确了项目的总体目标,并分析筛选了项目全生命周期内效益、满意度等核心绩效指标及目标值,如表 5-11 所示。

表 5-11 某区中心医院发热门诊改扩建工程项目绩效指标

总体目标	保证发热门诊的有效运行和增加病人收治容量,优化发热救治流程,提升医院的应急救治能力		
绩效指标	二级指标	三级指标	目标值
效益指标	数量指标	用地面积	3 255 m²
		总建筑面积	2 600 m²
	质量指标	《某市发热门诊基本设置标准(试行)》	合格
		工程质量验收率	一次合格率 100%
	时效指标	建设周期	21 个月
	成本指标	投资控制情况	按概算批复投资控制

(续表)

绩效指标	二级指标	三级指标	目标值
	社会效益指标	服务利用率	提升
		完善基础设施	满足
	生态效益指标	污染物产出	满足标准
	可持续影响指标	完善某区公共卫生基础设施布局	满足
满意度指标	服务对象满意度指标	项目使用单位满意度	满意

案例 5-7　某医工转化平台项目

该项目在编制运营方案时首先明确了项目的运营目标(即产出目标),是实现医疗器械创新链、资金链、产业链的三链融合。以构建科技创新生态圈为总牵引,基于"产业项目→产业链→产业结构→产业生态"的产业生态圈演进规律,以打造产业生态圈为核心发展目标,以优质服务与完善配套支撑科技创新主体产出重大创新成果。

其次,选取业界实践案例作为参考,依据投入、产出和管控三方面的差异,提出该项目可以采取的三种类型运营服务模式,如表 5-12 所示。

表 5-12　某医工转化平台项目运营模式选择

运营模式	形式	适用条件
自主营业	管理局作为运营服务内容的经营主体,投入资金、自建团队、自负盈亏	内部管理类项目或已有一定业务基础、未来需有较强管控力以及盈利能力强的项目,如信息服务平台、数据机房、停车场、广告经营等
合作运营	引入市场上的成熟专业运营商,双方共同出资、共同经营、收入分成	专业性强但有相关基础,或希望有较强管控力的业务,或属于创新业务需要联合外部机构一起探索,如自建产业基金、成果转化、产业孵育投资等
招商运营	平台提供基础场地空间和相应配套服务,进行外部招商,引入成熟的市场机构负责经营,管理局收取租金收入	服务的专业性高、内容复杂且市场上已经有成熟的供应商资源,平台不计划从该类业务中获益,如项目内的"衣食住行育乐购"等生活配套服务,依靠招商提供服务

资料来源:该项目可行性研究成果报告。

(1) 自主营业。管理局作为平台运营服务内容的经营主体,投入资金、自建团队、自负盈亏。适用于内部资源匹配度高,项目本身盈利能力好、管控需求高和业务创新性强的运营服务内容,运营主体获取广告费、转化经营收入、销售收入等。

(2) 合作运营。引入市场上的成熟运营机构,双方共同出资、共同经营、收入分成。适用于内部资源匹配度较高,项目本身盈利能力较好、管控需求较高和业务创新性强的运营服务内容。

(3) 招商运营。平台提供基础场地空间和相应配套服务,进行外部招商,引入成熟的市场机构负责经营,相当于采取公建民营的方式运营,管理局收取租金收入。适用于外部业务专业度高、市场化程度高的运营服务内容，园区获取租金收入。

最后，综合考虑外部（业务专业度、市场化程度）、内部（资源匹配度）及项目本身（盈利能力、管控度、业务创新性）3个维度、7项指标提出项目运营管理方案的建议：成立平台公司全面负责项目的运营管理，如图5-5所示。

项目由管理局主导，政府支持和背书更有利于科创资源导入，依托政府的主导推动力量，构建多层次的组织架构，成立独立运营实体全面负责项目的运营管理，形成多极支

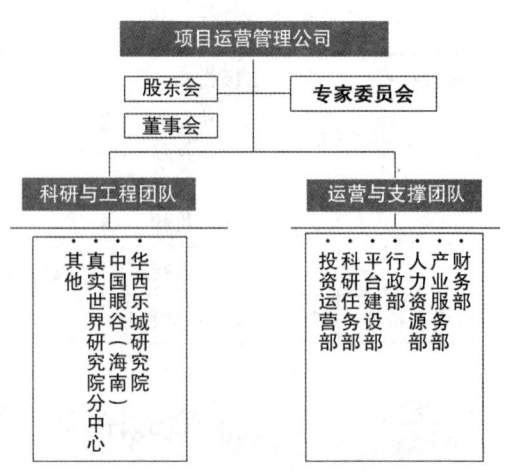

图5-5 某医工转化平台运营组织架构建议

资料来源：该项目可行性研究汇报文件。

撑、分工合理的管理架构。同时引入国内知名的第三方服务机构，依托他们在业内积累的资源和国内合作网络，为企业提供研发及科技创新支持，降低企业产品销售前的投入成本和合规性风险。

5.4.5 财务合理性研究

在明确项目产出方案、建设方案和运营方案的基础上，通过分析项目投资需求和项目融资能力，制定融资方案，计算相关财务评价指标，评价项目盈利能力、偿债能力和财务持续能力，分析项目对不同主体的价值贡献，以判断拟建项目的财务合理性，为项目投资决策、融资决策和财务管理提供依据。

财务合理性研究通常包括以下内容。

1. 投资估算

对项目总投资进行估算，项目建设和运营投产所需投入的全部资金，包括建设投资、建设期融资费用和流动资金，说明投资估算的编制依据和编制范围，并明确建设期内分年度投资计划。可行性研究阶段对项目投资估算的准确度要求在±10%以内，为项目全过程投资控制提供依据。

2. 盈利能力分析

根据项目性质，确定适合的评价方法，估算项目营业收入、补贴性收入及各种成本费用，并提供相应依据。财务收入是投资项目财务现金流入的主要来源；成本费用是项目产品定价的基础，也是项目财务现金流出的主要构成。通过项目自身的盈利能力分析，评价项目可融资性。

政府资本金注入项目和企业投资项目，盈利能力分析的重点是现金流分析。通过计算财务内部收益率、财务净现值等指标，判断项目盈利能力。营业收入不足以覆盖项目成本费用的，应当提出可行性缺口补助方案。因政府直接投资的非经营性项目没有营业收入，

主要开展项目全生命周期资金平衡分析，提出开源节流措施。综合性开发项目则分析项目服务能力和潜在综合收益，评价项目采用市场化机制的可行性和利益相关方的可接受性。各类项目盈利能力分析内容如图5-6所示。

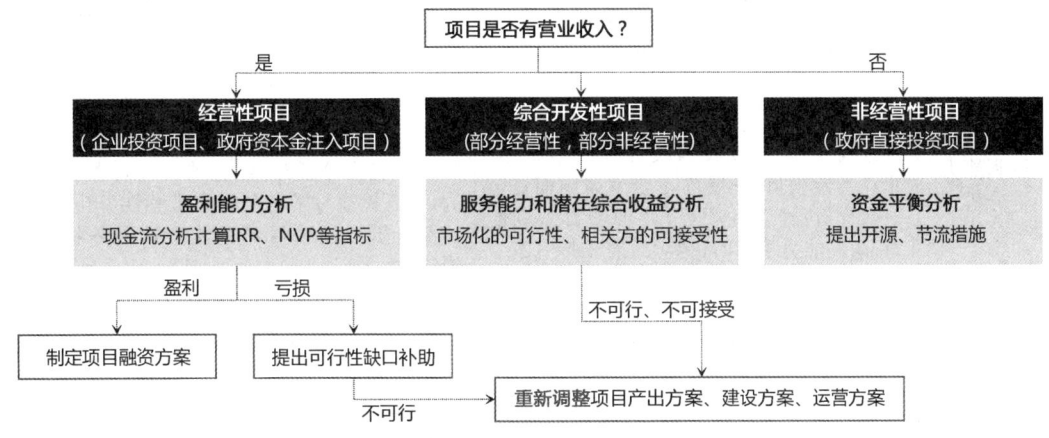

图5-6　各类项目盈利能力分析内容

3. 融资方案

在项目自身盈利能力分析的基础上，研究项目的可融资性，以及采用政策性、开发性金融工具，发行产业基金，权益型金融工具，专项债等融资方式的可行性。

项目可融资性评价方法取决于项目性质。政府直接投资项目需要说明项目申请财政资金投入的必要性和方式，明确资金来源，提出形成资金闭环的管理方案。政府资本金注入项目需要说明项目资本金来源和结构、与金融机构对接情况，研究采用权益型金融工具、专项债、公司信用类债券等融资方式的可行性。企业投资项目需要分析项目资本金和债务资金来源及结构、融资成本以及资金到位情况，评价项目的可融资性。

4. 债务清偿能力分析

论证项目计算期内是否有足够的现金流量，按照负债融资的期限、金额、还本付息方式等条件，分析计算偿债备付率、利息备付率等债务清偿能力评价指标，判断项目偿还债务本金及支付利息的能力。

5. 财务可持续性分析

根据财务计划现金流量表，综合考察项目计算期内各年度的投资活动、融资活动和经营活动所产生的各项现金流入和流出，计算净现金流量和累计盈余资金，判断项目是否有足够的净现金流量维持项目的正常运营。

政府投资项目和企业投资项目在财务合理性研究时的差异较大，如表5-13所示。政府投资项目需要根据经济社会发展需要和财政可负担性，合理确定建设标准、建设内容、投资规模等，防范地方政府隐性债务风险。企业投资项目则通常以盈利为主要目标，投融资和财务方案聚焦项目投资收益研究、市场风险规避等内容。

表 5-13　政府投资项目和企业投资项目财务合理性分析的不同侧重

分析内容	政府投资项目	企业投资项目
投资估算	充分考虑项目周期内有关影响和风险管理的费用安排,如环境保护与治理、社会风险防范与管控、节能与减碳、安全与卫生健康等相关建设投入和费用支出等	依据企业内部的投资估算编制办法和指标,也可参照国家颁布的办法和指标进行编制
盈利能力分析	结合项目运营期内的负荷要求,估算项目营业收入、补贴性收入及各种成本费用。非经营性项目,开展项目全生命周期资金平衡分析;经营性项目,评价项目盈利能力,盈利能力不足时,提出政府支持方案	分析项目的现金流入和流出情况,构建项目利润表和现金流量表,计算财务内部收益率、财务净现值等指标,评价项目的财务盈利能力,并开展盈亏平衡分析和敏感性分析,根据需要分析拟建项目对企业整体财务状况的影响
融资方案	从公共财政角度分析论证财政资金支持的必要性、支持途径和方式,以及资金筹措替代方案等,关注如何更好发挥政府作用	关注项目业主、出资人、股东合法权益和价值实现,从财务管理的角度设计合理的投资模式和融资方案,评价项目的可融资性,并研究项目获得绿色金融、绿色债券支持的可能性
债务清偿能力分析	对于使用债务融资的项目,明确债务清偿测算依据和还本付息资金来源,计算利息备付率、偿债备付率等指标,分析评价当地财政可负担性和是否可能引发隐性债务等情况	按照负债融资的期限、金额、还本付息方式等条件,判断项目偿还债务本金及支付利息的能力。必要时,开展项目资产负债分析,评价项目资金结构的合理性
财务可持续性分析	政府资本金注入项目,编制财务计划现金流量表。对于出现经营净现金流量不足的项目,研究提出现金流接续方案,分析政府财政补贴所需资金,评价项目财务可持续性	统筹考虑企业整体财务状况、总体信用及综合融资能力等因素,分析投资项目对企业的整体财务状况影响,包括对企业的现金流、利润、营业收入、资产、负债等主要指标的影响,确保维持正常运营及保障资金链安全

资料来源：根据发改投资规〔2023〕304 号文整理。

财务合理性研究以某省道大桥及接线工程和某科技城滚动开发方案为例。

案例 5-8　某省道大桥及接线工程

该项目总投资约 20 亿元,基于市政基础设施项目投资大的特点,首先通过案例研究提出项目可采纳整体滚动开发机制,并且通过对委托平台代建、政府购买服务、PPP、政府发债、EPC 的衍生等 5 类投融资模式在建设资金来源、建设主体、资金支付方式、优点、回收期、指导政策、项目适用性等 7 个维度的对比分析,提出了该项目融资方案建议：推荐采取建设期代建模式＋运营期购买服务模式。

其次,由于该项目属于非盈利性公共基础设施建设项目,项目本身没有使用者付费产生的收入,采用政府购买服务模式。该项目政府支付责任包括年度建设成本补贴、年度运营成本补贴。若按 10 年期,政府支付责任年均约 2.9 亿元;若按 5 年期,则年均约 4.9 亿元,财政压力较大。

另外，根据该项目所在市的国民经济和社会发展统计公报数据，发现当地近十年内地方财政收入年均增长18.58%，地方财政预算支出年均增长25.83%，地方财政收入绝对值和增长率均小于地方财政预算支出，地方财政压力较大。

基于上述事实，最终给出以下建议：

(1) 建议积极求新的发展模式，以缓解政府财政压力。

(2) 建议政府考虑合理的支付方式，以保证项目运营单位提供的可持续经营服务。

(3) 建议政府相关部门支持项目运营单位拓展相关经营业务，通过土地、税收等优惠政策，弥补项目资金缺口。

案例 5-9　某科技城滚动开发方案[①]

该项目咨询服务要求通过项目谋划，生成、储备一批项目，以投资稳定经济基本盘；通过项目实施，推进南繁以及自贸港政策落地；通过开发梳理，汇报科技城正在干什么、计划做什么，积极争取上级支持。

该项目经初步匡算，科技城研究范围内，政府投资开发建设约需920亿元，如图5-7所示。在此基础上，测算了可用于该科技城综合开发的本级财税留存，主要包括土地出让留成、税收留成以及非税收留成，为简化计算，暂未记取开发转移性收入和国有资本经营净收入。初步匡算得出，到2025年可用于该科技城综合开发的各项财税累计收入约387亿元，到2040年累计收入约989亿元。分析后得出结论：科技城以产业开发为主，且科研与公共服务配比较高，房产开发比例相对较低，因此整体投入产出回收期较长，前期存在资金缺口。

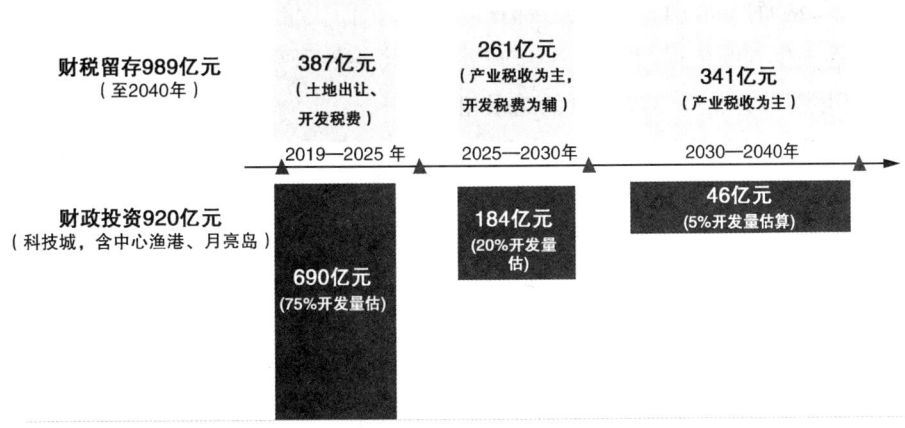

图 5-7　某科技城综合开发财政收支测算

资料来源：该项目可行性研究相关成果报告。

---

① 该项目获得2021年上海市优秀咨询成果奖三等奖。

针对前期资金缺口，给出了投融资建议，包括：多元化、多渠道融资；财税收入设资金池，封闭运作；引入产业基金，放大开发杠杆；鼓励社会资本投资，延长基建投资付款期；做厚资产，降低融资成本等。该项目综合开发投融资建议如图5-8所示。

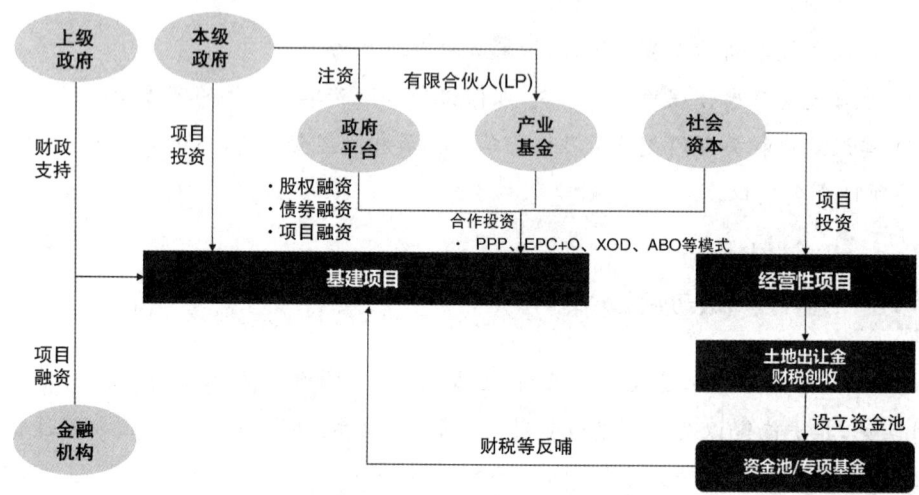

图5-8 某科技城综合开发投融资建议

资料来源：该项目可行性研究相关成果报告。

5.4.6 影响可持续性研究

影响可持续性研究主要体现绿色发展和以人民为中心的新发展理念，从项目外部影响的角度，预测和分析项目在经济社会、资源环境、碳达峰碳中和等外部影响效果，开展安全影响效果论证，从而判断项目产生的外部正面效果、负面代价及可持续性，为项目建设方案的整体可行性提供判断依据，并为进一步开展风险可控性研究提供基础。同时需要注意与节能评价、环境影响评价等专项评价的结果相衔接。

影响可持续性研究通常包括以下内容。

1. 经济影响分析

从经济资源优化配置的角度，利用经济费用效益分析或经济费用效果分析等方法，评价投资项目的真实经济价值，判断项目投资的经济合理性。重大项目还需要分析对宏观经济、产业经济、区域经济等所产生的影响。

2. 社会影响分析

识别项目主要的社会影响因素和利益相关者，从项目可能产生的社会影响、社会效益和社会接受性等方面，研究项目对当地产生的各种社会影响，评价项目在促进个人发展、社区发展和社会发展等方面的社会责任，并提出减缓社会负面影响的措施和方案。

3. 生态环境影响分析

从推动绿色发展、促进人与自然和谐共生的角度，分析项目所在地的生态环境现状，评价项目在污染物排放、生态保护、生物多样性和环境敏感区等方面的影响,以及是否能够满足有关生态环境保护政策要求。

以云南某酒店项目为例。由于云南省生物多样性呈现丰富性、独特性和脆弱性三大特征,因此该项目在可行性研究中专门针对当地生物多样性提出了保护措施。

(1) 充分保护并利用原有植被。该项目基地现状绿化状况很好,为保护基地内生物多样性,在开发建设过程中将尽可能保留或利用原有绿化;实在无法利用的珍惜名贵植被,应进行迁移保护。项目建设造成的地表植被破坏,应尽可能及时恢复。施工期间通过加盖防雨覆盖物、向裸露地面洒水、保持地面湿度、土方开挖避免雨季施工等各项措施,防范水土的流失和侵蚀。

(2) 加强宣传、提高认识。施工期间对建设人员进行生态环境保护的教育活动,提高生物多样性保护意识,加强重视生物多样性的保护和管理,并安排管理人员进行监督。营运期间,通过简报、宣传册、广告等多种渠道和途径,向入驻旅客宣传教育生物多样性保护的重要意义,逐步提高公众的保护意识。努力开辟多种渠道,鼓励公众自觉参与生物多样性保护和监督,改变不良生活习惯,提倡绿色消费。

(3) 设立专款,保证生物多样性保护资金的落实。项目建成后,安排专人对原有植被和生物进行管理和维护,并从物业管理经费中设置一笔专用资金,用于地块内的生物多样性保护工作。

4. 资源和能源利用效果分析

从实施全面节约战略、发展循环经济等角度,分析论证除了土地资源之外的各类资源节约、集约利用的合理性和有效性,提出关键资源保障和供应链安全等方面的措施,计算采取节能措施后的能源消耗总量、原料用能消耗量、可再生能源消耗量等指标,评价项目能效水平以及对当地能耗调控的影响。

5. 碳达峰碳中和分析

高耗能、高碳排放的投资建设项目是增加温室气体排放的重要源头,对于此类项目,在项目能源资源利用分析的基础上,可以通过估算项目建设和运营期间的年度碳排放总量和强度,评价项目碳排放水平,提出项目碳排放控制方案,明确拟采取减少碳排放的路径与方式,分析项目对所在地区碳达峰碳中和目标实现的影响。

可行性研究阶段的碳达峰碳中和分析是从源头上严格控制化石能源消费,提升能源利用效率,积极发展非化石能源,推动低碳技术实施,促进经济社会发展实现绿色低碳转型,主动减少温室气体排放的重要举措。

近年来各央企投资建设项目均开始重视投资决策阶段的碳达峰碳中和分析,下面以某央企创新中心项目为例。

案例 5-10 某央企创新中心项目

该项目首先依据《建筑碳排放计算标准》(GB/T 51366)计算了项目各个建筑物(含地下

室、连通道、连廊等)在建材生产及运输、建造及拆除方面的 CO_2 排放量,合计约 30 t。其次,对运营期园区运行碳排放进行了核算。通过建筑用能优化、高效设备使用,整体提高建筑能效水平后,建筑综合碳排放为 6 598 t CO_2/a,比《低碳建筑(运行)评价技术导则》中规定的低碳园区建筑碳排放限额值下降了 64.2%,园区建筑单位面积碳排放强度为 33 kg CO_2/(m^2·a),人均碳排放强度 2.76 t CO_2/(人·a),满足近零碳建筑要求。

此外,考虑园区光伏减排量后,该项目园区总碳排放为 8 532 t CO_2/a,园区每年外购电力 952.348 万 kW·h,外购电力通过全绿电交易,每年可实现减排 CO_2 量 7 945 t,全绿电交易后的园区碳排放为 587 t CO_2/a。

最后,该项目计算了项目全生命周期内的碳排放情况:从 2022 年开始建设,2024 年开始运营,在项目采取了各种节能、减排措施后,通过绿电交易减排和碳交易减排,可以实现 2060 年碳中和目标。

政府投资项目和企业投资项目在影响可持续性维度的研究内容基本相同。

5.4.7 风险可控性研究

项目风险因素涉及市场或社会需求、要素保障、建设运营、融资和财务盈利性、生态环境和经济社会等诸多领域,可行性研究应论证相关风险管控方案能否将项目各种风险均降低到可接受的状态,并提出切实可行的风险应对措施方案。

风险可控性研究通常包括以下内容。

1. 风险识别与评价

识别项目全生命周期的主要风险因素,分析各风险发生的可能性、损失程度,以及风险承担主体的韧性或脆弱性,判断各风险后果的严重程度,研究确定项目面临的主要风险。

2. 风险管控方案

结合项目特点和风险评价,有针对性地提出项目主要风险的防范和化解措施。

重大项目应当对社会稳定风险进行调查分析,提出防范和化解风险的方案措施,判断采取相关措施后的社会稳定风险等级。对可能引发"邻避"问题的,应提出综合管控方案,保证影响社会稳定的风险在采取措施后处于低风险且可控状态。

3. 风险应急预案

对于项目可能发生的风险,研究制定重大风险应急预案,并明确应急处置及应急演练要求等。

政府投资项目和企业投资项目在风险可控性研究时略有差异,主要体现在项目涉及的风险不尽相同。政府投资项目更多涉及到工程建设、运营管理、经济效益、社会影响、生态环境等方面的风险,企业投资项目可能更关注于市场需求、产业链、供应链、关键技术、投融资等方面的风险。

下面以某市回民公墓续建项目和某央企生产支持基地建设项目为例。

案例 5-11　某市回民公墓续建项目[①]

某市回民公墓续建项目在风险识别环节共梳理出政策规划和审批程序、土地征收征用补偿、公共安全、社会心理、生态环境影响、宏观经济社会环境、社会互适性等 7 个方面共 11 项风险,见表 5-14。

表 5-14　某市回民公墓续建项目风险因素识别

序号	风险类型	风险因素	发生阶段
1	政策规划和审批程序	立项和审批合法性风险	项目前期
		相关群体利益诉求及反馈的渠道不通畅引发的风险	项目前期
2	土地征收征用补偿	土地征收与流转不畅风险	项目前期
3	公共安全	项目维稳预案的有效性风险	全过程
		开斋节期间的交通、治安压力风险	运行阶段
4	社会心理	大规模社会负面舆论风险	项目前期、建设阶段
		项目对周边居民产生的视觉和心理负面影响	建设、运行阶段
5	生态环境影响	项目对生态环境产生负面影响的风险	施工、运行阶段
6	宏观经济社会环境	运行对周边地块发展前景的影响	运行阶段
7	社会互适性	镇政府的利益诉求得不到满足引发的风险	全过程

资料来源：该项目可行性研究相关成果报告。

案例 5-12　某央企生产支持基地建设项目

该项目在风险识别环节共甄别出市场风险、战略风险、管理风险、技术风险、经济风险等 5 个方面共 11 项风险因素,如表 5-15 所列。

表 5-15　某央企生产支持基地建设项目风险因素识别

序号	风险类别	风险名称	风险描述	风险来源
1	市场风险	市场收入低于预期	(1) 对系统内部市场依赖性过大,社会适应能力不强。 (2) 系统内外竞争对手进入导致竞争加剧,市场收入未达到预期收入目标。 (3) 自有制造业及维保成本较高,产品研发技术能力不足,导致市场竞争力不足,市场占有率出现萎缩。 (4) 高精尖产业较少,缺少市场竞争力	内外部
		产品盈利不及预期	(1) 国际经济环境、政治环境的不稳定与动荡对上游产品价格及需求造成的影响可能会导致产品价格出现波动。 (2) 项目投产后因生产原材料人工成本价格上涨等因素,降低项目的盈利水平,影响项目的预期收益	内外部

[①] 该项目获得 2015 年上海市优秀咨询成果一等奖。

(续表)

序号	风险类别	风险名称	风险描述	风险来源
2	战略风险	政策风险	(1) 封岛对税收及自由贸易等相关政策不明确或政策变化带来的影响。 (2) 低碳政策对未来项目运行的影响	外部
3	管理风险	诚信风险	建设方要与设计单位、监理单位、总承包商、材料设备供应商等多个单位进行合作,合作过程中面临参建单位诚信风险	内外部
		合规风险	项目实施不符合国家有关法律法规、公司有关制度办法,导致项目实施受到影响	内部
		进度风险	(1) 项目管理水平、项目管理人员综合能力以及自有管理人员管理经验不足等因素给项目总体进度控制带来风险。 (2) 因地理位置因素,造成物料运输成本及时间增加,影响施工进度。 (3) 疫情出现用工难、物资材料短缺问题,影响项目实施。 (4) 环保要求对施工进度的影响	内外部
		安全风险	项目建设过程和运营过程中,安全职责划分不明确、安全管理工作不到位,导致事故发生	内外部
4	技术风险	设计风险	(1) 设计方案不合理,不能正常施工。 (2) 设计存在缺项、漏项,导致设计变更及施工变更	内外部
		质量风险	(1) 由于设计、施工、原材料质量、地基处理等因素造成质量事故。 (2) 项目生产工艺的先进性与超前性等因素,对项目产品投产后能否适应市场需要的影响。 (3) 项目运行后管理系统与现有管理系统的整合、融合问题	内外部
5	经济风险	费用风险	由于产生设计变更费用、建设原材料价格上涨、施工人工价格上涨等因素,导致工程建设成本增加	外部
		资金风险	建造过程中可能会出现因施工单位自身原因或建设单位未按时支付节点款而导致项目无法正常建造的风险	内外部

资料来源:该项目可行性研究相关成果报告。

5.5 建设条件单项咨询

如前文所述,建设条件单项咨询包括可行性研究报告规定的重要章节咨询,也包括可行性研究报告未规定但国家现行法律法规规定,需要单独开展的咨询服务。纳入可行性研究的相关建设条件单项咨询,鼓励将其主要结论纳入可行性研究相关成果报告中,以可行性研究进行报批。单独开展的单项咨询结论应当与可行性研究报告相关内容保持一致。

5.5.1 建设项目选址论证

建设项目选址论证应在项目投资决策阶段开展,其主要内容包括项目的基本情况、选址占地情况、用地是否符合土地利用总体规划、用地面积是否符合土地使用标准、用地是否符合供地政策等。

单独开展的建设项目选址论证一般包含以下内容。

（1）区域调查和研究：对选址区域的经济、社会、自然环境等情况进行调查和研究，评估选址区域的发展潜力和可行性。

（2）土地资源评价：评估选址区域的土地资源情况，包括土地类型、面积、质量、用途等，并分析选址的土地供需情况。

（3）交通运输分析：评估选址区域的交通条件，包括公路、铁路、航空、水路等交通方式的便捷程度和互联互通情况。

（4）环境影响评价：评估选址区域的生态环境、资源利用情况，分析建设项目对环境的影响及环保措施。

（5）市场需求分析：分析选址区域的市场需求和竞争情况，评估建设项目的市场前景和盈利模式。

（6）投资效益评估：评估建设项目的投资规模和效益预测，分析项目风险和收益，确定项目的可行性和优劣势。

5.5.2　建设项目压覆重要矿产资源评估

压覆矿产资源是指因建设项目实施后导致的矿产资源不能开发利用的情况。建设项目压覆重要矿产资源评估旨在分析评估建设项目的选址和建设对地下重要矿产资源可能产生的影响。《中华人民共和国矿产资源法》明确规定："在建设铁路、机场、工厂、水库、输油管道、输电线路和各种大型建筑物或者建筑群之前，建设单位必须向所在省国土资源厅（或向县、市国土资源局）查询征地范围内有无探矿权、采矿权及矿产地设置，为建设项目选址时注意避让已发现的重要矿区、重要的成矿靶区、采空区与开采塌陷区提供依据，避免或减少压覆重要矿产资源、切实保护和合理利用矿产资源，提高矿产资源保障能力，保障建设项目正常建设和运行，保护矿业权人和建设单位双方的利益关系。"

压覆重要矿产资源的项目通常应在办理施工许可证之前，委托具备资质的专业咨询机构在全面掌握建设项目所在地的矿产资源规划、矿产资源分布、矿业权设置等情况下，进行建设项目压覆重要矿产资源评估，一般包含以下内容。

（1）重要矿产资源调查评估：对建设项目所在区域的地质、矿产资源、勘探开发情况进行调查和评估，确定其中是否存在重要矿产资源。

（2）可能产生影响的分析：评估建设项目选址和建设过程可能对重要矿产资源产生的影响，并进行定量预测和分析。

（3）环境风险评估：评估建设项目对重要矿产资源及其周边环境所造成的风险，分析其可能会对矿产资源产生何种程度的损害。

（4）风险应对措施：提出相应的风险应对措施，确保建设项目的正常开展，并避免或减少对重要矿产资源的影响。

5.5.3 建设项目环境影响评价

根据《中华人民共和国环境影响评价法》，依据建设项目对环境的影响程度，建设单位需要在办理施工许可证之前组织编制环境影响报告书、环境影响报告表或者填报环境影响登记表。

可能造成重大环境影响的建设项目，建议与可行性研究同步开展环境影响评价工作，将预评价结论纳入相关成果报告中，并在开工前单独编制环境影响报告书，对产生的环境影响进行全面评价，一般应包括以下内容。

（1）项目概况：包括建设项目的名称、规模、技术方案、选址等基本信息。

（2）环境影响评价范围和方法：说明评价所涉及的环境因素及其评价方法，并说明评价的范围和深度。

（3）建设项目对环境的影响：对建设项目在施工、运营和废弃期等不同阶段造成的自然环境、生态系统、资源利用、人类健康等方面影响进行分析。

（4）环境保护措施：制定合理的环境保护措施，减少或避免建设项目可能产生的负面影响，并确保建设项目能够与周边环境和谐共存。

（5）可行性和可持续性评价：对建设项目的可行性和可持续性进行评价，并提出相关建议。

（6）公众参与：以公开、透明、公正的方式开展公众参与活动，听取公众对建设项目环境影响的看法和建议。

（7）经济和社会影响评价：对建设项目可能产生的经济和社会影响进行评价，包括就业、收入、税收等方面的影响。

（8）风险评估：评估建设项目可能存在的安全风险和环境风险，并提出相应的风险控制措施。

（9）环境管理计划：制定详细的环境管理计划，包括环境监测、环境污染防治和环境保护设施的建设等方面的内容。

5.5.4 节能评估

《固定资产投资项目节能审查办法》（2023年3月28日国家发展改革委令第2号）（以下简称《审查办法》）规定，综合能源消费量达到1 000 t标准煤或年电力消费量达到500万kW·h的建设项目，均需要进行节能审查。节能评估一般应与可行性研究同步开展，并将主要结论纳入相关成果报告中。《审查办法》规定："国家发展改革委核报国务院审批以及国家发展改革委审批的政府投资项目，建设单位在报送项目可行性研究报告前，需取得省级节能审查机关出具的节能审查意见。国家发展改革委核报国务院核准以及国家发展改革委核准的企业投资项目，建设单位需在开工建设前取得省级节能审查机关出具的节能审查意见。"

节能评估报告一般包含以下内容。

(1) 项目概况：介绍节能评估的项目名称、规模、性质、建设地点等基本信息。

(2) 节能需求分析：分析项目所处的行业、定位、能源消耗状况，探讨节能需求的必要性及其可行性。

(3) 节能技术分析：对涉及的各种节能技术进行分析，包括先进技术、成熟技术、适用技术等，并对其经济性和实施难度等方面进行评价。

(4) 节能方案设计：根据节能需求和节能技术，提出具体的节能方案设计，包括建议采取的节能措施、设备型号及配置、节约效益等。

(5) 经济效益评价：对节能措施的投资、运营费用、回收期、减排量等进行经济效益评价。

(6) 社会效益评价：对节能措施可能带来的社会效益进行评估，包括减少污染、改善环境、提高生产效率等方面的效益。

(7) 环境影响评价：对节能措施可能产生的环境影响进行评估，并提出相应的改善措施。

(8) 实施方案和建议：提出具体的实施方案和建议，包括技术路线、设备选型、投资安排、工作计划等。

5.5.5 防洪影响评价

在河道范围内建设大、中型及重要河段的小型建设项目都必须进行防洪评价，包括但不限于：河流、湖泊治理和改善工程，堤防加固、修建和改建工程，水库、水文测验和调度工程，城市排水管网建设和改造工程，沿海岸线管理和防护工程等。

防洪影响评价报告应参照《河道管理范围内建设项目防洪评价报告编制导则》(SL/T 808—2021)，包含以下主要内容。

(1) 编写说明：介绍评价报告的编制背景、目的和依据等。

(2) 防洪影响评价概述：简要描述本次防洪影响评价的内容、方法和结果等。

(3) 工程情况描述：详细阐述工程项目的概况、建设方案、技术参数等。

(4) 环境基础资料：包括河流、湖泊、水库、城市排水管网、生态环境等方面的基础资料。

(5) 影响评价：围绕防洪工程可能对自然环境、社会经济、文化遗产、生态系统等方面造成的影响进行评价，提出对策和建议。

(6) 环境保护和安全措施：根据评价结果提出相应的环境保护和安全措施，并制定实施计划和方案。

(7) 经济和社会效益分析：对工程建设后可能带来的经济和社会效益进行分析和评价。

(8) 风险评估和管理：对可能存在的风险进行评估，并提出相应的管理措施。

5.5.6 生产建设项目水土保持方案

2023年3月起施行的《生产建设项目水土保持方案管理办法》(2023年1月17日水利部令第53号发布)中规定，在山区、丘陵区、风沙区以及县级以上人民政府或者其授权的部门批准的水土保持规划确定的容易发生水土流失的其他区域开办可能造成水土流失的生产建设项目(即在生产建设过程中需要进行地表扰动、土石方挖填的项目)，生产建设单位应当在生产建设项目开工建设前完成水土保持方案编报并取得批准手续①。

水土保持方案包括报告书和报告表。征占地面积5万 m^2 以上或者挖填土石方总量5万 m^3 以上的生产建设项目，应当编制水土保持方案报告书。征占地面积0.5万 m^2 以上、不足5万 m^2 或者挖填土石方总量1 000 m^3 以上、不足5万 m^3 的生产建设项目，应当编制水土保持方案报告表。

生产建设项目水土保持方案一般应包括：项目概况及项目所在地区域概况；主体工程水土保持评价与水土流失预测；水土流失防治责任范围及防治分区；水土流失防治目标及防治措施布局；水土保持方案投资估算与效益分析等。

5.5.7 建设项目水资源论证

水资源论证是为贯彻落实水资源刚性约束要求和"以水定城、以水定地、以水定人、以水定产"原则，促进经济社会发展与水资源条件相适应，而必须开展的一项重要工作。

对于直接从江河、湖泊或地下取水并需申请取水许可证的建设项目，项目建设单位应当进行建设项目水资源论证。

《关于进一步加强水资源论证工作的意见》(水资管〔2020〕225号)提出要"严格建设项目水资源论证"，根据项目取水量以及对周边环境影响程度等情况，按规定要求编制水资源论证报告书(表)时，应突出对建设项目取用水的必要性、合理性、可行性的论证，对建设项目取用水是否符合用水总量控制指标、是否满足生态流量保障目标要求、是否符合水量分配指标、是否符合地下水取用水总量和水位管控要求、是否达到节水要求等进行重点论证。同时，在自由贸易试验区，各类开发区、工业园区、新区和其他有条件的区域，"推进水资源论证区域评估"。

建设项目水资源论证一般包含以下内容。

(1) 项目概况：对项目的基本情况进行描述，包括项目名称、位置、规模、技术参数等。

(2) 技术方案：对项目的建设工艺、工程总体布局、主要设备、能耗消耗等进行详细介绍。

---

① 部分项目需要在可行性研究相关成果报告中纳入水土保持方案相关结论，如《水利水电工程项目建议书编制规程》(SL/T 617—2021)及《水利水电工程可行性研究报告编制规程》(SL/T 618—2021)要求水利水电工程在投资决策阶段编制水土保持方案。

(3) 水资源需求量计算：根据项目的用水需求，结合当地气象、水文等资料，计算出项目所需的水资源量。

(4) 区域水资源分析：对项目所在地区的水资源状况进行分析，包括水源、水质、水量等方面的情况，评估项目对区域水资源的影响。

(5) 水资源保障措施：根据前期分析和计算结果，提出相应的水资源保障措施，如节水措施、水资源配置方案等。

(6) 环境影响评价：针对项目可能对环境、生态系统、社会经济等方面造成的影响进行评价，并提出防治对策和措施。

(7) 技术经济指标计算：对项目的建设和运营成本进行估算，分析项目的经济效益、社会效益等方面的指标。

(8) 综合评价与决策建议：综合考虑各项因素，对项目的可行性进行评价，并提出决策建议。

5.5.8　建设项目文物影响评估

在建设项目范围内涉及历史保护建(构)筑物或可能埋藏地下文物时，应委托第三方专业咨询机构(包括文物保护规划、文物修缮等公司或相关机构)全面掌握拟建项目建设地点、工程规划和设计方案、文物保护单位的具体情况等，开展建设工程对文物可能产生破坏或影响的评估，编制建设项目文物影响评估报告。

其主要包括以下内容。

(1) 文物资源调查：对项目所在地区的文物资源进行详细的调查，确定文物类型、分布、数量等信息。

(2) 文物价值评估：根据文物的历史、艺术、科学、社会等方面的价值，对文物的重要性和保护程度进行评估。

(3) 工程影响评估：分析工程建设对文物产生的潜在影响，包括直接或间接的破坏、遗址迁移、环境变化等。

(4) 风险分析与管理措施：识别可能存在的文物风险，并制定相应的预防和控制措施，确保文物不会遭受任何破坏。

(5) 保护设计方案：针对不同类型的文物，提出相应的保护措施和设计方案，如设置保护带、加固文物结构等。

(6) 施工监督计划：制定施工中的监督管理措施和监督计划，确保施工过程中文物保护措施的有效实施。

(7) 迁移与复原方案：对需要迁移的文物进行方案设计，确保文物安全地转移并恢复原状。

(8) 维护管理方案：制定文物维护管理方案，确保文物长期得到有效的保护和管理。

5.5.9　社会稳定风险评估

根据《国家发展改革委重大固定资产投资项目社会稳定风险评估暂行办法》(发改投资

〔2012〕2492号)和国家、地方相关规定,对于需要开展社会稳定风险评估的重大固定资产投资项目,项目单位在组织编制项目可行性研究报告、项目申请报告时,应当同时进行社会稳定风险分析,并作为项目可行性研究报告、项目申请报告中的独立篇章。

社会稳定风险分析是指项目单位在前期工作时,对社会稳定风险进行调查分析,征询相关群众意见,查找并列出风险点、风险发生的可能性及影响程度,提出防范和化解风险的方案措施,提出采取相关措施或社会稳定风险等级建议。应参照国家发展和改革委员会《重大固定资产投资项目社会稳定风险分析篇章编制大纲及说明(试行)》(发改办投资〔2013〕428号)进行编写。

在涉及重大决策、重大工程项目、与社会公共秩序相关的重大活动等重大事项在审核、审批前,需要对可能影响社会稳定的因素开展系统的调查,科学地预测、分析和评估,制定风险应对策略,应当对项目进行合法性、合理性、可行性、可控性四方面的评估。

一般由项目所在地行政机关或其有关部门指定的评估咨询机构对项目单位作出的社会稳定分析开展评估论证,根据实际情况,采取多种方式听取各方面意见,分析判断并确定风险等级,并参照《重大固定资产投资项目社会稳定风险评估报告编制大纲及说明(试行)》编制社会稳定风险评估报告。

5.5.10 政府和社会资本合作(PPP)咨询

拟采用政府和社会资本合作(PPP)模式的建设项目,应当在进行项目可行性研究时,从政府投资必要性、政府投资方式比选、项目全生命周期成本、运营效率、风险管理以及是否有利于吸引社会资本参与等方面,对项目是否适宜采用PPP模式进行分析和论证。

详见本书第6章投融资咨询相关内容。

第6章

投融资咨询

6.1 投融资咨询概述

6.1.1 定义

目前国内对投融资咨询尚无明确定义,根据项目实践,投融资咨询既可以是投融资策划专项咨询,也可以是贯穿项目全周期的投融资综合咨询(覆盖项目前期谋划、投资立项、建设实施、运营管理等全生命周期)。

6.1.2 投融资咨询内容

1. 投融资专项咨询

根据项目实践,目前投融资专项咨询包括工程收购、并购咨询,专项债申报发行,土地收储及出让专项咨询等。投融资专项咨询通常在项目策划与决策阶段进行,可以是项目建议书(预可行性研究)、项目可行性研究的内容,也可以是专项咨询成果。

2. 投融资综合咨询

随着片区综合开发的兴起与发展,各地对投融资咨询顾问、投融资综合咨询需求越来越广泛,咨询内容涵盖项目谋划、项目立项、投融资实施方案、合作协议、合作社会资本招标、项目落地实施、运营期再融资服务等各项内容。

经梳理项目实践案例及各地对投融资全过程咨询服务的公开招标文件,投融资全过程咨询服务内容如表6-1所示。

表6-1 投融资全过程咨询服务内容

序号	主要工作阶段	主要服务内容
1	项目谋划	(1) 前期策划/项目谋划报告 (2) 投融资专项咨询 (3) 实施项目清单
2	投资立项	(1) 项目建议书 (2) 可行性研究报告或资金申请报告 (3) 投融资专项咨询、运营方案咨询等

(续表)

序号	主要工作阶段	主要服务内容
3	实施方案	(1) 片区综合开发建设运营方案 　① 开发建设运营方案； 　② 专项咨询：资金平衡测算报告、土地征拆收储成本费用估算、地价出让价格评估、招商服务手册等。 (2) 特许经营实施方案 (3) 专项债"一案两书" 　① 项目实施方案； 　② 财务评价报告； 　③ 法律意见书。 (4) EOD 实施方案
4	合作协议草案	政企合作下，需提供配套合作协议草案： (1) 合作协议 (2) 项目公司章程 (3) 股东合资协议 (4) 绩效考核办法等
5	招标采购	(1) 招标/采购文件编制 　① 资格预审文件编制； 　② 招标/采购文件编制； 　③ 配套合同/协议编制。 (2) 招标代理服务 (3) 招标采购谈判
6	落地实施	(1) 协助项目公司组建 (2) 协助合同签订等 (3) 招商支持 (4) 融资支持 (5) 土地出让及收储支持
7	运营服务支持	(1) 项目后评估 (2) 政企合作下绩效考核服务等

3. 与全过程工程咨询服务的关系

项目开发建设，涉及项目投建管运谋划、项目投融资规划。项目投融资专项咨询主要位于项目投资决策阶段，是全过程工程咨询的组成内容之一。项目投融资综合咨询贯穿项目投资、建设、运营全周期，与全过程工程咨询并行实施，互为支撑，如图 6-1 所示。

4. 本节主要研究范围

社会投资项目具有广泛的投融资渠道，且企业设专岗、专人负责投融资工作，对外部的投融资咨询需求相对较小。政府主导投资的基础设施项目，受限于《预算法》、政府隐性债务控制等法律法规、政策影响，项目投融资难度较大，对外部投融资咨询需求量较大。因此，本部分项目投融资咨询主要聚焦于基础设施投融资咨询。

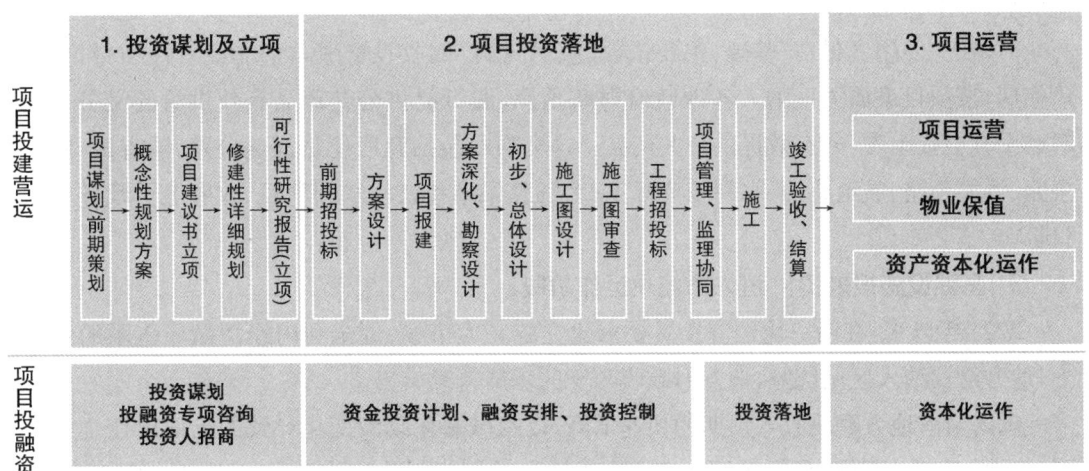

图 6-1　项目投融资综合咨询全过程服务

6.1.3　基础设施投融资形势

1. 现代化基础设施体系建设目标

基础设施建设是国民经济基础性、先导性、战略性、引领性产业。2022年4月26日,习近平总书记主持召开中央财经委员会第十一次会议,全面部署构建现代化基础设施体系。会议提出,基础设施是经济社会发展的重要支撑,要统筹发展和安全,优化基础设施布局、结构、功能和发展模式,构建现代化基础设施体系,为全面建设社会主义现代化国家打下坚实基础。

2. 基础设施项目类型

按照项目性质将基础设施项目分为经营性、准经营性、非经营性三类,结合项目特点,分类施策,形成多元化的基础设施供给主体。

（1）经营性项目

对具有收费经营条件且经营收费能够覆盖投资成本的经营性项目,以社会资本投资为主,提供更多质量高、价格优的基础设施公共产品。这类项目包括收费高速公路、公路客货运站枢纽、港口、能源、信息基础设施、研发项目等。

（2）准经营性项目

对经营收费不足以覆盖投资成本、仅靠市场难以达到供求平衡、需政府补贴部分资金或资源的准经营性项目,积极推广政府和社会资本合作模式,利用基础设施投资基金,发挥政府投资撬动作用,激发社会资本活力,引导社会资本共同参与基础设施建设。这类项目包括收费不足以覆盖成本的高速公路、高快速铁路、机场、水利枢纽及供水工程、大数据公共服务平台、城市轨道交流、城市供水、综合管廊、垃圾及污水处理、国家重大科学基础设施、创新中心及重点实验室等。

(3) 非经营性项目

对缺乏"使用者付费"基础、主要依靠"政府付费"回收投资成本的非经营性项目,由政府兜底,按项目隶属关系纳入各地政府财政预算,履行提供公共产品有效供给的义务。同时鼓励社会资本参与,有效提供公共产品。这类项目包括政府还贷高速公路、国省道、农村公路、滨海公路、航道整治、水利防灾减灾、水资源保障和农村水利项目、政府电子政务类项目等。

3. 基础设施投融资：进入市场化运作阶段

2021年以来,在新一轮经济发展要求建立统一大市场、健全国内经济循环体系的目标下,地方财权纳入区域统筹,地方财政收与支的矛盾持续突出。

随着当前地方财政收入预期的快速下降,以及城镇化政策变化导致的土地出让金明显下滑,地方财政的财政自给率再次降低;地方政府未来的融资能力也将出现持续的下滑。这一系列变化将极大地改变当前地方政府基建投融资模式。

我国基础设施投融资模式演变与我国财政政策变化密不可分。受以上宏观影响,现阶段我国基础设施投融资进入市场化运作阶段,加快创新投融资体制,探索财务可行、资金可融、风险可控的基础设施投融资新模式与新路径,促进有效精准投资,是现代化基础设施体系建设的重要命题之一。

6.1.4 基础设施投融资模式

1. 财政投资

根据《政府投资条例》,政府投资资金应当投向市场不能有效配置资源的社会公益服务、公共基础设施、农业农村、生态环境保护、重大科技进步、社会管理、国家安全等公共领域的项目,以非经营性项目为主。

政府投资资金按项目安排,以直接投资方式为主;对确需支持的经营性项目,主要采取资本金注入方式,也可以适当采取投资补助、贷款贴息等方式。

2. 平台融资

20世纪90年代是我国城镇化进程的关键时期。由于实行分税制改革,地方政府财权上移,事权下移,同时限制地方政府直接举债,地方政府财政收入少、融资需求大。地方政府受过去《预算法》要求,不得发行地方政府债券;同时《担保法》和《贷款通则》分别限制了地方政府为贷款提供担保和直接向银行贷款的能力。

在资金供给严重不满足需求的情况下,各地政府开始通过城投平台进行融资,城投平台通过信贷、企业债、中期票据等融资工具,以及股权等多元化渠道,为地方基础设施建设融通资金;城投平台对我国城市建设的高速发展起到了重要的支撑作用。各地政府以本级国有企业为核心,在高速公路、轨道交通、机场、港航、能源、水利、城市建设、水务、污水、固体废物等领域,设立基础设施融资平台公司,承担基础设施投融资、建设、运营的主体责任。

目前各地通过依法注入优质资产、引入战略投资者等途径,推动各类投融资主体转型发展,做大现金流,降低负债率,提升信用评级,做大做强一批投融资主体,全面提升市场化融资能力,并支持各级投融资企业并购重组上市,进一步提升基础设施融资能力。

3. 鼓励社会资本参与投资

随着现代化基础设施建设的推进,基础设施投融资瓶颈逐渐凸显。在此背景下,国家相关部委和地方政府陆续出台了相关政策法规,打破社会资本进入基础设施投资领域的壁垒。

2005年2月,《国务院关于鼓励支持和引导个体私营等非公有制经济发展的若干意见》(国发〔2005〕3号)出台,提出允许非公有资本进入电力、电信、铁路、民航、石油等垄断行业。

2014年11月,《国务院关于创新重点领域投融资机制鼓励社会投资的指导意见》(国发〔2014〕60号)出台,提出在重点领域进一步创新投融资机制,充分发挥社会资本特别是民间资本的积极作用。鼓励社会资本投资进入生态环保、农业水利、市政设施、交通、能源设施、信息和民用空间设施、社会事业等7个重点领域。选择这7个领域的主要考虑有:一是这些领域的社会资本特别是民间资本发展还不够充分,进入还存在一定困难和障碍,社会呼声比较高;二是这些领域大都是经济社会发展的薄弱环节,也是国家及地方明确要求加快推进的重点建设任务。

2016年7月,中共中央、国务院印发《关于深化投融资体制改革的意见》,提出打通投融资渠道,充分挖掘社会资金潜力,有效缓解投资项目融资难、融资贵问题。鼓励政府和社会资本合作,通过特许经营、政府购买服务等方式,在交通、环保、医疗、养老等领域采取单个项目、组合项目、连片开发等多种形式,扩大公共产品和服务供给。

2019年5月,《政府投资条例》(国令第712号)发布,提出国家将完善有关政策措施,发挥政府投资资金的引导和带动作用,鼓励社会资金投向社会公益服务、公共基础设施、农业农村、生态环境保护、重大科技进步、社会管理、国家安全等公共领域项目。

现阶段,我国基础设施投融资进入市场化运作阶段。加快创新投融资体制,探索财务可行、资金可融、风险可控的基础设施投融资新模式与新路径,促进有效精准投资,是现代化基础设施体系建设的重要命题之一。

6.1.5 基础设施融资工具

资本市场中,基础设施的债权融资体系已相当成熟,基础设施股权融资逐渐提上日程;基础设施不动产投资信托基金(Real Estate Investment Trust,REITs)的提出及试点,让基础设施投融资市场成为一个流动的、连贯的开放型市场。针对基础设施投资期限长、回报率低、政府投资为主的特点,各项目可充分运用债贷股等多种组合融资方案,优化投融资通道。

目前基础设施金融工具包括财政投资、中长期信贷、债券融资(金融债券及专项债等)、股权融资、产业基金以及其他融资工具。

1. 财政投资

包括中央预算内资金、地方财政投资等。

2. 中长期信贷

1)商业信贷产品

包括开发贷、流动贷、经营贷等,主要面向经营性、准经营性项目。

2)政策性资金

在当前经济强刺激背景下,国家开发银行、中国农业发展银行等政策性金融有望再次大规模启动,对城镇棚户区改造、生态环保、城乡基础设施建设、科技创新等重大项目和工程加大资金支持力度,提供中长期、低成本资金。建议相关单位积极发挥政策性、开发性金融机构作用,探索对中短期存量债务进行融资再安排,拉长负债期限,降低融资成本。

3)创新性金融产品

除常规商业信贷支持外,国家及各地政府发布系列政策,引导金融机构加快基础设施创新融资工具。

(1)信贷方面:鼓励金融机构开展排污权、收费权、集体林权、特许经营权、购买服务协议预期收益、集体土地承包经营权质押(抵押)贷款等担保创新类贷款业务。探索利用工程供水、供热、发电、污水垃圾处理等预期收益质押贷款。

(2)综合金融服务方面:引导金融机构、融资租赁行业为社会投资重大项目提供"投资、贷款、租赁、证券"等综合金融服务,在监管政策允许范围内给予社会投资重大项目差异化信贷支持。

3. 债券融资

1)资本市场债券融资

目前我国资本市场债务融资品种较多,包括公司债、企业债、可转债、项目收益债、私募债、中期票据、项目收益票据等债券融资工具。从当前债券市场融资品种来看,主要可分为发展和改革委员会、交易商协会、证监会/交易所三大类债券品种,如图6-2所示。

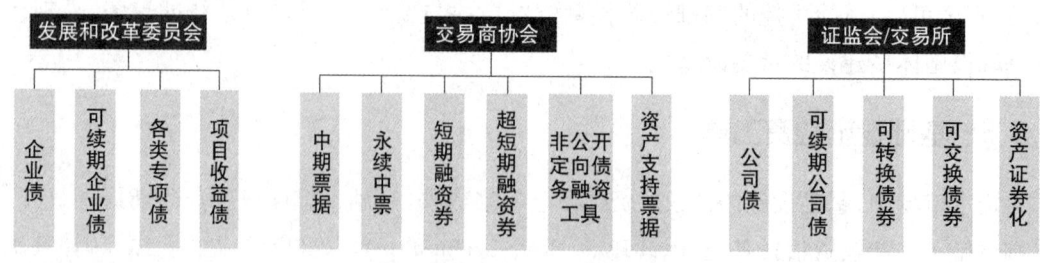

图 6-2 我国债券市场三大债券品种

《关于深化投融资体制改革的意见》提出,加大创新力度,丰富债券品种,进一步发展企业债券、公司债券、非金融企业债务融资工具、项目收益债等,支持重点领域投资项目通过债券市场筹措资金。

2) 地方政府专项债券

地方政府专项债券(以下简称"专项债")是指省、自治区、直辖市政府(含经省级政府批准自办债券发行的计划单列市政府)为有一定收益的公益性项目发行的、约定一定期限内以公益性项目对应的政府性基金或专项收入还本付息的政府债券。专项债是近两年地方政府的重要金融工具。

近年来,国家加快建立地方政府举债融资机制,支持省级政府依法依规发行政府债券,用于公共领域重点项目建设。专项债可与市场化融资进行组合,进一步放大基础设施投融资的杠杆水平。

4. 股权融资

1) 权益型及股权类金融工具

使用各种权益型及股权类金融工具进行股权融资。权益型及股权类金融工具包括投资股权的银行理财产品、股权投资类信托计划、私募股权投资基金、永续债、股东借款、可转换债等[①]。以上金融工具可通过合规方式向项目公司进行股权投资,形成项目资本金。

2) 基础设施REITs

基础设施公募REITs(Real Estate Investment Trusts,房地产投资信托基金)严格限制资金投向新项目开发,只能用于收购与持有基础设施不动产。REITs借助资本市场的严格管控,成为具有收益性、安全性、稳定性、长期性与增值性的金融产品。

根据国家发展和改革委员会统计,1995—2018年全国基础设施累计投资130万亿元,早已沉淀形成巨大的存量资产。在此背景下,实施基础设施REITs,有利于盘活权属清晰、收益稳定、回报良好和运营持续的存量资产,募集资金可用于新的基础设施投资项目,形成投资良性循环。通过基础设施REITs等再融资工具,有助于借助稀释股权和资产证券化等方式,降低相关国有企业经营性资产持股比例,释放投融资能力。

5. 产业基金: 股债结合

国家及地方各级政府均鼓励设立市场化运作的政府引导基金、基础设施银行等,发挥财政资金"四两拨千斤"作用,积极引导金融机构、社保资金、保险资金、社会资本等通过股权、债权、基金等方式参与,进一步扩大基础设施投融资通道。

《关于深化投融资体制改革的意见》提出,根据发展需要,依法发起设立基础设施建设基金、公共服务发展基金、住房保障发展基金、政府出资产业投资基金等各类基金,充分发挥政府资金的引导作用和放大效应。目前政府引导基金基本为百亿级以上、长周期、低成本的产业引导性质的发展基金。

案例 6-1　浙江省政府发起的交通强省发展基金

基金综合使用成本控制在3.5%左右,交通强省发展基金重点用于项目资本金

---

① 经营性基础设施项目融资应从债权主导转向股权主导[Z/OL].中咨研究,李开孟.

出资。

基金采用母子基金架构,进一步放大融资功能,其中子基金由母基金和市县财政资金、市县吸引的社会资金共同设立;母基金和子基金计划吸引社会资本500亿元以上。

案例 6-2 广东省政府发起的广东省基础设施投资基金

通过财政以资本金形式注入企业,由企业出资并引导社会资本共同参与、为省内建设的重大基础设施项目提供资本金的政策性基金。基金规模不低于5 000亿元,其中首期关账规模不低于2 000亿元,政府首期出资规模不低于200亿元,向银行、证券、保险、大型企业等募集资金不少于1 800亿元。社会资本资金成本低于银行五年期及以上贷款基准利率,按出资人报价从低择优遴选。积极争取中央预算内投资支持。

发挥基金引导作用:通过专项投资引导基金直投项目、组建行业与地市基础设施投资子基金,为基础设施项目提供资本金,引导社会资本跟投跟贷、联合投资,共同参与全省重大基础设施项目建设。

基金投向:基金主要投向准经营性和部分经营性项目。行业子基金优先安排省本级以及粤东西北地区的项目,地市子基金主要安排本地市的项目。

6.2 投融资咨询服务内容

6.2.1 片区综合开发投融资咨询

近年来片区综合开发项目开展得如火如荼,片区综合开发项目一般投资规模较大,少则几十亿元,多则上百亿元,其中政府方主要承担基础设施和公用配套建设,时常遇到投入与产出不平衡的情况。

随着隐性债管控趋严、土地政策不断收紧、各大城市土地流拍频发、平台公司融资困难、社会投资方收益要求高等情况发生,片区开发投融资难度进一步加大,启动资金从哪里来?滚动开发是否能够实现资金闭环风险?平台公司该如何运作,以实现在片区内现金流最大化?在此背景下,片区综合开发的投融资咨询服务应运而生。

1. 片区开发主要类型

1)新城开发

开发的特点:需开展大规模的基础设施建设,以满足居住、生活需求,能够承接十万乃至百万级人口。新城开发有助于承接主城区人口居住需求、提升城市能级、提高宜居环境及品质。

开发增量财税来源:主要为土地出让收入、开发税费及房产销售税费、产业税源;国有资产性收益、特许经营权收益、公共产品及服务收入(城市基础设施配套费、污水处理等)

等;对于仍处于城镇化建设的地区,通过合理开发,新城、新区开发能够实现收支自平衡。

建议重点关注:开发风险,如在地区房地产市场下行、中小城市人口外流、产业基础薄弱的情况下,新城开发存在整体资金平衡风险。建议做好片区开发建设运营筹划,规避资金风险。

2) 产业园区开发

开发特点:需开展大规模基础设施建设。政府通过投资建设标准化厂房及产业配套,降低入园企业成本;园区以产业用地为主,并配套一定规模的住宅和商办用地,以满足职住平衡与生产配套需求。

开发增量财税来源:包括土地出让收入、产业税源、开发税费等,因产业用地出让捆绑招商政策,导致产业用地出让收益较有限,开发前期资金投入大,资金缺口风险大;后续产业税源较好,园区中长期可实现财税收支平衡。

建议重点关注:针对园区前期建设资金缺口较大问题,建议做好产业园区投融资谋划,解决资金长短错配问题。并积极争取专项债等各类政策性融资工具支持,用于投资建设园区配套及标准产业载体,降低整体开发资金成本。

3) 产城融合园区开发

开发特点:既有产业园区,又有居住组团,在片区规划阶段即建议做好投融资规划,通过合理的用地平衡配比、业态配比,确保实现整体资金平衡。

开发增量财税来源:主要为土地出让收入、房产销售税费、开发税费。通过用地合理谋划,以上财税收益基本能覆盖大部分前期建设投资;通过投融资规划,可解决近中远期资金错配问题,总体上开发资金自平衡风险可控。

4) 科创园区

开发特点:政府主要投资建设科创产业载体,并配建生产、生活配套。该类园区要素保障要求高:一是人才资源配套需求,基地周边需有中高端人才培育能力,如高校院所等为园区提供源源不断的人才输入;二是产业配套能力,"前店后研",项目要有产业链配套能力、科研就地转化能力;三是政策配套需求,为引进高科技企业与科研团队,地方政府往往要付出较高的成本,如土地费用减免、用房租金减免,并匹配组合式财税减免、科研奖励补贴、人才政策、资金配套等的支持。

开发增量财税来源:科研项目创税能力相对不足,产业税源创收慢且存在减免政策,在中长期内难以取得财税自平衡,因此需要积极利用各项政策,取得中央及省市各级资金支持。科创园区主要还是靠间接收益,即科创成果促进当地产业升级、经济提质,进而带来增量税收等。

实施要点:一是财政资金投入大,园区前期投资大且比较集中,但产业创税慢,无法在中短期内实现财税资金自平衡,因此对财政资金要求较高;二是可通过域外土地及财政资金综合平衡。科创园区的投入使用,可有效带动提升城市能级和产业服务能力,并有助于提升周边地价升值。因此,建议地方政府从全局角度,统筹域外土地及增量财税收益来平衡园区建设。

2. 片区综合开发投融资模式及渠道

片区的开发可组合多个投融资模式，如 PPP 模式、"项目 + 资源"模式、投建管运一体化、"股权合作 + EPC"模式、城市合伙人/ABO 模式、"特许经营 + 联合开发"模式等多种模式。也可组合多元化融资渠道，如专项债、政策性资金、商业银行融资、产业基金等，例如西部地区某产业园区基础设施采用了 PPP、EOD、专项债和政策性贷款等多元化融资渠道，如图 6-3 所示。

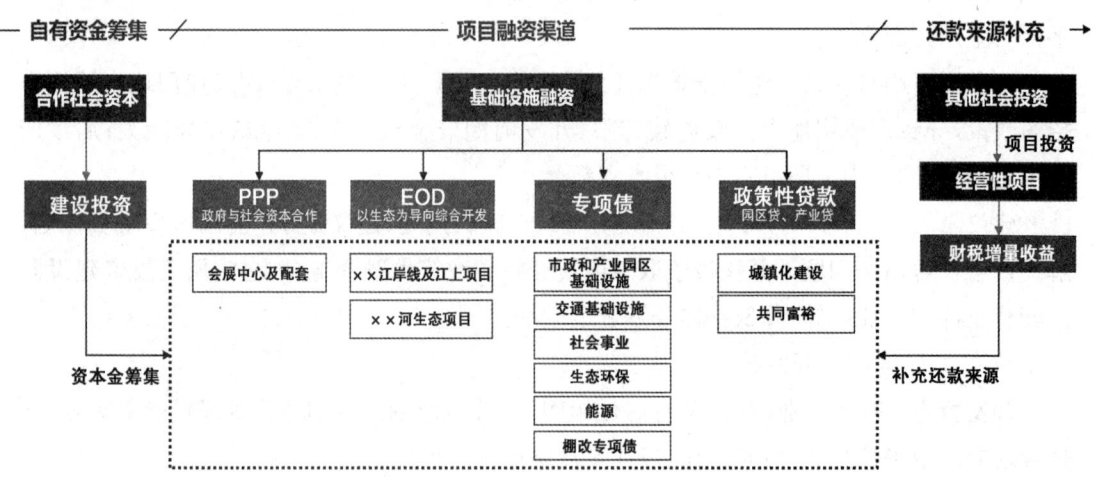

图 6-3 西部地区某产业园区基础设施投融资模式概要

3. 片区综合开发投融资咨询服务方案

片区综合开发投融资咨询服务贯穿项目前期谋划到项目落地实施，服务内容包括划定合作范围及边界、项目谋划、核算开发成本及财政增收、编制合作实施方案、市场测试、编制合作协议草案、实施方案及协议草案报批、合作方招标采购、合作谈判、合作方确定及签约等，如图 6-4、表 6-2 所示。

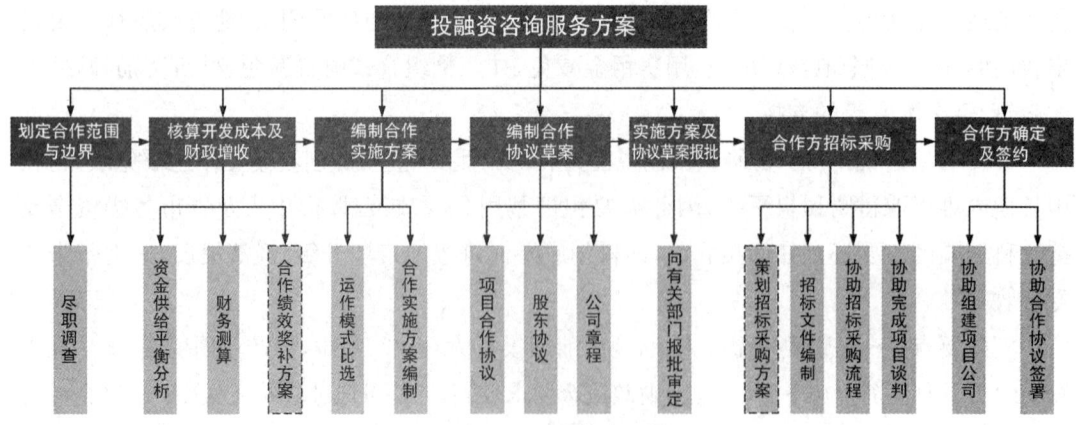

图 6-4 片区开发投融资咨询服务方案

表 6-2 片区开发投融资咨询主要服务内容

序号	成果内容	具体工作	拟主要解决事项
1	划定合作范围与边界	尽职调查	含项目基本情况、土地、财税及政策、项目审批许可流程,以及其他
2	项目谋划	前期策划报告	定位及目标、功能及业态策划、规模及体量分配、总平面强排、实施项目清单、投入产出匡算等
3	核算开发成本及财政增收	园区财税自平衡（政府角度）	分析投融资结构现状,测算项目投资能力及资金供给能力: (1) 建设投资匡算 含土地征拆收储安置费用匡算、总体建设投资匡算。 (2) 增量财税收益:土地出让收入、税费及资产性收益等 (3) 资金筹措及使用计划 (4) 投入产出平衡分析 (5) 投融资优化措施建议
3	核算开发成本及财政增收	项目财务测算（经营角度）	站在不同的投资主体角度,分别测算财务效益: (1) 整体资金自平衡测算 (2) 分期、分片区资金自平衡测算
3	核算开发成本及财政增收	合作绩效奖、补方案	根据项目开发成本与财税增量效益、项目财务效益情况,制定出合理的绩效奖、补方案
4	编制合作实施方案	运作模式比选	(1) 运作模式多方案比选 (2) 运作模式初步方案 含交易结构、协议结构、合作核心边界条件、退出机制等。 (3) 市场测试(如需) 根据市场测试情况,持续优化运作模式
4	编制合作实施方案	合作实施方案编制	含交易结构、合作范围及内容、合作核心边界条件、合作伙伴招投标办法、风险分配等
5	市场测试	潜在社会资本市场测试	(1) 协助采购人与潜在社会资本进行沟通、对接,进一步理清项目边界 (2) 根据市场测试情况,优化合作实施方案和运作模式
6	编制合作协议草案	合同编制与优化	根据合作实施方案,编制配套合同/协议,包括 (1) 项目合作协议 (2) 股东协议 (3) 公司章程等
7	实施方案及协议草案报批	协助报批/审定	将项目合作实施方案及协议草案向有关部门进行报批/审定,加快审批决策流程,推进项目实施
8	合作方招标采购	策划招标采购方案	对合作方案内容进行核实、分析判断招标采购方案的可实施性,提出招标采购方案
8	合作方招标采购	招标文件编制	(1) 根据招标方案,编制招标文件 ① 资格预审文件(如有); ② 招标文件(含项目合作协议)。 (2) 核心工作内容 ① 资格条件设置; ② 招标评分办法; ③ 配套合同条款设置。

(续表)

序号	成果内容	具体工作	拟主要解决事项
8	合作方招标采购	协助招标采购流程	(1) 招标评估及风险控制 对合作方招标采购的前期准备、决策过程、潜在风险等内容进行评估，分析判断招标采购整个过程的审慎性、合理性、可行性。 (2) 协助招标组织 协助招标人和招标代理机构组织项目招标，引进合作方
		协助完成项目谈判	(1) 采购谈判文件准备、协助采购谈判、谈判备忘录编制 (2) 根据谈判结果，修改合作协议草案并定稿
9	合作谈判	采购谈判	前期对接谈判：协助采购人参与各项谈判工作。 招标结束后确认谈判：完成投资人采购招标工作后，协助采购人制定项目谈判方案，提供有关谈判组织、谈判策略、谈判要点方面的咨询意见和建议。 在每一次谈判结束后，均需签订谈判备忘录，根据谈判备忘录内容进一步完善"项目合作协议"，形成最终签约版本，并完成"项目合作协议"的最终报批
10	合作方确定及签约	协助组建项目公司	协助项目实施主体与合作单位组建项目公司
		协助合作协议签署	协助完成本项目的所有协议文件签署工作

4. 片区综合开发投融资咨询相关成果文件

（1）"资金供给及平衡分析方案"。

（2）"合作实施方案"。

（3）合同及配套协议草案。

（4）招标采购文件："资格预审文件""招标文件"（含配套合同协议）。

（5）完成本次投融资咨询所需的其他成果。

5. 需重点关注的内容

高标准的片区综合开发实施重点及难点如下。

1）项目整体运作路径谋划

由于片区综合开发的创新性、复杂性、综合性，建议通过投融资咨询前置的方式，推进项目完成从定位、规划到落地实施的顶层性谋划、系统性方案、具体实施路径，从而高效推动项目落地实施；通过投融资咨询前置，就片区综合开发核心事项进行提前谋划，以确保项目用地及工程实施可行性，投入资金自平衡，项目整体运作风险降低，达到项目可操作、可实施、风险整体可控。

通过合理规划项目运作模式，实现不增加隐性债务风险的目标，并确保合作社会资本等有明确的退出机制。

2）滚动开发与投入产出平衡

对合作的社会资本来说，片区开发项目通常建设体量大、周期长、投资高；拟通过滚动开发、分期项目"肥瘦搭配"、整体合理业态配比，提前谋划项目收益渠道及盈利模式，确保项目整体投入产出收益平衡，片区综合开发主体、合伙人等均能实现项目收益自平衡，为项目找到多方共赢的开发方案。

对政府方来说，片区开发前期需推进大规模的基建项目，需集中筹集大量建设资金；在园区形成稳定税源之前，预计建设资金缺口较大。缺口资金从哪里来，需筹资金多少，需要关注政府方的资金闭合诉求，确保政府方实现财税收支平衡，达到整体投资目标、产值目标和税收目标。

3）产业落地和配套跟进

在具体落地层面，要关注如何精准发力、精准招商；如何引入标杆项目，吸引标杆企业；如何对项目的重要性、紧迫性进行筛选和排序。研究不同发展阶段的产业配套需求，提出合理的开发时序与土地出让计划，从而有策略地进行基础设施、公共配套的建设，提高资金使用效率，避免造成闲置。

4）区域协调和整体统筹

片区开发项目需在更高层面上进行区域协调和整体统筹，包括建设用地指标统筹、征拆进度及建设项目统筹、财税增量收益分配统筹、产业项目与配套项目统筹等。开发时序上，要考虑整个园区的可持续发展。

5）市场测试与社会资本招商

必要情况下，通过市场测试，向潜在投资人进行项目宣传和推介。积极吸取建设性意见，确保项目合作模式与运作方案具有市场竞争力、可实施性与项目可融性。通过社会资本预招商，充分掌握市场信息，持续优化合作方案与招标采购方案。

6）项目招标采购与投资落地的风险控制

项目合作协议草案应准确反映实施方案内容与原则，不漏项、无歧义、可操作、有细则，对相关风险有效锁定，对相关事项进行敞口处理，以提高后续实施的灵活性。

项目招标采购应对合作方招标采购的前期准备、决策过程、潜在风险等内容进行评估，分析判断招标采购整个过程的审慎性、合理性、可行性。

7）通过投融资规划和实施，上下统一思路

投融资咨询过程，也是统一开发思路的过程。投融资规划涉及的范围很广，参与人员涉及多个行政部门和参与机构，可上下协作解决问题。

投融资咨询形成最终的解决方案，可极大地减少规划执行过程中可能出现的困难和内耗。通过关键环节的大汇报，"作战计划"从上到下逐步扩散，传播并逐步统一思路。

8）项目谋划

做到"一盘棋"统筹，将点式项目串成线，通盘运作，做好项目包装、资金拼盘，最大化发挥园区整体开发效益。

项目谋划既要关注产业建设，也要留意城镇化开发；既要规划当前产业，也要适度布局未来产业，谋求高质量跨越式发展，打造园区可持续发展生命力。从片区开发、新城营建、城市经营角度,通过"吸引人,留住人,服务人",抢抓人口,打造区域发展闭环。

规划阶段即启动项目谋划,并形成实施项目清单。根据资金投资计划,对项目进行分批打包,提出分期实施项目清单。通过核算整体开发成本,编制投融资方案、合作实施方案、合作协议草案。

9)积极争取各项要素资源支持

以铁路土地综合开发项目为例:可积极争取国家土地综合开发专项用地指标支持,申请使用国家统筹和省统筹耕地占补平衡指标。

以高速公路为例:可创新高速公路用地政策,对符合国土空间规划的高速公路附属经营设施,支持由划拨用地依法转为出让用地,支持依法盘活高速公路沿线闲散土地资源。对改变为新产业、新业态用地的,可收回后采取先租后让、租让结合等方式供应。

6.2.2 PPP 项目咨询

PPP(Public-Private Partnership),即政府和社会资本合作,指在公共服务及基础设施领域,政府为增强公共产品和服务供给能力、提高供给效率,采取竞争性方式选择具有投资、运营管理能力的社会资本,与社会资本建立的利益共享、风险分担及长期合作关系。开展政府和社会资本合作,有利于创新投融资机制,拓宽社会资本投资渠道,增强经济增长内生动力;有利于推动各类资本相互融合、优势互补,促进投资主体多元化,发展混合所有制经济;有利于理顺政府与市场关系,充分发挥市场配置资源的决定性作用。

1. PPP 发展阶段

(1)探索期(20 世纪 80 年代末—2008 年):这一阶段我国对 PPP 模式进行了初步探索。1984 年,深圳市广深沙角 B 电厂项目成为我国首个 PPP 项目,采用 BOT 模式,由香港合和实业有限公司与美国通用电气公司合作投资建设。此后,一些沿海城市和经济特区也尝试引入 PPP 模式,主要集中在基础设施领域,如公路、桥梁、隧道等。但这一时期 PPP 发展较为缓慢,项目数量有限,相关法律法规和政策体系尚不完善,市场认知度较低,社会资本参与积极性不高。

(2)推广期(2009—2013 年):2009 年,为应对国际金融危机,我国出台了一系列刺激经济的政策措施,其中就包括鼓励和引导社会资本参与基础设施建设。2010 年,PPP 模式进入推广期。各地政府积极响应,纷纷推出 PPP 项目,涵盖范围从传统的基础设施领域扩展到公共服务、生态环保等多个领域。这一阶段 PPP 项目数量显著增加,社会资本参与热情高涨,但也暴露出一些问题,如项目运作不规范、风险分担不合理等。

(3)规范期(2014—2023 年):2014 年,财政部、国家发展和改革委员会等部门相继出台一系列规范性文件,包括《政府和社会资本合作模式操作指南(试行)》《政府和社会资本合作项目政府采购管理办法》等,对 PPP 项目的识别、准备、采购、执行、移交等环节进行规范。2015 年,国务院办公厅转发财政部、国家发展和改革委员会、人民银行《关于在公共服务领域推广政府和社会资本合作模式指导意见的通知》,进一步明确了 PPP 模式的推广范围和要求。这一阶段,政府加强对PPP项目的监管,规范市场秩序,推动PPP模式健康可持续发展。同时,社会资本对PPP项目的认识更加深入,参与方式更加多元化。

(4)新机制(2023年11月至今):2023年11月,为贯彻落实党中央、国务院决策部署,进一步深化基础设施投融资体制改革,国家发展和改革委员会、财政部联合发布《关于规范实施政府和社会资本合作新机制的指导意见》(国办函〔2023〕115号)(以下简称"115号文"),随后密集出台了一系列政策文件,包括《基础设施和公用事业特许经营管理办法》(国家发改委等六部门17号令)、《政府和社会资本合作项目特许经营方案编写大纲(2024年试行版)》(发改办投资〔2024〕227号)、《政府和社会资本合作项目特许经营协议(编制)范本(2024年试行版)》、《国家发展改革委办公厅关于建立全国政府和社会资本合作项目信息系统的通知》(发改办投资〔2024〕151号)等,标志着PPP进入新机制期。新机制在总结以往经验的基础上,对PPP模式进行了全面规范和优化,聚焦使用者付费项目,全部采取特许经营模式,优先选择民营企业参与,严格控制政府支出责任,强化项目全生命周期管理,推动PPP模式规范、高效、可持续发展。

2. PPP新机制核心要点

1)管理责任:国家发展和改革委员会牵头统筹

PPP旧机制[①]下项目管理多部门参与,财政部、国家发展和改革委员会等分工,行业主管部门也介入,多头管理致职责不清、政策交叉冲突、协调成本高、审批繁琐,影响效率。新机制由国家发展和改革委员会牵头负责特许经营推进,统一行使审批核准权,提升管理集中度与权威性,使协同更顺畅,优化资源配置。产业体系构建的一般步骤如图6-5所示。

2)回报机制:聚焦使用者付费

旧机制回报呈三元结构,部分地方依赖三元结构中的政府付费、可行性缺口补助,固化财政支出,加剧隐性债务风险。新机制聚焦使用者付费项目,要求收益覆盖成本并盈利,杜绝新增隐性债务,也允许建设期适当投资助力、运营期依规补贴成本,确保财政审慎、可持续。

3)实施模式:全部采用特许经营

旧机制下,PPP可采用基于使用者付费的特许经营以及基于政府付费的PFI模式开展,实际操作中后者占绝大多数。新机制要求所有PPP项目均须采用特许经营模式,充分发挥市场机制作用,提高项目的运营效率和服务质量。

4)项目领域及期限:精准聚焦、适度延长

旧机制为补短板,PPP应用广泛、范畴宽泛,部分项目盲目上马导致资源浪费、财政负担重。新机制下项目范畴收窄,聚焦有经营性收益项目,涵盖交通、物流等重点领域,还将特许经营期限从最长30年延至40年,特殊项目依规可再延展,增强投资信心。

---

① PPP旧机制,指2023年11月《关于规范实施政府和社会资本合作新机制的指导意见》(国办函〔2023〕115号)文件出台以前的PPP项目实施机制。

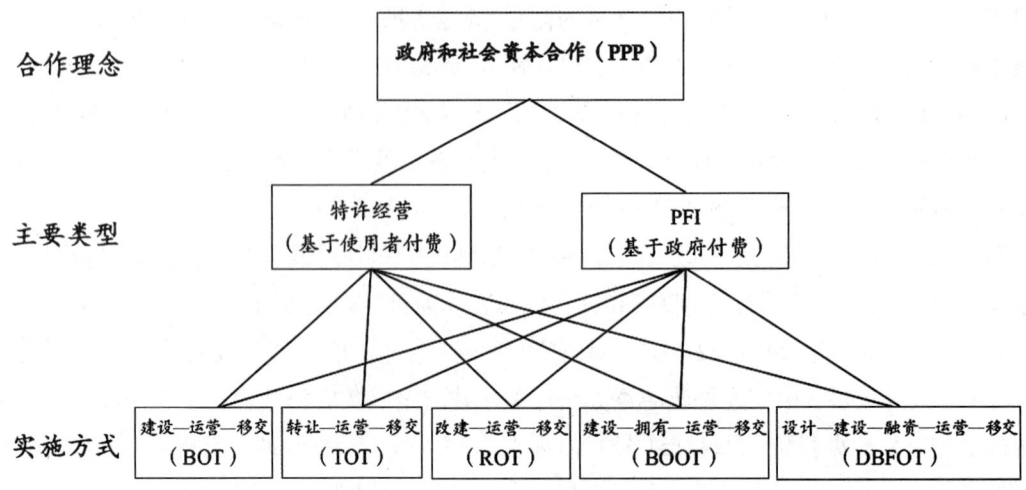

图 6-5 产业体系构建的一般步骤

资料来源：清华大学投融资政策研究中心，政府和社会资本合作新机制政策问答（一）。

5）参与主体：民营企业优先

旧机制下社会资本主力仍是国企，民企虽有热情但中标难、融资门槛高、回款周期长，渐处劣势。新机制优先选民营企业参与，依项目公共属性分类制定清单，不同类型项目对民企股权有要求，重塑公平竞争环境，激发民企活力。

6）政策保障：多维创新赋能

土地要素保障上，新机制给项目土地利用更多灵活度，支持开发地下空间等，保障用地，提升效益。融资方式创新方面，鼓励金融机构多元输血、倡导发 REITs 盘活资产。激励机制创新层面，引导特许经营者多维创新，奖励成效显著项目，推动高质量发展。

PPP 项目新旧机制核心要点对比见表 6-3。

表 6-3 PPP 新旧机制核心要点对比

对比维度	旧机制	新机制
管理责任	财政部、国家发改委等多部门分工，职责存在交叉，协调困难	国家发展改革委牵头，统一负责特许经营模式推进及项目审批核准，强化统筹协调
回报机制	使用者付费、政府付费、可行性缺口补助并存，部分项目依赖财政兜底，隐性债务风险高	聚焦使用者付费，要求项目收入覆盖成本与收益，严控财政支出，建设期可适当投资支持，运营期依规补贴
项目领域及期限	广泛应用于各类公共服务，领域宽泛，特许经营期限最长30年	限定于经营性收益项目，聚焦重点领域，特许经营期限延长至40年，特殊项目可适当延长
参与主体	各类企业广泛参与，实际国有企业主导，民营企业参与受限	优先选择民营企业，依据项目属性分类明确民营股权占比要求
政策保障	常规土地供应、传统融资引导，激励侧重成本补偿与合理收益	土地利用多元创新、融资渠道拓展、鼓励多维创新并给予奖励，激发项目活力与效益提升

3. PPP 新机制重点领域

PPP 应限定于有经营性收益的项目(表 6-4),主要包括公路、铁路、民航基础设施和交通枢纽等交通项目,物流枢纽、物流园区项目,城镇供水、供气、供热、停车场等市政项目,城镇污水垃圾收集处理及资源化利用等生态保护和环境治理项目,具有发电功能的水利项目,体育、旅游公共服务等社会项目,智慧城市、智慧交通、智慧农业等新型基础设施项目,城市更新、综合交通枢纽改造等盘活存量和改扩建有机结合的项目。

表 6-4 PPP 新机制重点领域及适用项目类型

行业领域	适用项目类型	不适用项目类型
交通	高速公路、城市轨道交通、机场等	非经营性道路、桥梁等
市政	供水、供气、供热、停车场等	非经营性市政设施
生态环保	污水处理、垃圾焚烧发电、生态修复等	纯公益性的环保项目
社会事业	体育场馆、旅游公共服务设施等	非经营性社会事业项目
新型基础设施	智慧城市、数据中心、人工智能算力等	非经营性新型基础设施项目
水利	具有发电功能的水利项目	非经营性水利项目

另外,根据 115 号文,PPP 新机制明确应"优先选择民营企业参与"(表 6-5)。市场化程度较高、公共属性较弱的项目,应由民营企业独资或控股;关系国计民生、公共属性较强的项目,民营企业股权占比原则上不低于 35%;少数涉及国家安全、公共属性强且具有自然垄断属性的项目,应积极创造条件、支持民营企业参与。

表 6-5 支持民营企业参与的特许经营项目清单

民企参与程度	项目特点	行业领域	项目类型
应由民营企业独资或控股	市场化程度高、公共属性较弱,发挥民营企业灵活创新、成本管控优势,提升效率与效益	环保领域	垃圾固废处理和垃圾焚烧发电项目
		市政领域	园区基础设施项目
			公共停车场项目
		物流领域	物流枢纽、物流园区项目
		农业、林业领域	农业废弃物资源化利用项目
			旅游农业、休闲农业基础设施项目
			林业生态项目
		社会领域	体育项目
			旅游公共服务项目
民营企业股权占比原则上不低于 35%	关系国计民生、公共属性较强,融合公私优势,保障民生,提升公共服务质量,兼顾企业盈利	环保领域	污水处理项目
			污水管网项目
		市政领域	城镇供水、供气、供热项目
		交通运输领域	城际铁路、资源开发性铁路和支线铁路

(续表)

民企参与程度	项目特点	行业领域	项目类型
民营企业股权占比原则上不低于35%	关系国计民生、公共属性较强，融合公私优势，保障民生，提升公共服务质量，兼顾企业盈利	交通运输领域	铁路客货运输商业类、延伸类业务项目
			收费公路项目（不含投资规模大、建设难度高的收费公路项目）
			低运量轨道交通项目
		物流领域	机场货运处理设施项目
			国家物流枢纽、国家骨干冷链物流基地项目
		水利领域	具有发电功能的小型水利项目
		新型基础设施领域	智慧城市、智慧交通、智慧农业、智慧能源项目
		新型基础设施	数据中心项目
			人工智能算力基础设施项目
			民用空间基础设施项目
积极创造条件、支持民营企业参与	投资规模大、建设难度高、公共属性强，引入民企技术与管理经验，保障公共服务，拓展民企发展空间	交通运输领域	列入中长期铁路网规划、国家批准的专项规划和区域规划的铁路项目
			投资规模大、建设难度高的收费公路等项目
			城市地铁、轻轨和市域(郊)铁路项目
			民用运输机场项目
		能源领域	农村电网改造升级项目
			油气管网主干线或支线项目
			石油、天然气储备设施项目
		水利领域	具有发电功能的大中型水利项目

4. PPP 项目实施方式选择

新建项目可采用 BOT、BOOT、DBFOT、BOO 等方式，改扩建项目可采用 ROT 方式，存量资产盘活可采用 TOT 等方式，详见表 6-6、表 6-7。

表 6-6　PPP 新建项目实施方式

模式	建设阶段	运营阶段	移交阶段	优势	劣势	适用场景
BOT	项目公司负责投资、融资、建设，政府监督	通过向用户收费或出售产品盈利，政府调控运营价格与服务质量	特许期满无偿移交政府	减轻政府财政负担；提升项目运作效率	前期时间长、费用高；融资困难；技术引进受限；政府控制权弱	有一定收费基础、经营收费能覆盖投资成本的基础设施项目，如电厂、公路等
BOOT	项目公司投资建设并拥有项目所有权，负责运营	通过项目运营收益盈利，可自主决策资产改良升级	特许期满无偿移交政府	资产控制权强，利于长期运营规划与优化	前期资金投入大，对社会资本资金实力要求高	投资规模大、回报周期长，需长期资产优化的项目，如轨道交通、大型桥梁等

(续表)

模式	建设阶段	运营阶段	移交阶段	优势	劣势	适用场景
DBFOT	项目公司主导设计、建设、融资、运营全过程	依据项目产出收取费用盈利，持续优化运营流程	特许期满无偿移交政府	设计施工运营协同紧密，保障项目整体效益	对项目公司综合能力要求极高，协调难度大	技术要求高、工艺复杂，需全流程精细把控的项目，如污水处理厂、垃圾处理场等
BOO	项目公司投资建设并拥有项目永久经营权与所有权	通过项目运营长期盈利，自主决策经营策略与发展方向	不移交，持续由项目公司运营	激发企业长期投入积极性，保障服务稳定性	政府后期管控力弱，公共利益保障难度大	市场化程度高、竞争充分，不涉及国家安全与公共垄断属性项目，如产业园区、商业综合体等

表 6-7　PPP 存量项目实施方式

模式	改造升级	运营阶段	移交阶段	优势	劣势	适用场景
TOT	一般不涉及大规模改造，投资人可按需进行小修小补	通过运营既有资产收费盈利，可优化运营流程	期满无偿移交经营权给政府	投资人免建设风险，快速盈利；政府回笼资金快	资产估值定价难；政府监管运营弱	有稳定现金流、运营效率待提升的存量项目，如成熟污水处理厂、供水厂等
ROT	投资人依方案对项目大规模改建、扩建或技术升级	改造后运营，以收费与补贴盈利，持续优化服务	期满移交改造后项目给政府	盘活老旧资产，提升服务效能；政府改善基础设施	项目复杂，投资人风险大；政府监管协调难	设施老化、功能落后但具改造价值的存量项目，如旧公路、老城区管网等

5. PPP 新机制项目实施流程

PPP 新机制下项目建设实施关键程序主要包括以下内容，流程示例见图 6-6。

（1）地方各级人民政府依法依规授权有关行业主管部门、事业单位等，作为特许经营项目实施机构。

（2）项目实施机构参照可行性研究报告编写规范，牵头编制特许经营方案。

（3）发展改革等相关部门有关方面比照政府投资项目审批权限和要求，履行特许经营方案审核手续，可委托专业咨询机构开展评估。

（4）实施机构通过公开招标等公开竞争方式选择社会资本作为特许经营者。

（5）实施机构与特许经营者签订特许经营协议。

（6）特许经营者依据《政府投资条例》《企业投资项目核准和备案管理办法》等文件严格履行项目审批、核准或备案手续。

（7）特许经营者做好项目建设实施管理，负责办理项目前期手续、融资、建设、验收等工作。

（8）项目运营阶段，特许经营者通过使用者付费获取收益并依据《关于建立全国政府和社会资本合作项目信息系统的通知》（发改办投资〔2024〕151 号）披露信息，实施机构对项目的运营情况进行定期评估，确保服务质量和效率，地方政府履行监管职责。

（9）特许经营期满特许经营者依据协议将项目移交给政府或其他指定机构。

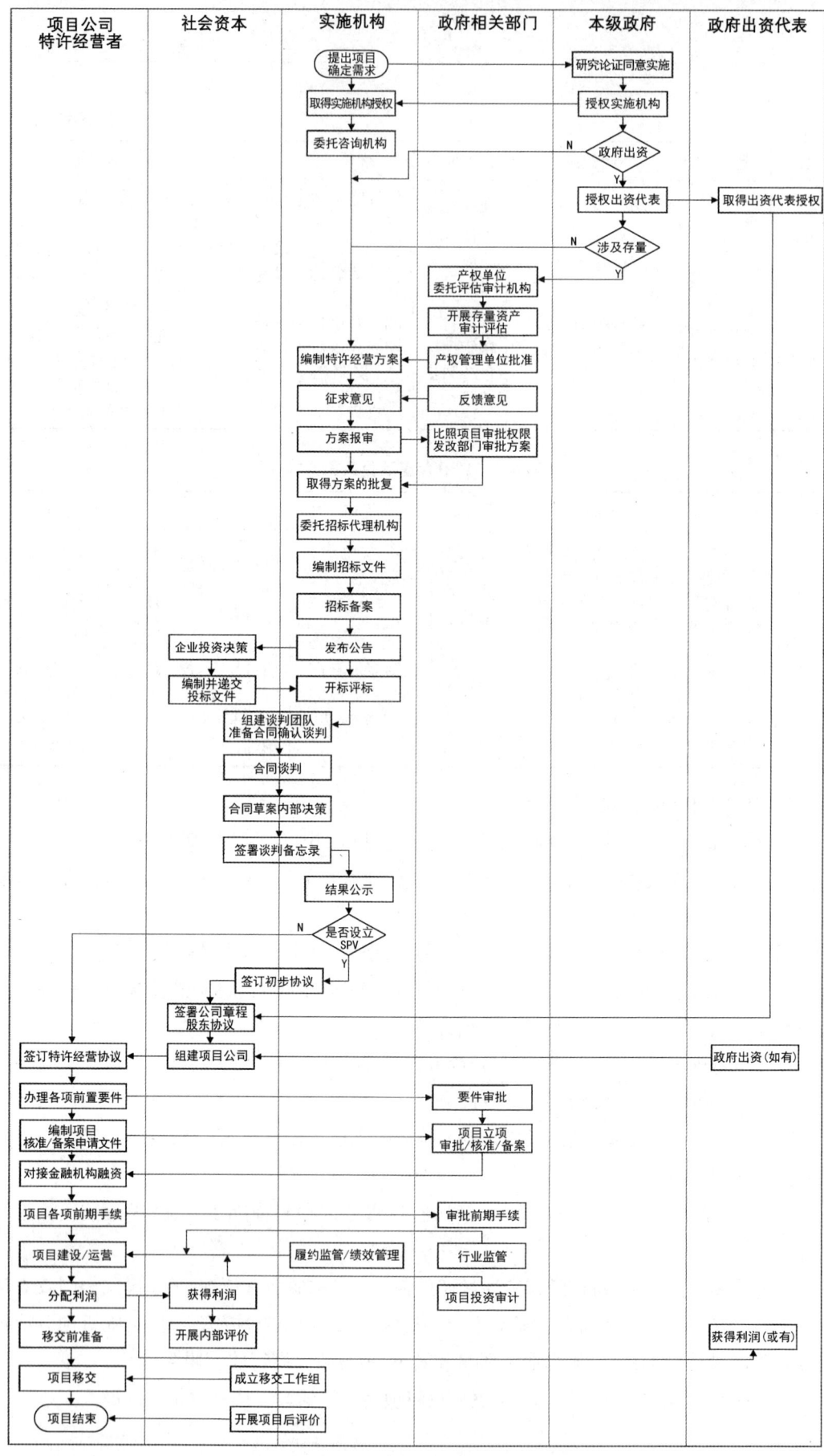

图 6-6 PPP 新机制实施流程(示例)

6. PPP 咨询服务

PPP 项目服务周期长、工作内容多、落地性要求高，咨询单位作为第三方专业咨询机构，从 PPP 项目发起到社会资本落地，主要咨询服务内容如图 6-7 所示。

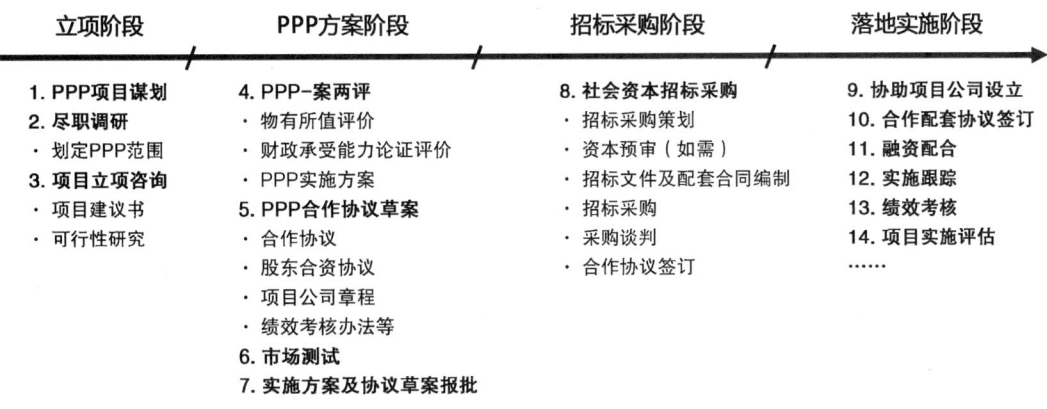

图 6-7 PPP 全过程咨询服务方案

7. PPP 新机制实施红线

PPP 新机制实施一年后，国家发改委办公厅于 2024 年 12 月发布了《关于进一步做好政府和社会资本合作新机制项目规范实施工作的通知》（发改办投资〔2024〕1013 号），针对 PPP 新机制实施过程中有关问题作了进一步规范要求，提出高度重视 PPP 新机制规范实施、严格聚焦使用者付费项目、合理使用特许经营模式、优先选择民营企业参与、规范盘活存量资产、加强特许经营方案把关、做好信息填报和审核把关、强化事中事后监管等八方面要求。根据文件精神，梳理 PPP 新机制实施红线如下。

(1) 红线 1：不适宜采用 PPP 模式实施的项目

- 不属于公共服务领域，市场化程度高的项目（如商业地产开发、招商引资项目等）；
- 没有经营收入的公益项目；
- 路侧停车服务、垃圾清运服务等不涉及固定资产投资，仅为经营权或收费权转让的项目；
- 涉及国家安全或重大公共利益等的项目；
- 仅涉及工程建设，无运营内容的项目。

(2) 红线 2：设置门槛限制民营企业参与

- 招标文件中设置不利于民营企业参与的招标条件；
- 规避项目管理经验、专业运营能力、企业综合实力、信用评级状况等设定的评审条件，将标的物总价作为唯一标准选择特许经营者；
- 未经充分论证合法性、合理性，不采取公开招标选择特许经营者；
- 以拍卖方式选择特许经营者。

(3) 红线 3：构成违法违规举债担保
- 以可行性缺口、保底收益率等方式,政府承诺提供补贴；
- 新增行政许可,针对具体项目给予运营补贴；
- 政府为项目债务提供任何形式担保；
- 存在其他违法违规举债担保行为。

(4) 红线 4：未按规定进行信息公开
- 未按要求在全国政府和社会资本合作项目信息系统上全面、准确、及时填报项目信息；
- 填报项目信息存在错漏,经主管部门通知满 3 个月仍未完善；
- 涉及国家秘密、商业秘密、个人隐私和知识产权,可能危及国家安全、公共安全、经济安全和社会稳定或损害公民、法人或其他组织合法权益。

8. PPP 新机制实施建议

PPP 新机制要求政府、社会资本和咨询机构在各自层面发挥关键作用,确保项目规范实施,同时激发市场活力,推动经济社会高质量发展。

1) 政府层面：完善政策与监管
- 政策细化：出台配套细则和操作指南,如特许经营协议标准化范本,确保政策精准实施。
- 部门协同：建立多部门联动机制,确保项目规划、资金保障、用地审批和融资需求的高效协同管理。
- 激励创新：设立奖励基金,对高效、创新项目给予奖励,形成正向激励机制。
- 信息公开与监管强化：搭建统一信息平台,公开项目全流程数据,建立常态化检查和信用监管机制。

2) 社会资本层面：提升能力与创新
- 专业能力提升：组建跨学科团队,精准把握项目技术、经济和法律风险。
- 融资能力锻造：拓展多元融资渠道,创新融资模式,优化资金结构。
- 运营能力精进：引入先进管理理念,利用数字化技术提升运营效率和服务质量。
- 合作创新与精准对接：跨领域合作,精准筛选项目,提高中标概率。

3) 咨询机构层面：专业服务与赋能
- 前期策划：深度参与项目筛选与谋划,提供可行性研究和实施方案。
- 采购阶段：定制采购文件,组织规范招标流程,确保公平竞争。
- 执行阶段：全方位赋能,包括项目公司治理、融资、建设和运营。
- 移交阶段：规划移交方案,确保平稳过渡,总结项目经验。
- 创新驱动：探索新技术和服务模式,提升项目价值和可持续发展能力。

6.2.3 EOD 项目咨询

EOD(Environmental Office Design,绿色生态办公区)是以生态环境为导向的区域综合开发,将公益性较强、收益性较差的生态环境治理项目与收益较好的关联产业有效融合,通过"肥瘦项目搭配",以生态治理促进整个片区的产业发展,再通过产业发展来反哺生态治理,最终实现生态资源价值化、产业绿色化。

1. EOD 模式发展背景

2018 年,生态环境部《关于生态环境领域进一步深化"放管服"改革,推动经济高质量发展的指导意见》(环规财〔2018〕86 号)首次提出 EOD 模式。

2020 年 9 月,生态环境部、国家发展和改革委员会、国家开发银行联合发布《关于推荐生态环境导向的开发模式试点项目的通知》(环办科财函〔2020〕489 号),向各地区征集 EOD 模式试点项目,并提出国家开发银行对 EOD 试点项目予以政策性资金支持。2020—2021 年三部门发布两批全国 EOD 试点项目。

2022 年 3 月 14 号生态环境部下发《生态环保金融支持项目储备库入库指南(试行)》(环办科财〔2022〕6 号),同时生态环保金融支持项目管理系统上线运行。这标志着 2020—2021 年 EOD 从一年一发文、集中评选一次的试点阶段进入按照"成熟一个,上报一个"的常态化入库阶段,环保部定期会向金融机构推介金融库中项目,以获取金融机构的资金支持。

国家开发银行将对 EOD 项目予以长周期、低利率的政策资金支持,可缓解财政压力,为生态整治等纯公益性项目解决资金问题;但具体的贷款年限、贷款规模、贷款利率是要根据项目内容、具体对接情况而定的,贷款期限一般为 15—20 年,贷款利率最低可以达到基准利率下浮 60 个基点。如国家开发银行向重庆的 EOD 试点项目授信 260 亿元,已发放贷款 71 亿元。除国家开发银行贷款外,项目也可再另外申请商业性贷款。

2023 年 12 月,生态环境部、国家发展和改革委等联合发布《生态环境导向的开发(EOD)项目实施导则(试行)》(环办科财〔2023〕22 号),用于指导和规范采用 EOD 模式实施的项目谋划、设计、实施、评估、监督等活动。

2. EOD 项目支持入库范围

根据《生态环境导向的开发(EOD)项目实施导则(试行)》(环办科财〔2023〕22 号),EOD 项目目前有 14 项支持领域,如表 6-8 所列。

表 6-8　EOD 项目支持入库范围

序号	支持领域
1	流域水生态环境综合治理
2	湖库水生态环境保护修复
3	水源涵养区保护
4	饮用水源地保护
5	入河排污口整治及规范化建设
6	农村环境综合整治

(续表)

序号	支持领域
7	农业面源污染治理
8	近岸海域环境整治
9	无主或责任主体灭失的历史遗留土壤污染修复及矿山污染防治
10	固废处理处置
11	新污染物治理
12	生物多样性保护和生态系统修复
13	噪声和振动污染治理
14	减污降碳协同治理

3. EOD 项目申报流程

（1）EOD 项目谋划与包装，内容包括识别环境问题、识别关联产业、项目融合分析、明确要素保障和一体化实施可行性论证。

（2）方案设计，内容包括资金平衡分析、开展市场测试、编制实施方案、完成申报入库的所需材料。

（3）由政府组织方将拟入库 EOD 项目实施方案、市场测试报告、要素保障说明、承诺函等报至县级及以上生态环境部门，生态环境部门通过系统线上申报至省级生态环境部门，省级生态环境部门论证评估同意后由线上提交。

（4）经生态环境部组织专家论证同意后，项目即可进入"生态环保金融支持项目储备库"。

4. 相关责任部门及实施主体

1）主管部门：生态环境部门

由县级及以上生态环境部门通过生态环保金融支持项目管理系统线上申报。省级生态环境部门论证评估同意后由线上提交。生态环境部负责生态环保金融支持项目储备库管理。

2）组织主题：政府有关部门

市、县（区）人民政府或园区管委会作为项目组织主体，负责组织领导、项目谋划、统筹协调、督促推进、评估指导等工作，鼓励有条件的乡镇探索组织实施。政府有关部门各司其职，为项目立项、生态环境治理、资源要素保障、关联产业发展、融资支持等提供服务和技术指导。

3）市场主体：市场化企业

市场主体作为项目实施主体，按照自主决策、自负盈亏的原则，负责项目落地实施、运维经营，按照有关法律法规和标准以及约定的要求，承担相应的生态环境治理责任。

5. EOD 项目实施流程

EOD 项目实施流程如图 6-8 所示。

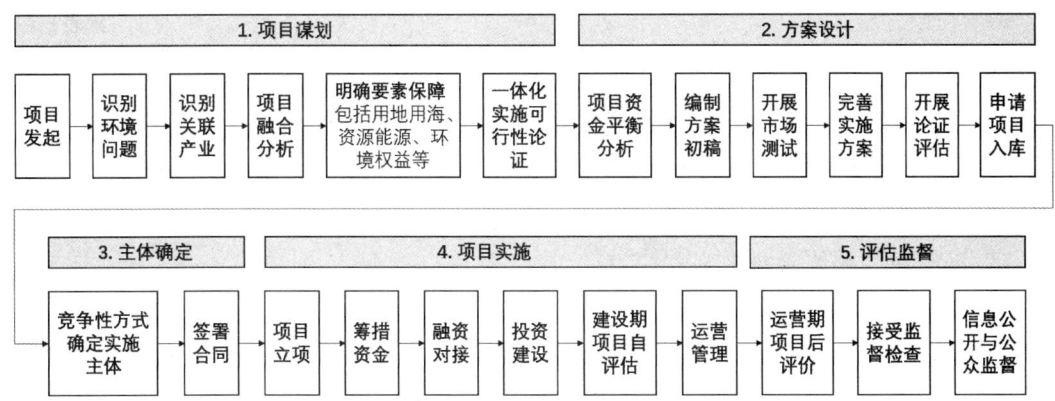

图 6-8　EOD 项目实施流程

6. EOD 项目咨询服务内容

为实施主体提供 EOD 项目申报以及申报成功后的落地咨询服务，工程咨询单位可提供如下咨询服务方案。

（1）EOD 申报前准备，包括"EOD 项目谋划/前期策划"（含资金平衡方案）、"EOD 项目实施方案"和"市场测试方案"。

（2）EOD 申报成功后，对接国家开发银行等金融机构确定项目贷款相关事项，编制项目融资可行性研究，并对资金能否真正实现平衡、项目经营性收入及现金流的真实性和稳定性进行审慎评价。

EOD 项目各阶段咨询服务内容如表 6-9 所列。

表 6-9　EOD 项目咨询服务内容

工作内容	具体工作内容
第一阶段：项目谋划和实施方案编制	
项目尽职调查	（1）相关部门访谈：生态类项目、产业化项目调研； （2）子项目实地调研及可行性、必要性初判； （3）各子项目信息搜集
项目谋划/策划	根据 EOD 政策导向、国家开发银行要求，结合项目实际： （1）提出项目定位、功能谋划、项目包装、子项目实施建议、投入产出平衡分析、强排方案等； （2）与生态环保部门、国家开发银行、实施单位、相关部门持续对接，持续优化项目
实施方案编制	（1）对项目进行资金平衡测算； （2）编制实施方案； （3）与发改委等部门对接，进行项目立项
市场测试	（1）编制市场测试方案； （2）协助业主开展市场测试； （3）编制市场测试报告
申报项目	（1）与省厅持续对接，反复论证并完善实施方案； （2）配合各部门，向国家进行项目申报

(续表)

工作内容	具体工作内容
第二阶段：国家开发银行融资审查与放贷阶段	
放贷审查咨询	(1) 与国家开发银行持续对接,不断调整、优化融资方案,尽可能多地申请资金; (2) 配合审批流程,协助放贷审查

7. EOD 项目整体谋划要求

1）明确项目实施模式

入库项目应是可采用金融资金支持的项目,如治理责任主体为企业的项目、EOD 项目、PPP 项目,以及其他市场化方式运作的项目①。

需要注意的是,与中央生态环境资金项目储备库不同,EOD 项目具有可融性。

2）治理与产业融合发展思路

强化公益性较强、收益性差的生态环境治理项目与收益较好的关联产业项目一体化实施,以系统解决区域突出的生态保护修复和环境治理问题。关联性不强的内容不得纳入项目范围,避免项目分散、随意捆绑、贪大求全。重点谋划边界清晰、融合度佳、布局集中、基础好、"小而美"的项目。

生态环境治理与产业项目在实施中作为一个整体,在项目层面实现产业开发项目对生态环境治理项目建设与运营的持续性收益反哺。

(1) 生态环境治理内容见表 6-10。

表 6-10 生态环境治理内容

	满足条件(√)	负面清单(×)
公益性	属于政府事权范围内的生态环境治理内容	企业责任范围内的矿山治理、土壤与地下水污染风险管控与修复、"三同时"环保设施等非公益性生态环境治理内容
精准性	生态环境治理措施能够有效改善生态环境质量、提高生态环境品质	仅以调水、水资源利用为目的水系连通,或仅为河道清淤、防洪堤坝、边坡维护、滑坡治理、景观绿化等,而无实质性生态环境治理内容的项目
关联性	生态环境治理的价值能够关联到具体的产业项目上,项目收益具有确定性	—
可行性	技术路线和工程措施科学合理,满足相关规范、标准要求	不符合宜林则林、宜灌则灌、宜草则草、宜湿则湿、宜荒则荒、宜沙则沙原则,违反自然规律、大量使用非乡土植物或引入外来入侵物种、错位修复、过度修复的项目
确定性	组织实施具有明确的政策依据,短期能够落地实施	片区综合开发、污染场地修复+原位开发等实施规模大、周期长、不确定因素多、政策风险大项目
其他	—	城镇生活污水、垃圾处理设施、生态环境监测监管等能力建设、楼堂馆所,以及调查评估等

---

① 参见 2022 年生态环境部《生态环保金融支持项目储备库入库指南(试行)》。

（2）关联产业内容见表 6-11。

表 6-11 关联产业内容

符合产业（√）	负面清单（×）
● 生态环境依赖型产业：生态农业、林下经济、经济作物种植、生态旅游、医疗康养、休闲娱乐、文化创意等。 ● 生态环境敏感型产业：数字经济、洁净医药、精密仪器等。 ● 人才聚集型产业：高新技术创新创业等。 ● 复合型产业：在沙漠、戈壁、荒漠等区域发展光伏、种植养殖与加工等。 ● 其他与生态环境治理关联性强、市场前景好的产业	● 不符合国家和地方市场准入要求及应对气候变化等相关政策要求的产业。 ● "两高一低"项目，即高耗能、高排放、低水平的项目。所谓"两高一低"项目是高能耗、高排放、低水平发展的项目，生态环境部《关于加强高耗能、高排放建设项目生态环境源头防控的指导意见》（环环评〔2021〕45 号）指出："两高"项目暂按煤电、石化、化工、钢铁、有色金属冶炼、建材等六个行业类别统计，后续对"两高"范围国家如有明确规定的，从其规定。 ● 环境影响和风险较大的项目及产业园区建设

3）一体化实施：1 个实施主体，1 个项目包，产业项目与生态项目一体化

采用合法合规方式选择具备较强产业投资运营能力的项目实施主体，由 1 个主体一体化实施，确保产业开发项目持续运营。

4）合规合法

项目符合国家和地方产业政策等各项要求；项目实施中严格落实招投标、政府采购、投融资、土地、资源开发、空间管控、政府债务风险管控、资产处置等各项法规政策，依法依规推进项目规范实施。

5）不以任何形式增加地方政府隐性债务

除实施 PPP 模式的 EOD 项目外，其他 EOD 项目不得涉及运营期间政府付费，不以土地出让收益、税收、预期新增财政收入等返还补助作为项目收益。

加强重大项目谋划，优化项目建设内容，力争在不依靠政府投入的情况下实现项目整体收益与成本平衡。

6）相关谋划建议

积极响应国家政策，推进项目审批速度，将获得融资的可能性最大化。结合当地项目情况和产业特色，选择合适且成熟度高的项目，进行合理的项目谋划和包装。缜密计算项目投入产出情况，通过"肥瘦搭配"，有理有据地实现项目投产平衡。国家开发银行对项目偿债备付率、有收益项目的占比、资本金配比等指标均有不同的要求，收入与产出数据需有充分论证。因此要求在 EOD 项目谋划阶段，即从项目投入产出平衡的角度合理打包，并算好账、算对账、算平账。

案例 6-3　某水库 EOD 咨询服务

某水库 EOD 项目实施范围为水库及上游分支流域，涉及 2 个镇、1 个街道。实施主体为平台公司。实施项目清单共有 4 个项目，18 个子项工程。该 EOD 项目谋划及实施清单

见图 6-9、表 6-12。

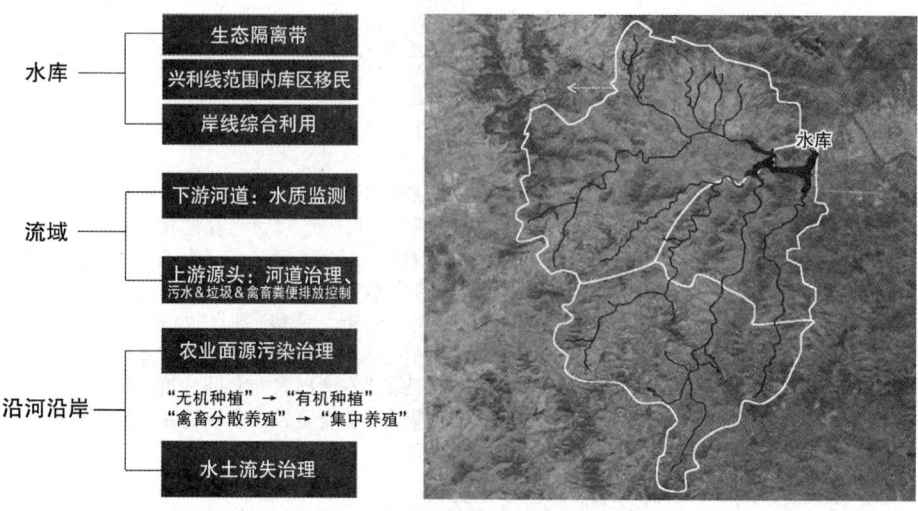

图 6-9 案例 EOD 项目谋划

表 6-12 案例项目 EOD 实施清单

项目	子项目	建设内容
水库生态综合整治	某水库兴利线范围内村庄逐步搬迁工程	村民集中上楼项目：库区移民线 311.94 m 范围内，村民逐步搬迁安置。 土地流转项目：将农林用地流转过来，在枯水期进行有机农业种植、规模化种植
	环水库生态隔离带	对水库断桥进行贯通，打造环湖生态隔离带；在原有湿地上修建休闲步栈道
	水库以鱼养水工程	在水库采用"人放天养、以鱼养水"的生态养殖模式，放养滤嘴鱼
水库综合开发	化肥厂土壤治理及存量改造利用	原化肥厂场址土壤的生态修复(如有)等，占地面积 700 亩。 利用原有建筑建设"三线记忆小镇"，打造成省工业旅游示范基地、红色教育基地
	矿泉水资源特许开发项目	利用水库及上游流域饮用水资源，面向社会资本招商、特许经营
	亲子度假农场盘活项目	建设农文旅融合的乡村文化旅游标杆项目。项目占地面积 160 亩，以亲子、研学为核心定位，打造沉浸式家庭农场
	田园综合体	田园综合体项目："一心一带两区"的空间格局。一心：游客集散中心；一带：生态观光带；两区：农业公园体验区、休闲娱乐区
上游河道生态环境治理	上游河道治理	五条支流河道综合治理，包括河道清淤、生态修复等
	下游河道污染防控	在县域范围内的河道流域设置水质监测点
	沿河污水处理及垃圾临时收集点工程	水库周边及上游河流继续推进实施农村污水收集和处理系统。进一步排查沿河流域垃圾收集和处置情况，增设垃圾收集站点
	有机肥料厂新建工程	规划建设一座有机肥收集和处理厂，沿河道流域范围内配套建设多处有机肥收集站点，收集和处理物包括畜禽粪便、秸秆等

(续表)

项目	子项目	建设内容
上游河道生态环境治理	有机肥料厂配套工程（含生态养殖园区、养殖小区）	某镇规划2～3处畜禽养殖园区，每处集中养殖园区占地面积300～500亩，并做好上下游产业链条的配套，引导农户将小型、零散养殖向集中区域养殖转型
沿河沿岸新农业项目	沿河荒地整理并建设有机农业园区（废石料资源化利用）	对沿河荒地、未利用土地整理复垦；对沿河农用地进行归并整合；废砂石料资源化利用；对新增农用地进行规模化种植
	沿河村庄城乡建设用地增减挂钩指标工程	对某村50户村民集中搬迁并安置，生成40亩城乡挂钩用地指标
	沿河沿岸现代高效农业示范工程	智慧农业示范项目：约3 000亩，拟种植沂源红苹果等地标产品，并对果园进行数字化技改 现代高效农业示范项目：建设内容包括设施农业、高标准农田提升、农光互补项目
	新农业物流中心工程（含电商直播平台）	拟建农产品冷库、产地库、分拣、电商平台、中央厨房等，助力本地农产品冷链化运输，打造农产品集散中心，同时作为非常时期的应急保供仓储基地；新农人直播平台
	农副产品产地仓（临时集收点）	全镇规划多处农副产品集收点，每处建筑面积500～2 000 m² 不等
	农产品品牌建设	农产品地理标志品牌建设

项目能够推进水库洪水线内移民，水库岸线新增用地5 000亩，保障防洪安全、供水安全；建成水库生态隔离带25.276 km，维护河流健康，实现资源的有效保护；贯通库区沿湖道路，实现水库可达、可游、可憩，便利居民出行，利于优质文旅资源导入；上游流域达到行洪标准，有效控制面源污染，促进生态补水。

项目建设总投资约26.2亿元，其中水库生态综合整治6.9亿元，水库岸线综合开发5.9亿元，上游河道综合整治7.0亿元，沿河新农业项目约5.2亿元，建设期利息1.2亿元。项目约有14个收益项（不含农民及村集体创收收益项），其中土地整理复垦及相应副产物（砂石料等）资源化收入约13.2亿元，17年运营期净收益约41.6亿元。项目平均偿债备付率为1.93，项目收益能够实现自平衡。

6.2.4 专项债申报发行咨询

1. 专项债主要支持领域

根据《2022年政府专项债券项目申报要点》，2022年专项债重点围绕交通基础设施、能源、农林水利、生态环保、社会事业、物流基础设施、市政和产业园区基础设施、国家重大战略项目、保障性安居工程等领域，支持铁路、收费公路、干线机场、内河航电枢纽和港口、城市停车场、天然气管网和储气设施、城乡电网、水利、城镇污水垃圾处理、供水等10个领域。

2024年专项债投向整体得到扩充，达到11个领域，分别为交通基础设施、能源、农林水利、生态环保、社会事业、城乡冷链等物流基础设施、市政和产业园区基础设施、新型基础设施、国家重大战略项目、保障性安居工程、特殊重大项目，如表 6-13 所列。

表 6-13 政策支持专项债资金的投向领域（2024 年）

2024 年专项债投向领域	主要投资内容
交通基础设施	铁路、收费公路、民用机场（不含通用机场）、水运、城市轨道交通、市域（郊）铁路、综合交通枢纽（含综合交通枢纽一体化综合利用）、城市停车场
能源	天然气管网和储气设施、煤炭储备设施、城乡电网（农村电网改造升级、城市配电网、边远地区商网型新能源微电网）、大型风电基地、大型光伏基地、抽水蓄能电站等绿色低碳能源基地（含深远海风电及其送出工程）、村镇可再生能源供热、新能源汽车充电桩、公共领域充换电基础设施
农林水利	农业、水利、林草业
生态环保	城市污水垃圾收集处理
社会事业	卫生健康（公共卫生设施、应急医疗措施）、教育（学前教育和职业教育）、养老托育、文化旅游等
城乡冷链等物流基础设施	城乡冷链物流设施、国家物流枢纽等基础设施、粮食仓储物流设施、应急物资仓储物流设施（含应急物资中转站、生活物资城郊大仓基地）、农产品批发市场
市政和产业园区基础设施	供排水、供热（含长距离供热管道）、供气、地下管线管廊、产业园区基础设施（主要支持国家级、省级产业园基础设施）
国家重大战略项目	一带一路、粤港澳大湾区、长江经济带、京津冀协同发展、长三角一体化、推进海南深化改革开放、黄河流域生态保护和高质量发展、成渝地区双城经济圈
保障性安居工程	保障性租赁住房、城镇老旧社区改造、棚户区改造收尾项目、公共租赁住房
新型基础设施	市政公共服务等民生领域信息化、云计算、数据中心、人工智能基础设施（主要支持国家算力枢纽节点和国家数据中心集群）、轨道交通机场高速公路等传统基础设施智能化改造、国家级省级公共技术服务和数据化转型平台、第五代移动通信（5G）融合应用设施
特殊重大项目	—

资料来源：财政部、中国银行研究院。

2. 专项债使用负面清单

（1）不得用于无收益的公益性项目。

（2）不得用于企业投资的市场化产业项目。

（3）不安排用于租赁住房建设以外的土地储备项目，不安排一般房地产项目，不安排产业项目。

（4）不得作为政府投资基金、产业投资基金等各类股权基金的资金来源，不得通过设立壳公司、多级子公司等中间环节注资，避免层层嵌套、层层放大杠杆。

（5）严禁用于企业补贴或奖励、企业对外借款。

（6）严禁用于项目运营补贴等经常性支出。

(7) 严禁用于"亮化"工程、景观提升、主题公园等形象支出。

(8) 严禁用于购买理财产品。

(9) 新增专项债券必须用于建设项目，不得用于偿还债务，严禁用于债券利息支出等。

3. 专项债投向禁止领域

1) 通用禁止

楼堂馆所、形象工程和政绩工程、房地产等其他项目。

2) 高风险地区禁止

地方政府债务高风险地区（即政府债务风险红色地区）：城市轨道交通，除卫生健康、教育、养老托育以外的其他社会事业，除供排水、供热、供气以外的其他市政基础设施项目，除公共服务信息化以外的其他新型基础设施项目，棚户区改造新开工项目。

4. 专项债申报流程

(1) 本级财政积极争取上级财政支持，明确本地区专项债的额度。

(2) 本级政府可委托专业咨询机构对本地区所有建设项目进行通盘考虑、合理谋划项目融资方式，提出专项债项目实施清单。

(3) 本级政府牵头，各部门上报并优化项目清单，查缺补漏。

(4) 对符合专项债要求的项目，抓紧时间进行申报材料编制，包括可行性研究、财务评价等报告，并及时向省级提交相关材料。

具体申报流程如图 6-10 所示。

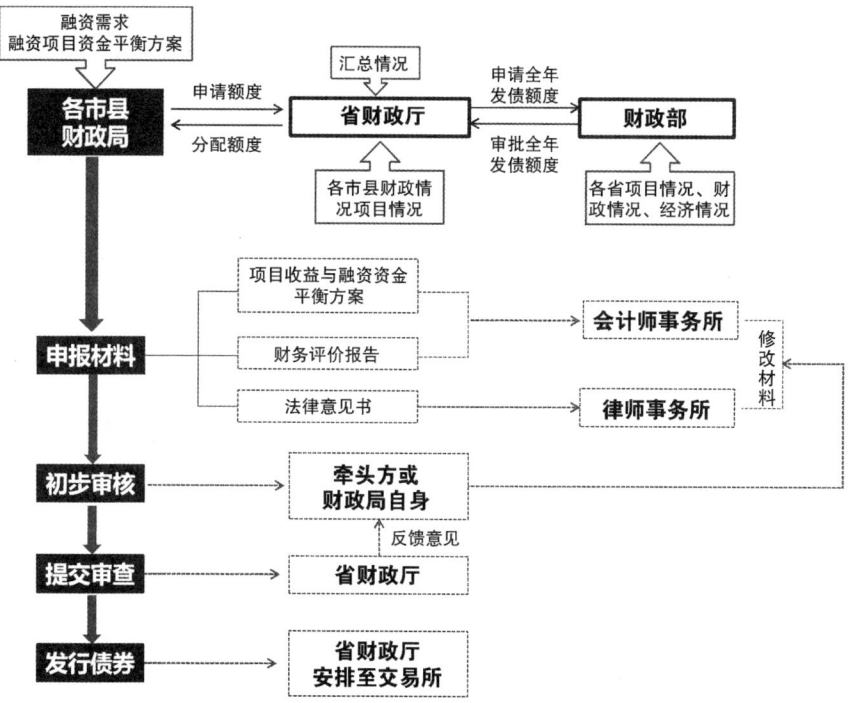

图 6-10　专项债申报流程

5. 专项债主要咨询服务

根据专项债申报要求，工程咨询单位可承接业务包括项目谋划、专项债可行性研究、项目立项阶段各专项咨询、专项债一案两书编制、协助专项债申报及发行的其他事项，如表6-14所示。

表6-14 专项债主要咨询服务内容

序号	服务内容	主要工作
1	项目谋划	（1）策划和遴选符合要求的项目，对债券发行可行性进行论证； （2）协助政府制定债券发行计划； （3）协助开展省财政厅专项债项目库入库工作
2	专项债可行性研究报告	满足专项债发债要求： （1）财务指标要满足专项债关于偿债备付率≥1.2、IRR>0等的指标要求； （2）专项债可行性研究报告融资额可大于专项债发行额
3	立项配套文件	含项目节能、社会稳定风险评价、节地评价、交通影响分析等
4	专项债一案两书	（1）牵头协调编制出具发行文件，包括："项目专项债实施方案""财务审计报告"（项目收益与资金自平衡方案）和"法律意见书"等； （2）协助发行机构完成项目相关审批手续
5	协助政府开展债券发行管理	统筹协调会计师事务所、信用评级机构、律师事务所等各中介机构，完成实施方案及信息披露相关文件的编写及汇报修改工作
6	信息披露文件的制作与申报	（1）协助完成信息披露文件的撰写和汇总； （2）协助债券发行及管理相关的材料制作、实施方案的上报及反馈修改工作； （3）协助完成债券发行准备、信息披露、实施方案相关文件的制作及申报等工作，确保债券项目顺利获批后发行及上市

6. 专项债主要成果文件

包括项目可行性研究报告、专项债实施方案、"财务审计报告"、"法律意见书"、事前绩效评估报告。

7. 专项债包装要点及建议

1）各地专项债申报相关问题

（1）有额度，但无合适项目。无合适项目申报的原因在于没有做好项目谋划、没有充分挖掘项目收益权。

（2）专项债申报时间紧，前期条件不成熟。对于重大项目，建议提前做好专项债谋划，做好项目策划、可行性研究立项、方案设计等准备工作。

（3）专项债项目过度包装的问题，在后期监管上可能是重点。严控债务仍然是目前发展的主旋律，因此专项债不得随意、过度包装。

2）专项债项目包装及申报

（1）项目谋划

结合项目类型、项目内容、投资额大小、是否有收益等情况，对本地所有项目进行通盘谋划，为每个项目匹配最合适的融资路径，如专项债、政策性银行贷款、商业银行贷款、社会资本合作、申请上级补助等。

(2) 项目包装

统筹考虑区域内产业配套、公用事业配套等实际情况,对专项债项目的收益进行有效挖掘,确保专项债项目收益自平衡。

(3) 项目提前准备及申报

2023年5月,国家发展和改革委员会《关于进一步加强地方政府专项债券项目审核把关提高专项债券项目管理水平的通知》中明确,每年3、6、11月三次组织申报专项债券。项目各部门将本年度专项债项目按项目前期准备情况、用钱紧急程度分成三批次,第一批应于2月底完成,第二批在5月底完成,第三批在10月底完成专项债前期申报工作,具体时间安排应与发改部门充分沟通。

第7章

评 估 咨 询

7.1 评估咨询概述

7.1.1 评估咨询的作用

评估咨询是在项目决策之前,根据决策人的需求,由符合要求的工程咨询机构组织专业人士对投资项目进行多角度的再研究,更为客观地对项目及其实施方案提出评价意见,并提出更优化的方案或措施,独立地为决策人提供直接、可靠的依据。所谓"先评估、后决策",评估咨询是项目前期研究走向客观决策的桥梁。

项目前期阶段的评估咨询与可行性研究有着密切的内在联系。两者的理论基础、基本内容和要求都是一致的,评估咨询是前期论证工作的延伸、深化和再研究,同时两者具有承接关系。没有可行性研究就不会有项目的评估,未经过评估的可行性研究也不能最后成立。

在投资决策前开展评估工作,能够在一定程度上解决项目组织内部各方以及外部相关方对项目理解的偏差导致的建设标准不统一、信息不对称、利益不协调等问题,有利于把决策人的期望、项目提出者的意图、相关方的意见转化成统一思想,促成一致行动,从而提高投资决策水平,达到事前主动控制的良好效果,谋求项目整体价值的最大化。

7.1.2 评估咨询的分类

评估咨询的目的是辅助决策。因此,不同的决策程序决定了评估咨询的不同服务目标和内容。项目前期阶段的评估咨询按其服务的决策程序分类如表7-1所列。

表7-1 按决策程序分类的评估咨询服务

决策主体	投资主体	决策程序	评估咨询类型
国家和地方投资主管部门	政府	审批制	规划评估、可行性研究报告(项目建议书)评估
	企业	核准制	项目申请报告评估
	政府+企业	审批制	资金申请报告评估、PPP实施方案评估等
企业	企业	企业内部决策	企业发展规划评估、可行性研究报告评估等

同时，评估咨询也广泛运用于与决策程序相匹配的建设条件专项论证报告的评价审查，如对项目可行性研究阶段按需单独编制的节能评估报告、社会稳定风险评估报告进行评审（评价）。

7.2 评估咨询的原则与一般流程

咨询评估机构应当增强责任感和使命感，按照专业、独立、客观、公正的原则提出咨询评估意见，切实发挥对投资决策的智力支撑作用。

为了符合决策程序的客观性、公正性，评估咨询也须重视流程的合规性。评估咨询遵循的一般工作流程如图7-1所示，评估工作开展过程中，可根据委托要求和项目实际情况对流程进行调整。评估机构应就现场踏勘、专家评估会等事项与委托方开展沟通，并取得委托方的认可。评估报告文本中应体现评估过程。

项目前期阶段的评估咨询，主要基于可行性研究相关成果报告（详见第5章可行性研究中相关成果报告）展开，按国家及地方政府发布的评估指导文件进行分类研究，并在成果报告中提出明确的评估结论与建议。不同类型的评估咨询研究内容如表7-2所列。

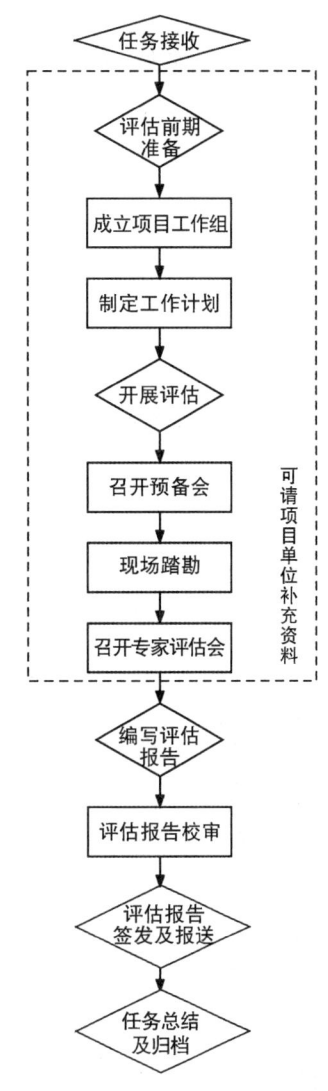

图7-1 项目评估咨询一般流程

表7-2 不同类型评估咨询报告及其研究内容

决策主体	评估咨询报告	评估内容
国家和地方投资主管部门	可行性研究报告（项目建议书）评估	主要从项目概况、建设必要性和目标、重要自然资源配置与供需平衡、建设条件、工程技术方案、建设用地、征地拆迁、生态环境和社会评价、投资估算、资金筹措及财务评价、经济评价、风险分析等方面进行评估
	项目申请报告评估	主要从申报单位及项目概况、发展规划、产业政策和行业准入、资源开发及综合利用、节能减碳、建设用地、征地拆迁、环境和生态影响、经济影响、社会影响、主要风险及应对措施等方面进行评估

(续表)

决策主体	评估咨询报告	评估内容
国家和地方投资主管部门	资金申请报告评估	主要从是否符合政府预算内投资的使用方向、是否符合有关工作方案的要求、项目单位财务状况、建设技术标准和投资规模是否适当、项目与相关规划方案等是否一致、是否符合投资补助或贴息资金的安排原则、申报流程/手续合规性、提交的相关文件是否齐备有效、项目的主要建设条件是否基本落实等方面进行评估
	PPP实施方案评估	主要从项目概况、风险框架、运作模式、交易结构、合同体系、监管架构、财务测算等方面进行评估
企业	可行性研究报告评估	主要从投资目标与企业战略规划的契合性、市场与竞争分析、建设技术与实施方案可行性、财务分析与风险评价、资金来源分析等方面进行评估

专项评价咨询成果报告的主要研究内容,详见7.4节专项评价服务内容。

7.3　可行性研究相关报告评估内容

7.3.1　对建设必要性的评估

项目建设是否必要,是否符合国家规定的投资方向、产业政策、行业规划和地区规划,是否符合经济和社会发展需要,是影响项目立项与否的决定性因素以及建设方案取舍的重要前提条件。

对必要且迫切的问题进行评估,有助于合理确定项目的投资边界、建设规模,对防止重复建设和过度投资具有指导作用,并能积极引导项目投资相关方统一认识和行动。

案例 7-1　某机场新建配套高架道路工程项目

某机场计划新建配套高架道路,项目主体工程的起止点明确。但与此同时,为早日实现机场周边的市政配套,项目建设单位拟将数条地面道路一同纳入本次工程范围内。建设单位在上报的项目建议书中未能充分地论证地面道路纳入工程范围内的必要性和迫切性,初步评估认为,范围A存在非必要投资的可能,且现阶段将其纳入工程范围可能导致重复建设。

评估小组通过查阅文件、方案研究以及专题讨论会等方式,就工程范围广泛听取意见,研究得出评估意见及建议如表7-3所列。

表7-3　某机场新建配套高架道路工程必要性评估意见

评估依据	(1) 上位规划; (2) 现场踏勘; (3) 专家评估意见; (4) 相关政府部门意见

(续表)

研究结论	(1) 认可高架主体工程的必要性和迫切性； (2) A 范围内地面道路本身并无迫切的通行需求； (3) A 范围内地面道路涉及的电力线缆引入规划未定,同步实施的条件未成熟,线缆敷设需求也并不迫切(如果先行实施道路工程,待电力线缆引入时可能出现重复开挖、投资浪费等情况)； (4) A 范围内地面道路暂缓实施不会影响本工程建设总体目标的实现
评估意见及建议	(1) A 范围内地面道路实施迫切性不足,纳入本次工程范围内的必要性不充分； (2) 建议 A 范围内地面道路暂缓实施,待时机成熟后另行建设

7.3.2 对建设用地和建设条件的评估

建设用地和建设条件是承载建设项目的客观基础,是项目建设方案研究的引导因素,也是限制条件。对建设用地和建设条件进行评估时,首先要研究其用地合法合规性。可行性研究报批阶段一般应出具土地行政主管部门出具的建设项目用地预审意见,根据土地使用权的取得情况,《土地出让合同》、房地产权证等也可作为项目建设用地和建设条件评估的依据。其次是研究方案是否充分响应用地要求,是否具备建设条件。

方案研究一般都会充分响应用地要求和建设条件,但是受建设条件限制,不乏一些需要对用地指标进行调整的情况。面对此类问题,评估单位应围绕"合法、合规、合理"的要求对用地指标开展研究,提出客观意见。

1. 建设用地

建设用地方案研究案例如下。

案例 7-2　某商业办公项目

某商业办公项目提出项目申请报告,申请主管部门核准。评估单位在对用地条件进行评估时,就项目申请报告提出的相关内容与《土地出让合同》内相关指标、特别约定及其附件内容进行比对分析,发现存在用地方案不符合《土地出让合同》约定的部分条款,详见表 7-4。

表 7-4　某商业办公项目用地方案与《土地出让合同》符合性分析

序号	建设内容		《土地出让合同》规定	本项目方案	符合性分析
1	地上建设用地规划性质		办公、文化	办公、商业、健身娱乐、贵宾接待、访客中心、展演中心	不符合
2	地下建设用地规划性质		商业、仓储、停车库、设备及配套用房	办公、办公配套、食堂、展演中心、设备、预留库房、停车	不符合
	其中	A 地块	商业、仓储、停车库、设备及配套用房		
		B 地块 (公共绿地地下空间)	停车库、设备及配套用房		

(续表)

序号	建设内容	《土地出让合同》规定	本项目方案	符合性分析
3	地下总建筑面积	32 436 m²	55 502 m²	不符合，超规划面积约 71.11%

资料来源：该项目项目申请报告评估报告。

评估单位梳理汇总相关情况，与建设单位、主管部门就不符合《土地出让合同》约定的相关指标进行了沟通讨论，建议就《土地出让合同》条款进一步研究和协调，补充依据并调整方案，确保项目的用地方案具备合规性。

2. 建设条件

建设条件方案研究案例如下。

案例 7-3　某特殊用房项目

某特殊用房项目受用地条件等限制性因素影响较大，给总平面布置带来了相当大的难度。在设计单位进行方案比选的过程中，评估咨询单位同步就主要技术指标与参照的建设标准进行对比。为了尽量满足特殊用房的基本功能配置需求，比选后的项目方案容积率依然超出规划要求。

评估认为，为了尽量满足建设标准、规范对项目的基本功能配置要求以及项目所涉特殊行业的运行需求，综合考虑用地面积、地形条件的限制，设计方案在容积率指标上稍加突破是必要的，也是有实用价值的。本着客观、科学、实事求是的原则，评估单位客观剖析和梳理了其中原因，如表 7-5 所列。评估分析结论为后续建设单位与审批单位、相关主管部门沟通协调容积率指标，为在有限的场地内优化功能布局提供了客观依据。

表 7-5　某特殊用房项目用地需求与限制情况分析对比表

用地需求	用地条件限制
1. 建筑单体间距要求（规范）	1. 用地面积较建设标准缺额较大 现有选址用地条件与建设标准相比，用地面积较为不足，缺额较大
2. 建筑高度限制 规划设计条件限制了建筑高度 项目特点也要求建筑不宜设计过高楼层	
3. 特殊功能区域的建设要求 如特殊传染病专区的建筑和室外活动场地应与其他区域物理分隔，并保持适当距离	2. 地形条件限制导致用地利用效率低 现状整体地块形状狭长且极不规则，南北方向过长，东西方向很窄，实际可用于布置建筑用房的用地范围相应更少。在用地面积相等的情况下，本项目现状不规则用地相比规则用地利用效率更低
4. 避难及防灾要求 考虑预留一定的应急避难场地，在建筑内部保留一定的灵活空间和设施以供特殊时期迅速改造为临时隔离空间	

7.3.3 对建设规模合理性的评估

项目建设规模与内容的评估是项目可行性研究评估的重点,合理、适度的建设规模是确保项目实现其投资效益的前提,项目建设规模过大或过小均不利于项目的投资效益和持续发展。评估论证过程大致可以归纳为"明需求、依标准、测规模"。

(1) 明需求:基于国家和项目所在地相关统计资料,国家、地区的发展规划及行业发展现状与建设规划的要求,相关建设标准及规范等基础资料的研究,论证分析合理的项目需求。

(2) 依标准:依据需求分析以及相关建设标准和规范,结合当地实际情况,分析确定新建项目的建设内容和建设规模及功能分区。

(3) 测规模:依据相关政策文件、技术规程、规范及评估专家意见,结合项目具体情况和现场踏勘结果,对项目建设内容、建设规模是否符合相关建设标准与规范,是否符合主管部门意见,项目建设内容和建设规模是否合理等提出评估及调整意见,确定评估后的项目建设内容与规模。

案例 7-4 某市市属某高校的临床医疗研究中心新建工程

设立于某市市属某高校的临床医疗研究中心新建工程,旨在推动最新科技成果与临床研究需求紧密对接,开展"从实验室到病房"和"从病房到实验室"双向循环研究模式,是一个产、学、研、医紧密结合的特色、创新项目。

本项目在学科定位、医疗行业定位上都具有前沿性,不能简单界定为传统意义上的高校建设项目或医院建设项目,且没有现行的、完全适用的规范标准可作为规模论证的依据,所能收集到的参考案例与类似项目各功能用房的对标情况也不太理想。根据建设单位的设想,编制单位以功能区域划分开展规模论证,尝试后发现技术路线较为混乱,结果也不甚理想。因此,评估单位尝试重新梳理规模论证的技术路径。

评估单位从项目建设目标、使用需求、学科发展和科研用房实际需求重新出发,深入学习和研究了建设单位、设计单位提出的各功能用房的具体用途,并向国内外行业专家、学科带头人、深耕科研和医疗建筑设计等方面的专家学习,剖析了相关功能用房的本质功能。在此基础上,"透过现象看本质",将项目整体规模按各用房的本质功能进行重新梳理、合理拆分、分类归纳,分段式寻找适用的建设标准加以对标参考,解决了"缺乏完全对应的标准"的问题;又将已批复(已建成)的同类项目的建设规模进行同界面、同维度的对标,以此作为判断部分功能用房建设规模合理性的依据。在落实了各种规模论证依据后,终于"返璞归真",有理有据地实现了论证和优化项目建设规模的目标。

评估单位提出的调整后的技术路线如图 7-2 所示,优化论证成果如表 7-6 所列。

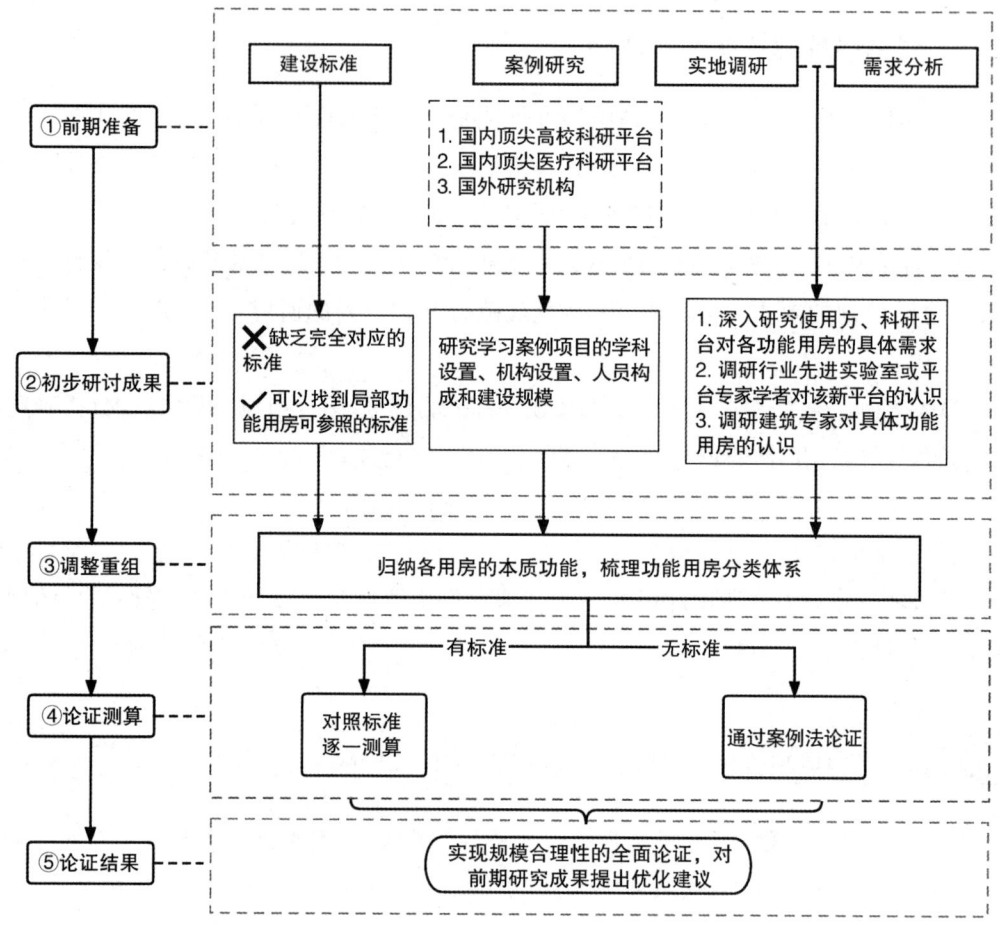

图 7-2 评估单位调整后的规模论证技术路线

表 7-6 某市市属某高校的临床医疗研究中心新建工程规模评估主要结论汇总

阶段	序号	功能用房	适用标准/可参考案例	评估论证路线	评估论证成果
评估调整前	一	A 区域	无	各种功能用房零散分布于不同的区域,对用房的功能分配不够明确和深入,标准法和案例法均无法有效开展	—
	二	B 区域	无		
	三	C 区域	无		
评估调整后	一	医疗用房	有	从床位数出发论证规模,其中:普通床位建筑面积可通过对照现行标准进行测算;研究型床位建筑面积通过案例分析进行对标测算	上报规模基本合理
	二	科研用房	有	按照市属高校科研平台、特殊用房的定位,从人数(核定学生人数、规划学生人数以及专职机构、科研机构人员数量)出发论证规模	上报规模偏大,经评估优化
	三	教学用房	有	以经学校上级主管部门核定的学生人数作为依据,对照现行标准进行测算	上报规模基本合理

资料来源:该项目项目建议书评估报告。

7.3.4 对工程技术方案的评估

可行性研究阶段工程方案的评估，从建设标准的符合性、建设方案的可行性、可靠性及经济性等角度，详细评估可行性研究报告提出的技术方案、设备方案、工程方案、资源开发方案、用地用海征收补偿（安置）方案、数字化方案、建设管理方案等，组织相关各专业技术领域的专家对方案提出优化意见和建议。对于建设单位、设计单位提出的技术方案，评估咨询机构还可以协助进一步比选方案，论证推荐方案是否最优，比选的角度涵盖技术、经济、安全等多方位要素。

此外，可行性研究阶段工程方案的评估还应从项目施工管理、后期运营管理的角度，更全面地吸取参与项目审批的相关部门、行业主管部门、用户等各方意见并进行汇总分析，从而在前期咨询阶段尽可能地优化完善设计方案，为深化设计提供良好的基础和依据。

案例 7-5 某高校拟新建新药筛选及评价平台项目

某高校拟新建新药筛选及评价平台，主要服务于新药筛选和新药临床前评价。项目为一栋地下一层、地上五层的单体建筑，建设内容包括公共服务平台、创新药物研究平台、动物评价平台的实验主体设施，以及配套的地下车库、人防工程和设备用房等地下建筑。

本项目处于可行性研究阶段，评估从规划要求、功能布局、技术合理性等方面对该项目技术方案提出优化意见，如表 7-7 所列。

表 7-7　某高校拟新建新药筛选及评价平台项目技术优化意见及效果一览表

序号	评估发现的问题	评估调整建议及优化效果
1	园区人、车出入口设置不合理，且未统筹后期建设要求	优化园区人、车出入口，并统筹考虑后期建设的要求，为后期建设提供了良好的前置条件
2	西侧高层建筑后退距离未达到控规要求，容积率不满足	调整建筑后退距离、绿化率，使总体指标满足上位控规的要求
3	(1) 动物用房的楼层功能分布不尽合理； (2) 空调设备需保证实验室常年恒温恒湿要求； (3) 楼梯间不满足消防要求	通过优化动物用房的楼层，使得功能分布更为合理； 楼梯间满足通行的同时，满足消防相关要求
4	尚缺少对动物用房产生的污染气体及室内外排风的分析及考虑说明	对动物用房的室内外排风进一步优化，对气体污染物做到了潜在风险规避，有利于在下一阶段进一步深化设计
5	空调系统形式考虑为"新风机组、空调机组均选用风冷热泵直膨式机组，舒适性空调区域设置多联机空调系统"，建议比选优化	通过对空调系统工艺的比选，构建了更为详细、完整、合理的空调系统，进一步论证了方案的可行性
6	目前按照一般的机械通风方式描述，对于特殊情况的描述欠缺，应进一步补充描述	参考现行设计规范从多方面来分析考虑，完善机械通风方式的描述，确保本项目主要功能用房的使用标准，为下一步设计提供技术参考

资料来源：该项目可行性研究评估报告。

7.3.5 对项目投资估(概)算的评估

项目投资估(概)算的评估工作主要是按照国家、各省市相关政府投资评估相关文件,基于具体项目特点,评估项目投资估(概)算的编制提出是否合理,并提出优化调整意见。

评估阶段开展投资优化的主要抓手有技术指标合理性、建设标准匹配性、设计规范差异性、编制范围一致性、市场价格波动因素以及材料价格选定的合理性等方面。

对项目可行性研究、项目申请报告等的投资研究深度的要求为估算。2018 年,国务院发布了关于工程建设项目审批制度改革的相关文件《关于开展工程建设项目审批制度改革试点的通知》(国办发〔2018〕33 号)。随后,浙江省、福建省、天津市、上海市等陆续发布了相关政策文件进行响应和深化落实。目前,上海市政府投资项目,房屋建筑项目和市政类线性(非独立占地)项目实行"两阶段合一"审批,可行性研究报告达到初步设计深度的项目,投资须达到概算深度,评估要求亦如是。

案例 7-6　某戏剧学院项目

某戏剧学院项目,剧场及制作中心、影视教学楼两个单体的工程造价大大超过了上阶段批复的投资,超额幅度高达 44.9%。为此,评估小组对这两个单体的投资超额情况进行评估,分析投资超额的范围及原因,评估其合理性并提出有效的建议。

1) 投资偏高的主要原因

(1) 结构设计存在优化空间

选取了某市音乐学院排演中心的结构工程与本项目进行对比分析,如表 7-8 所列。两个项目功能类似,建筑高度、层数相当,地上、地下建筑面积占比基本相同,结构形式类似。因此,某市音乐学院排演中心与本项目具有较高的相似性,其设计的主要参数对本项目有较高的参考价值。

表 7-8　剧场及制作中心与某市音乐学院排演中心主要技术经济指标对比

序号	项目	剧场及制作中心	某音乐学院排演中心
1	建筑面积	10 074 m²	5 023 m²
1.1	地上建筑面积	6 499 m²	3 331 m²
1.2	地下建筑面积	3 575 m²	1 692 m²
2	主要功能	主要为戏剧、大型音乐剧教学、实验演出及国际文化技术交流,兼顾会议、电影等功能	地上主要为作曲指挥排练厅、多功能排练厅和报告厅、音乐剧排练厅、贵宾休息和会议室。地下室设置排练厅和若干乐器储藏室及空调机房
3	建筑层数	地上 3 层,地下 1 层	地上 4 层,地下 1 层

(续表)

序号	项目	剧场及制作中心	某音乐学院排演中心
4	建筑高度	16 m(局部高度约 25 m)	17 m
5	结构形式	钢筋混凝土框架结构,大空间屋盖采用混凝土井字梁或钢结构网架	钢筋混凝土框架结构,局部挑空采用预应力结构体系

通过两个项目结构设计指标的对比可以发现,剧场及制作中心的墙、柱、梁等竖向构件的混凝土折算厚度明显偏大,结构设计存在明显的不合理性。

(2) 装饰标准偏高

① 降低装饰标准。剧场专业用房和设备用房、普通器械用房应按照不同装饰标准控制。另外,为提升项目品质,局部重点区域可适当提高装修档次,如门厅、贵宾室、大剧场观众厅等。

② 降低外立面装饰标准(玻璃幕墙采用中档标准、混凝土独立柱由磨光花岗岩干挂改为仿石涂料或普通涂料)。

2) 评估提出的投资控制建议

(1) 重点抓好结构优化工作:委托经验丰富的结构工程师重新进行结构计算,把过高的设计指标降到合理的安全限度。通过优化设计,节省不必要的土建投资。

(2) 适当降低装修标准:按照评估单位建议的装修标准进行限额设计,在选材、用料上斟酌,杜绝奢华。

(3) 对剧场及制作中心外围混凝土独立柱进行优化设计:建议在尽量维持原效果图效果且保证构件安全性的情况下,用更节约的材料,如空心构件等;同时,建议将混凝土独立柱的外立面材料由磨光花岗岩干挂改为仿石涂料或外墙涂料,以降低投资成本。

(4) 降低部分设备选择标准:降低空调通风系统、电气系统的设备选择标准,尽量选用中档国产设备。

7.3.6 对资金筹措方式的评估

对于建设单位提出的资金筹措方式,评估单位有责任协助复核其可靠性。例如,建设单位拟申请财政资金的,应提醒建设单位向财政部门核实项目是否已列入财政年度计划、预算安排情况等,保证资金来源可靠;建设单位拟自筹资金的,则在调研获取建设单位相应资金筹措能力证明文件的基础上,对落实建设资金的可行性加以论证。

7.3.7 对生态环境和社会影响的评估

对项目可行性进行评估时,还需对项目建设期、运营期产生的外部生态环境、社会环境影响进行评估,为项目建设方案的整体可行性、风险可控性提供判断依据。

以生态环境影响评估为例,评估报告通过对项目建设、运营过程中可能发生的环境影响进行梳理,结合建筑、给排水、暖通、工艺等专业的专家评估意见,为深化设计提出针对环境保护方面的建议。其主要目的不在于计算出具体化的污染物排放指标,而是以减少工程实施和运营过程中潜在的负面环境影响为目标,提出优化方向和建议,一般为定性分析。

社会影响的评估从社会效益、社会互适性以及社会稳定风险三方面进行,对项目建设和运营期的正、负面社会影响进行分析和预判,并提出避免或减缓负面社会影响的措施建议。

可行性研究评估报告对生态环境和社会影响的评估需要注意与环境影响评价、社会稳定风险评价等专项评价的结果相衔接。

7.4 专项评价服务内容

当项目进行到可行性研究阶段时,需要同步进行选址论证、重要矿产资源评估、社会稳定风险评估、安全预评估、节能评估、环境影响评价、交通影响评估等专项论证。按需单独编制的专项评估报告,如节能评估报告和社会稳定风险评估报告,一般于可行性研究评估时并联实施评价/审查。本节重点介绍节能评审和社会稳定风险评价。

7.4.1 节能专项评审

为提高能源利用效率、促进产业结构调整、优化能源结构,加强能源消费总量控制和节能降耗的源头管理,推动实现碳达峰碳中和,应根据投资主体不同,在项目立项阶段或项目开工之前进行节能审查,作为项目开工建设、竣工验收和运营管理的重要依据。另外,节能验收核查也将逐渐成为节能专项评审的重要组成部分。节能验收是在项目完工后,对建设单位节能审查意见落实情况进行验收。

1. 节能评审的重点评价内容

根据有关法律法规,节能评审应当重点从以下几个方面对项目节能报告进行评价。

(1) 项目是否符合节能有关法律法规、标准规范、政策要求。

主要评价项目节能报告编制的内容和深度是否符合国家、省相关产业、能源政策,以及是否符合固定资产节能审查相关法律法规规章要求。相关依据包括国家发展和改革委员会例行修订的《固定资产投资项目节能审查办法》(国家发展和改革委员会令〔2023〕第2号)、各省市关于固定资产投资项目节能审查的实施办法等地方节能法规、管理文件等。

(2) 项目用能分析是否客观准确,方法是否科学,结论是否准确。

主要评价项目工艺方案是否符合行业规划、准入条件、节能设计规范、环保等相关要求,是否从节能角度对各备选方案作出对比分析;主要用能工艺(生产工序)及其主要用能设备的分析是否充分、具体;能源品种、用能工艺、用能设备的选择是否科学合理;项目配套的控制系统、建筑、给排水、照明及其他辅助生产和附属生产设施是否科学、合理;能源计量器具配备方案是否满足《用能单位能源计量器具配备与管理通则》(GB 17167—2006)及行业有关要求。

(3) 项目节能措施是否合理可行。

对于工业类项目,主要评价节能技术措施是否汇总了能评前项目计划采纳的节能技术措施,是否在节能评审阶段有针对性地提出具体、可操作的节能技术措施建议;节能管理方案是否按照《能源管理体系要求》(GB/T 23331—2012)、《工业企业能源管理导则》(GB/T 15587—2008)等有关要求,提出能源管理体系建设方案,能源管理中心建设方案及能源统计、监控等节能管理方面的措施、要求等。节能措施效果是否对节能评审阶段节能措施的节能效果等进行了定量分析测算,节能措施效果是否全面、准确。

对于建筑类项目,主要评价关于基地布局、建筑、暖通、电气、给水、计量与管理等系统设计的节能合理性。

(4) 项目的能效水平、能源消费等相关数据核算是否准确,是否满足本地区节能工作管理要求。

能源消费量评价是能效水平评价的基础,主要评价项目能耗统计全面性、参数选取合理性和计算方法科学性。包括项目基础数据是否有详细的基本参数支持,基础数据、基本参数的选择是否真实、合理,是否附有明确的计算过程;项目能源消费总量、主要能效指标、工序指标等的计算边界是否适当,计算过程是否清晰,计算结果是否准确;主要耗能设备、通用设备的参数确定是否可行、合理,能效要求(水平)计算过程是否清晰;节能评审阶段节能措施的节能效果等的测算依据是否可行,测算方法是否适用,测算结果是否准确。

关于项目能效水平,主要复核项目单耗,评价能否客观反映项目能效水平,是否符合相关能耗限额标准或相关产业政策、准入条件的要求;评价节能报告选取的主要能效指标是否合理,同行业国内外先进水平、标准先进指标的选取是否准确;项目能效水平是否达到同行业国内外先进水平或标准中的先进指标。

对地区能源消费总量的影响评价,主要评价项目能源消费增量对所在地区能源消费总量、单耗控制的影响;是否根据相关规划对项目所在地区能耗增量和单耗"双控目标"目标完成进行合理测算;是否根据《国家节能中心节能评审评价指标》通告(第 1 号)要求,进行 m 值(项目新增能源消费量占所在地"十三五"能源消费增量控制数比例)和 n 值(项目增加值能耗影响所在地单位 GDP 能耗的比例)的计算;项目年综合能源消费量计算是否根据本市能耗统计口径,扣除相关外购耗能工质能耗。

2. 节能验收重点核查内容

节能验收主要通过资料审核、实地查验等方式,核查项目的建设内容、用能工艺、能源品种、重点用能设备选型、节能措施、能效水平、计量器具配备以及项目能源利用情况等是否落实节能审查意见要求,是否满足节能标准规范的相关要求,最后形成节能验收意见,节能验收意见应明确"通过"或"不通过"。

案例 7-7 某餐饮企业总部项目

某餐饮企业总部项目,建设地点为上海,主要功能为餐饮企业的食品加工及智能分拣物流中心,建设内容包括食品加工中心和智能分拣物流中心(工业建筑)、综合楼(公共建筑)以及污水处理房、水泵房、变电所、门卫等配套辅助用房。

该项目新建建筑物总占地面积约 40 024 m^2,新建建筑物总建筑面积约 73 355 m^2,其中地上建筑面积约 73 279 m^2,地下建筑面积约 76 m^2。该项目主要用能品种为自来水、电力、天然气。电主要用于厂区生产设备用电、厂区配套空调、照明、电梯用电等,水主要用于厂区设备用水及工作人员生活用水,天然气用于蒸汽锅炉、炒锅设备等。该项目年耗电量 2 445.45 万 kWh,年耗天然气 142.29 万 m^3,年耗水量 34.10 万 m^3,共计折合年综合能耗 4 855.18 tce(当量值)或 8 892.61 tce(等价值)。

3. 项目节能评审的重点

(1) 项目编制内容及深度不符合国家及上海市节能有关法律法规、标准规范、政策要求。在资料预审阶段发现项目在节能报告内容的完善度上存在较大问题,经评审组审阅并确认,由于该项目为工业项目,主要能耗将由生产线上设备产生,而所提供的项目资料中缺少生产工艺设备选型等节能评估关键内容,这也将影响项目用能分析是否客观准确,项目能源消费量和对地区影响是否科学合理。经与建设单位核实,该项目生产设备当时尚未选型,其中部分设备需进口采购,具体选型需在 2021 年年底至 2022 年年初确认并提供。因此,在预审阶段,我公司认为该项目缺少节能评价的关键资料,不具备评价条件。评审组将该情况反馈审查单位后,统一认为待该项目补充资料完整后再行评审。

(2) 项目光伏设置情况不符合上海市光伏配置要求。项目节能报告上报前,新规已开始实施,但项目并未按照新规执行。根据《上海市碳达峰实施方案》(沪府发〔2022〕7 号),2022 年起新建政府机关、学校、工业厂房等建筑屋顶安装光伏的面积比例不低于 50%。该项目周期横跨 2021—2022 年,因此在建设单体修改节能报告时,评审组认为应按照新规研究光伏应用的可能性。经与项目单位沟通论证,节能报告补充提出,拟在建筑屋面设置太阳能光伏发电,充分利用可再生能源,平衡项目的电力消耗。

7.4.2 社会稳定风险评价

建设单位在前期阶段对项目开展社会稳定风险评估,对特定领域、影响重大的项目,还需单独编制社会稳定风险评估报告并接受评价审查。评价的作用,就是在建设单位已进行的社会稳定风险评估报告的基础上,对受理的项目风险评估报告按照法律法规、风险评估报告编制和评价指南及其他相关规定进行全面论证、审核和评价,揭示其不足,提出优化完善风险预防、化解的措施建议。

如图 7-3 所示,社会稳定风险评价程序重点包括初审分析审查、开展调查核实意见、组织专家咨询评审、综合评价编制报告4个环节。

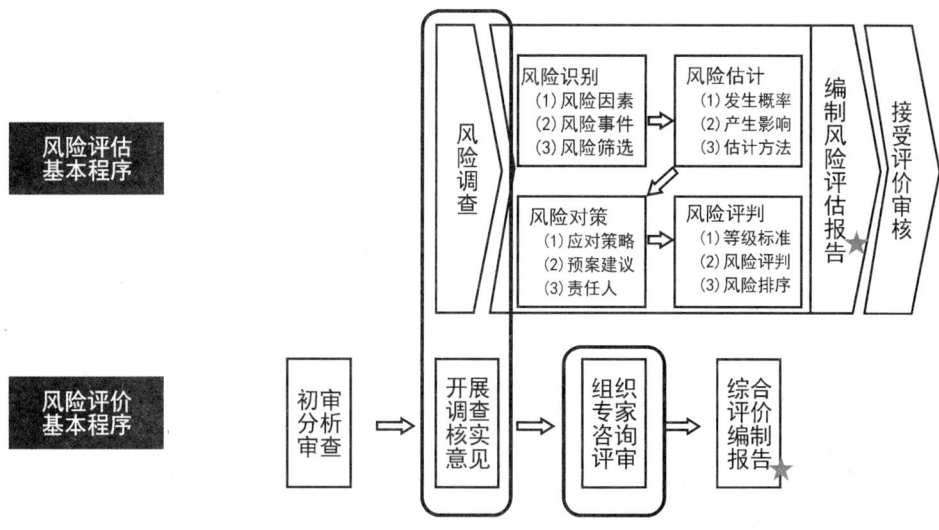

图7-3 项目社会稳定风险评估/评价基本程序示意图

资料来源：根据《上海市重点建设项目社会稳定风险评估篇章(报告)编制指南》《上海市重点建设项目社会稳定风险评估篇章(报告)评价指南》绘制。

社会稳定风险评价重点评价以下内容：评估报告所反映的评估内容和评估程序是否完备；评估方法是否科学；征求意见是否广泛；反映意见是否全面、真实；风险预防、化解措施是否可行、有效；应急处置预案是否责任明确、措施到位；各项评估内容的评估结果和风险评估结论是否科学、正确[①]。

社会稳定风险评价报告中，具体的评价内容包括对评估报告的总体评价，评估内容、程序和方法的评价，风险识别的评价，风险估计的评价，风险预防、化解措施以及风险等级的评价，如表7-9所列。

表7-9 社会稳定风险评价报告的具体内容

序号	评价内容	具体内容
1	评估内容、程序和方法的评价	对评估内容的完备性、评估程序的完备性、评估方法的科学性、预防措施的有效性进行评价
2	风险识别的评价	对风险因素识别的完整性和准确性进行评价； 在分析的基础上判断是否有遗漏的重要风险因素，汇总项目的主要社会稳定风险因素，形成完整的风险因素识别表
3	风险估计的评价	对评估报告选用的风险因素的发生概率及影响程度是否得当进行评价，对遗漏的风险因素进行补充估计，形成调整后的单因素风险程度汇总表，形成项目初始预警风险等级结论

---

① 《上海市重点建设项目社会稳定风险评估篇章(报告)评价指南》。

(续表)

序号	评价内容	具体内容
4	风险预防、化解措施	对评估报告提出的预防、化解措施的系统性、完整性、是否得当可行,能否有效防范、减少和控制社会稳定风险,是否有明确的责任主体、职责分工以及时间进度安排进行评价,对需要补充完善的主要预防、化解措施提出建议
5	风险等级的评价	对采取相应预防、化解措施后的项目风险等级评判是否得当,提出措施后风险等级评判意见
6	总体评价及建议	在上述评价的基础上对评估报告的工作进行客观、公正的总体评价,提出咨询评价的主要结论,并对建设项目提出主要补充的预防、化解措施建议

案例 7-8 某高速公路拓宽改建工程

某高速公路拓宽改建工程进行社会稳定风险评价。工作程序按初审分析、开展调查核实、组织专家咨询评审、综合评价编制报告4个环节开展。评价认为,"社会稳定风险评价报告"(以下简称"稳评报告")评估内容和评估程序基本完备,识别的风险因素相对全面,社会稳定风险程度估计和社会稳定风险等级评判基本客观,基本达到了社会稳定风险评估要求。但"稳评报告"对项目风险点的分析不够深入,对主要风险点重视程度不足,提出的风险预防、化解措施针对性有待提升,需要进行补充、归纳。

评价报告发现的主要问题及补充调整如下。

(1) 经风险调查核实,认为"稳评报告"遗漏了周边其他邻避设施(历史遗留矛盾)与本项目叠加影响的问题。

评估小组赴项目现场进行调研,并对相关政府部门进行了访谈,广泛地吸纳属地政府(信访维稳条线)、基层干部、直接利益相关者(代表)的意见。经调研发现,由于项目所在地位于省界,是交通要道,当地部分村庄多年来因周边邻避设施(固废处置中心、危废处置中心、高压走廊)的集中建设而感到不满,也因部分基础建设项目导致村庄地块割裂、交通不便,加上新农村的规划、建设、发展计划进展缓慢,当地村民对当地生活环境的信访、投诉历史由来已久。本项目及各邻避设施与相关村庄的位置关系如图7-4所示。

该重要风险点表露了本项目所在地的维稳社会条件较为薄弱,需要建设单位引起重视。而"稳评报告"在历史遗留矛盾分析中,遗漏了周边其他邻避设施(历史遗留矛盾)与本项目叠加影响的问题,可能会影响报告对风险因素权重、风险事件规模估计,也会使提出的风险预防、化解措施缺乏针对性。

(2) 对"稳评报告"风险识别、风险估计的评价与调整:为避免本项目的社会影响与尚未解决的历史矛盾叠加,评估单位在评价报告中重点补充报告了相关风险点,并就相关风险因素及其风险发生的概率、影响程度评判作了调整。风险因素识别调整如表7-10所列。在此基础上,评价报告进一步估计调整后的风险因素的发生概率及风险影响。

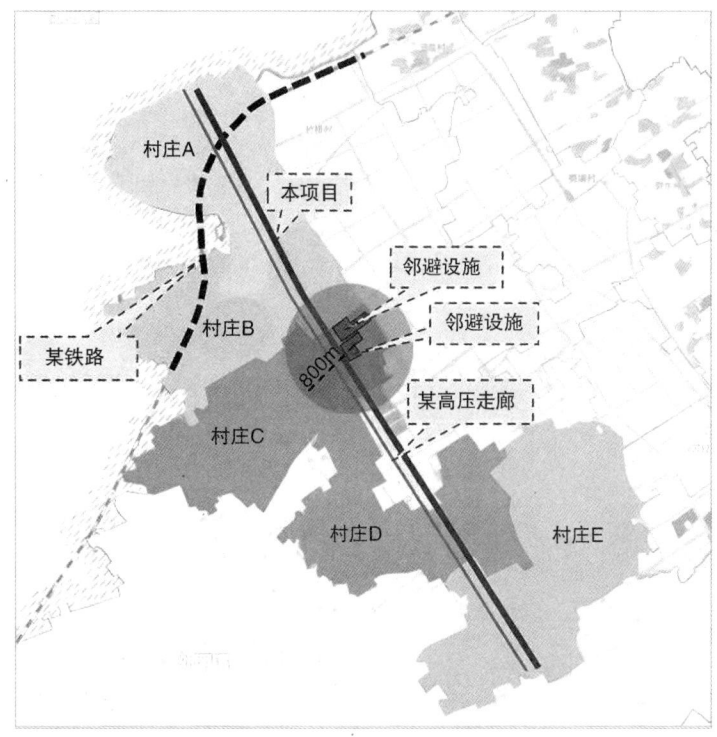

图 7-4　某高速公路项目及主要邻避设施与周边村庄位置关系示意

资料来源：该项目社会稳定风险评价报告。

表 7-10　案例项目风险因素识别调整对照表

序号	"稳评报告"识别的风险因素	评价调整的风险因素	主要调整内容
1	防护绿地内房屋动迁遗留问题及外围带征诉求可能带来的风险	防护绿地内房屋动迁遗留问题引发的风险	拆分、重新归纳
2	项目现状运营矛盾可能对本项目的影响	村/居民对本项目及周边邻避设施的反感度叠加引发的风险	补充风险点、重新归纳
…			其余未调整

（3）评价报告针对性地补充 6 条风险预防、化解措施。

（4）评价报告对措施后风险等级的评判：结合风险调查结果以及项目评价会议上专家及各政府部门的意见，评价形成了更为合理的风险因素权重分配，计算得到了新的综合风险指数，对项目风险等级有了更为客观的认识。复核评价计算出措施后综合风险指数为 0.405 2，对照社会稳定风险等级评判参考标准，综合分析评估项目可能引发的风险事件、参与的人数和产生的风险程度，预判项目采取防范措施后社会稳定风险等级维持在 B 级，项目的实施仍存在一定的风险，需引起足够重视。

第 3 篇

投资决策综合性咨询的新领域

第 8 章

信息化、数字化咨询

8.1 信息化及数字化的界定

8.1.1 信息化与数字化是什么

当今社会,信息化与数字化已经成为一种趋势,深刻地影响着当今的经济和社会发展。《"十四五"国家信息化规划》指出,"十四五"时期,信息化进入加快数字化发展、建设数字中国的新阶段。加快数字化发展、建设数字中国,是推动构建新发展格局、建设现代化经济体系的必由之路。

"信息化"和"数字化"是两个相关但不同的概念。根据《2006—2020年国家信息化发展战略》中的定义,信息化是充分利用信息技术,开发利用信息资源,促进信息交流和知识共享,提高经济增长质量,推动经济社会发展转型的历史进程。而数字化则是指将物质世界中的各种信息、知识、文化、价值等内容采用数字方式表达和处理的过程。内容被转化为计算机可读的形式,让计算机可以识别和计算、控制和存储,进而形成企业要素、业务及运营管理的数字化。

二者之间的不同在于,信息化是一种基于信息技术的应用,强调的是信息资源的智能化、网络化处理和利用;而数字化则是一种技术手段,强调的是将物质实体数字化。因此,信息化更注重信息的应用和利用,数字化则更关注信息的处理和转化。同时,信息化的范畴更广,包含数字化;数字化是信息化的一部分。

信息化和数字化对中国经济社会发展和投资决策咨询都有着重要的影响。相关技术的应用既可以提升咨询服务的质量和效率,又能够为投资决策综合性咨询带来新的业务机会。随着发展的不断深入,各类新项目不断涌现,如数字城市、智慧园区、单体建筑的智慧化系统等,这些项目都离不开数字化和信息化的支持与应用。因此,面向这些项目,投资决策综合性咨询需要从全新的角度出发,对这些项目进行专业、透彻的分析和评估。

尽管信息化和数字化在技术手段和应用场景上存在一定的差异,但它们彼此之间始终相互依存、相互渗透。因此,我们可以将信息化和数字化作为一个整体来思考。本章将信息化和数字化视作同一种概念,以便为相关咨询服务提供更加深入的理解与阐释。

8.1.2 "数字化"与"数字+"的辨析

"数字化"和"数字+"都与数字技术相关,但是各自的侧重点有所不同。"数字化"更偏向于一种技术手段,为各类项目提供技术加成;而"数字+"则更注重数字技术与产业的深度融合,从而提高产业的效率和经济价值,如图 8-1 所示。

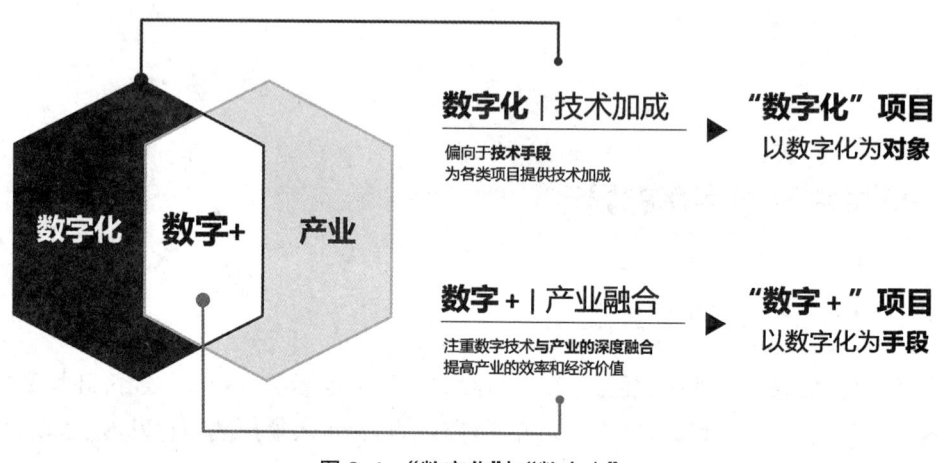

图 8-1 "数字化"与"数字+"

当我们谈论"数字化"时,更侧重于指代技术手段本身,如大数据、云计算、物联网、人工智能等。数字化技术已经成为现代城市和企业决策的重要工具。在城市规划和管理方面,数字化技术可以帮助决策者更加准确地把握城市的资源利用、人口流动和发展趋势情况,从而更加有针对性地进行规划和管理,提高城市的发展和治理效率。在企业运营和管理方面,数字化技术可以帮助企业更加精准地了解市场需求、产品质量和企业效益等情况,提高企业的生产效率和盈利能力。此外,数字化技术还可以帮助决策者更好地应对突发事件和危机,提高应急响应和管理能力。因此,数字化在决策与管理中具有重要作用,可以帮助决策者更好地把握信息、作出决策,推动主体的可持续发展。

"数字+"是指在现有产业的基础上,融入更多的数字技术和应用,实现更多的数字化创新和增值服务,帮助各产业实现数字化转型。它更强调通过数字手段来提高产业的效率和经济价值,实现产业的数字化转型和升级,例如数字化医疗、数字化教学、数字化生产、数字化办公、数字化营销等。"数字+"的概念强调的是数字技术与现实产业的深度融合,通过数字化增强和改进现有的产业和服务,以更高效率创造更多价值。

在咨询服务的实践当中,可以根据以上理解将数字化相关项目分为两类:一类是以数字化为对象的"数字化"项目,另一类则是以数字化为手段的"数字+"项目。

对于"数字化"项目,主要目标是将原本非数字化的管理或服务,通过数字化技术的手段进行重构。例如城市信息模型(City Information Modeling,CIM)、智慧校园、医院智慧化系统等项目,构建全新的信息化系统,在规划、建设、运营、管理的全过程中实现全面的助力提升。这类项目的主要特点在于数字化本身就是项目的核心目标，项目的成功与否主要取决于数字化的成果和效果。

而"数字+"项目则是以数字化为技术手段，辅助实现原业务或服务的提升和优化。例如在制造业中通过数字化技术实现生产流程优化、物流管理等方面的改进，建设智慧产线、智慧物流等设备。这些项目的主要特点是，数字化技术作为手段，与业务或服务本身密切相关，项目的成功与否主要取决于数字化技术对业务或服务的贡献和价值。

无论是"数字化"项目还是"数字+"项目，数字化技术的应用都有助于提升业务或服务的效率和质量，优化组织和企业的管理和运营。但在实践中，这两类项目的实施方式和要求也存在差异，需要根据不同的项目目标和特点，采取不同的策略和方案。

8.2 数字化领域的政策支持

8.2.1 中国数字化发展战略

数字化已经成为我国全面建设社会主义现代化国家的重要战略。在2015年10月召开的中国共产党第十八届中央委员会第五次全体会议上通过的"十三五"规划建议，明确提出实施国家大数据战略，全面推进我国大数据发展和应用，加快建设数据强国，推动数据资源开放共享，释放技术红利、制度红利和创新红利，促进经济转型升级。2017年，党的十九大报告明确提出要建设数字中国。这是"数字中国"首次被写入党和国家纲领性文件，成为国家战略的信息化纲领。

党的十八大以来，习近平总书记赋予"数字中国"新含义，代表中国国家信息化的发展战略，是中华民族伟大复兴的重要内容，也是全面建设社会主义现代化强国的重要途径。在此背景下，国家相关部委和地方政府陆续出台了相关政策法规，全面助力数字中国建设。与投资决策综合性咨询相关的重要部委文件包括如下内容。

（1）2016年12月通过的《"十三五"国家信息化规划》（国发〔2016〕73号）明确我国将加快信息化发展，提升数据资源利用效率和产业数字化、智能化水平，对推动"中国制造2025"和"双创"带来积极影响，同时提高群众生活品质。

（2）2020年10月，党的十九届五中全会通过的《中共中央关于制定国民经济和社会发展第十四个五年规划和二〇三五年远景目标的建议》明确提出要"加快数字化发展"。

（3）2021年12月，中央网络安全和信息化委员会印发《"十四五"国家信息化规划》，明确到2025年，数字中国建设取得决定性进展，信息化发展水平大幅跃升，数字基础设施全面夯实，数字技术创新能力显著增强，数据要素价值充分发挥，数字经济高质量发展，数字治理效能整体提升。

（4）2023年2月27日，中共中央、国务院印发了《数字中国建设整体布局规划》，规划明确数字中国建设目标和举措，健全体制机制，保障资金投入。数字中国建设将按照"2522"

的整体框架进行布局(图8-2),提出2025年、2035年的建设目标,明确将数字中国建设工作情况作为对有关党政领导干部考核评价的参考,强调保障资金投入。这些对于投资决策综合性咨询非常有帮助。

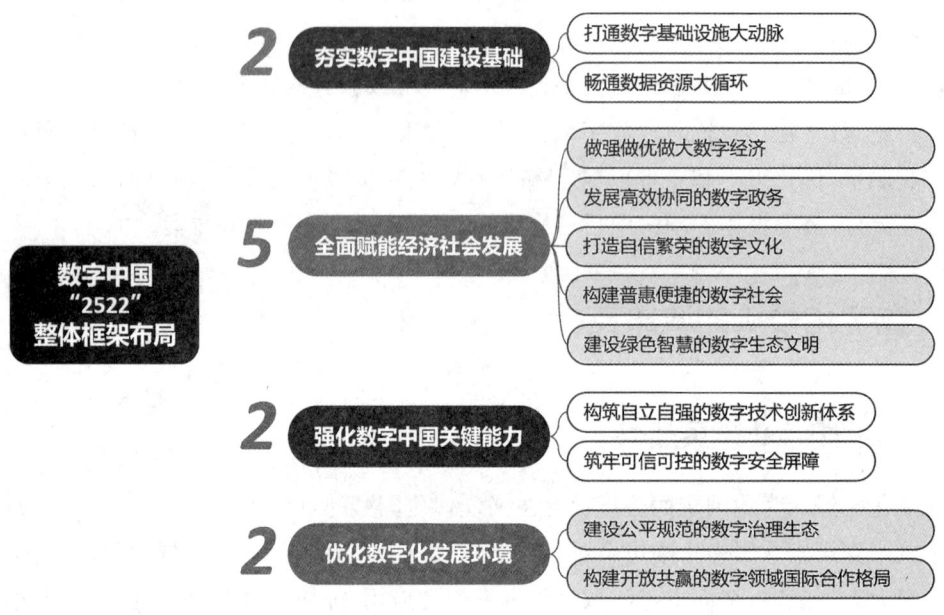

图8-2 数字中国建设整体框架

资料来源:中华人民共和国国家互联网信息办公室。

在通用的政策之外,中央和各省市也针对产业、企业、城市等领域颁布了更加细分的数字化相关政策,意在全面推动各行各业的数字化转型,如财政部、工业和信息化部《关于开展中小企业数字化转型城市试点工作的通知》(财建〔2023〕117号)、《上海城市数字化转型标准化建设实施方案》(沪府办发〔2022〕5号)、江苏省《关于加快统筹推进数字政府高质量建设的实施意见》(苏政发〔2022〕44号)、《浙江省数字化改革总体方案》(浙委改发〔2021〕2号)、《山东省"十四五"数字强省建设规划》(鲁政字〔2021〕128号)、《天津市智慧城市建设"十四五"规划》(津政办发〔2021〕52号)、福建省《关于推进工业数字化转型的九条措施》(闽工信规〔2022〕11号)、《北京市关于促进专精特新企业高质量发展的若干措施》、《河北省促进中小企业"专精特新"发展若干措施》等。

8.2.2 投资决策综合性咨询相关数字化政策支持

在建筑工程领域,数字化转型及应用已经逐步成为行业发展的重要方向。为推动数字化转型改造,相关政策陆续颁布,明确了从项目前期决策、中期设计施工以及后期运维管理各阶段都要加强数字化应用,为建筑工程行业及投资决策综合性咨询的数字化转型提供政策支持和指导。近几年投资决策综合性咨询相关信息化政策梳理见表8-1。

表 8-1 投资决策综合性咨询领域相关信息化政策（部分）

颁布时间	颁布主体	文件名称	主要内容
2020年7月	住房和城乡建设部等13个部门	《关于推动智能建造与建筑工业化协同发展的指导意见》（建市〔2020〕60号）	提升信息化水平，推进数字化设计体系建设；加快构建数字设计基础平台和集成系统
2021年3月	住房和城乡建设部	《绿色建造技术导则（试行）》（建办质〔2021〕9号）	绿色策划宜推动全过程数字化、网络化、智能化技术应用，积极采用BIM技术，利用基于统一数据及接口标准的信息管理平台，支撑各参与方、各阶段的信息共享与传递
2021年6月	住房和城乡建设部	《城市信息模型（CIM）基础平台技术导则》（修订版）（建办科〔2021〕21号）	应充分考虑CIM基础平台建设的实用性和持续性，通过拓展项目策划生成、工程建设项目三维电子化报建等应用，加强各类信息模型数据在CIM基础平台上的汇聚和应用
2021年8月	中国民航局	《推动民航智能建造与建筑工业化协同发展的行动方案》	推动咨询设计转型升级，以数字化手段优化方案论证
2022年1月	住房和城乡建设部	《"十四五"建筑业发展规划》（建市〔2022〕11号）	支持企业开展工程总承包和全过程工程咨询业务，探索建立建筑前策划、后评估制度，优化项目前期技术策划
2022年1月	国务院	《"十四五"数字经济发展规划》（国发〔2021〕29号）	促进数字技术在全过程工程咨询领域的深度应用，引领咨询服务和工程建设模式转型升级
2022年3月	住房和城乡建设部	《"十四五"住房和城乡建设科技发展规划》（建标〔2022〕23号）	在项目全过程实现技术集成，在绿色低碳、历史文化保护等领域进行数字化信息化研究
2022年5月	住房和城乡建设部	《"十四五"工程勘察设计行业发展规划》（建质〔2022〕38号）	推进多元服务模式，完善发展方式，推广全过程工程咨询，推进BIM软件与CIM平台集成开发公共服务平台研究与应用
2022年6月	住房和城乡建设部、国家发展和改革委员会	《城乡建设领域碳达峰实施方案》（建标〔2022〕53号）	推动数字建筑、数字孪生城市建设，探索节能咨询、诊断、设计、融资、改造、托管等"一站式"综合服务模式
2023年3月	国家发展和改革委员会	《关于印发投资项目可行性研究报告编写大纲及说明的通知》（发改投资规〔2023〕304号）	对于具备条件的项目，研究提出拟建项目数字化应用方案，包括技术、设备、工程、建设管理和运维、网络与数据安全保障等方面，提出以数字化交付为目的，实现设计—施工—运维全过程数字化应用方案

8.3　数字化对于投资决策综合性咨询的价值

数字化已经成为现代社会发展的必然趋势,数字化项目的推进不仅是国家政策的要求,也是各行业发展的需要。"十四五"规划提出了要加快建设数字经济、数字社会、数字政府的重要目标,要求各行业加快数字化转型。要加强数字基础设施建设,推动数字政府建设,推进数字产业化、产业数字化和信息化智能化融合,加速数字经济发展。这些目标的提出,为数字化项目的推进提供了强有力的政策支持和指导,也为数字化项目带来了广阔的发展空间和市场需求。同时,数字化转型的实践也在不断发展。各行各业都在积极投资建设数字化项目,以提高生产效率、改善服务质量、优化管理流程。特别是在房建、市政、能源环保等领域,数字化已经得到了广泛的运用。

对于工程建设行业而言,数字化系统建设有利于加快投资建设相关行业转型升级,促进项目决策、建设、运营全过程业务模式再分工、再深化和再细化。以建筑信息模型 BIM 技术的应用为例,美国斯坦福大学整合设施工程中心（CIFE）调研得出 BIM 应用后消除了 40% 的预算外变更,造价估算耗时缩短 80%,合同价格降低 10%,工期缩短 7%;中建协第四届 BIM 大赛项目成果统计得出,BIM、智慧工地技术应用后,平均工期缩短 10.5%,工程材料节省 10.7%,工程成本节约 6.5%。据麦肯锡全球研究院统计,全球建筑业平均利润率仅为 4.4%,中国建筑企业的利润率仅为 1%～3%。因此,BIM 数字化技术给工程建设行业带来的改变是巨大的、革命性的,也是具有引领性作用的。

数字技术的加成有利于推动工程建设各参与方实现降本增效,实现投资建设全过程的透明化、可视化、优化资源配置。基于项目化的投资模型,可以实现投资建设全过程基于一张蓝图的统筹,实现了设计更科学、施工更高效、造价管控更精准、运维更便捷。如上海中心的建设便利用数字化工具制作建筑表皮模型,保证功能完善及美观,同时将该模型用于结构风洞试验及计算分析,将风荷载优化降低了 32%。据估算,风荷载每降低 5%,造价将降低 1 200 万美元。因此通过数字化工具,整个项目减少了近 8 000 万美元的造价投资。

然而,当前投资建设领域的数字化发展面临着一系列关键问题。首先,数字化投资的投入水平尚低。据中国建筑业协会统计,数字化投资在建筑业总产值占比仅为 0.08%,而在欧美等国家普遍为 1% 左右。这主要是成本高、缺乏政策引导、缺乏数字化投资建设经验等因素所致。其次,从技术上看,数字化工程软件的自主性不足。由于受应用场景制约,自主知识产权的工程软件难以得到推广,这对产业安全和信息安全构成了一定的影响。最后,从投资角度而言,数字化取费缺乏依据。目前数字化服务取费无法基于真正的价值衡量,只能通过挤占设计费实现。

要解决这些关键问题,需要上层政策的完善和行业自身的努力。其中,向投资决策综合性咨询投入足够的重视是至关重要的一步。投资决策咨询能够对于投资项目进行充分的前期规划和决策,包含对项目目标、范围、流程、资源和风险等方面的全面评估和规划,以确保项目的成功实施和最终效果。只有在投资决策前进行全面的咨询分析,明确项目的具体需求和目标并做好充分的准备,才能够更好地评估投资风险,制定合理的投资方案,提高项目成功率,并在后续的项目实施过程中避免一些不必要的问题,从而实现数字化发展的良性循环。

在投资决策综合性咨询服务的实践当中,可以如前所述将数字化相关项目分为以数字化为对象的"数字化"项目和以数字化为手段的"数字+"项目,通过专业的咨询服务,让数字化对项目的价值最大化。

8.3.1 "数字化"项目

"数字化"项目是以数字化技术来重构管理手段及服务。通过结合人工智能、大数据、物联网、区块链等新兴技术,构建智能化、智慧化的服务和管理体系,可以理解为从无到有、从零到一构建一个全新的信息化系统,以实现提升效率、降低成本、增加价值等目的。数字化项目的重点在于将管理、服务系统转换为数字化形式,以实现更高效、更精准、更可靠的服务和管理。例如,智慧城市、智慧化教育系统、数字化医疗体系等领域都是典型代表。

"数字化"项目通过数字化手段实现精细化管理。随着数字化技术的不断发展和应用,越来越多的领域开始意识到数字化转型的重要性,并通过数字化手段实现更加高效、精准和智能化的管理和服务,为自身发展注入新的动力和活力。

"数字化"项目通常可以从规模角度分为城市级和项目级。城市级项目即为城市信息模型(CIM),而项目级项目则如智慧校园、医院智慧化系统等建设项目。

1. 城市级项目

随着数字化技术的不断发展,数字城市建设已经成为城市建设的重要方向。数字城市的建设可以提高城市管理和服务水平,改善城市生态环境,提升城市的竞争力和吸引力。城市管理的数字化有利于进一步提升政府治理效能,支撑动态监管、大数据监管,转变政府管理方式。

CIM 作为数字城市建设的核心平台,能够实现对城市真实环境的数字映射,提供可靠的数据支撑和决策依据,是数字城市建设不可或缺的一部分。通过 CIM 系统,政府可以实时掌握城市的各项数据,从而更好地规划城市建设,优化城市布局,提高城市治理的水平。CIM 系统的应用可以使城市管理更加规范化、精细化、智能化,通过大数据、智慧化的平台,实现投资管理、行业管理乃至消防安全的数字化的动态监管,从而推进城市数字化发展进程。

案例 8-1　深圳某 CIM 平台

该平台以 BIM+GIS 模型为数字基底,开展 CIM 平台建设关键技术研究。首先构建 BIM 建管平台,设计数据驾驶舱:通过大屏实时监测项目现场,汇聚关键管理数据,实现决策分析、战略管控、风险防范。功能包括:项目开发经营总览,汇聚所有项目投资情况、项目开发施工进度、年度产值、年度交付、项目电子档案等关键指标,反映区域开发经营概况;项目现场实时监测,展示现场的监控、人员、隐患、缺陷、监测等信息的分布,汇总施工现场等业务管理数据,供项目管理人员参考决策;单体 BIM 施工分析,综合分析单项目 BIM 模型施工阶段运用场景过程问题,通过多维数据统计分析图表辅助决策,提高项目管控水平。

其次,聚焦城市全域治理、空间布局优化等领域,积极探索构建多个智慧应用场景。如基于5G+CIM的新型智慧公园项目,以BIM+GIS模型为数字基底,充分利用5G、IoT、人工智能等技术,构建生态化、智慧化、人本化的新型智慧公园应用;深圳某BIM技术服务项目将BIM技术融入项目建设管理过程,助力区域数字城市建设。深圳前海某智慧化应用项目,实现了对项目建设全周期、全范围数据信息的统一管理,为不同阶段、不同需求的决策提供强有力的综合性技术支持,更好地辅助项目实施。前海某生命周期数字化、智慧化应用项目充分融入BIM技术、GIS技术,同时应用人工智能、5G等新一代信息技术,构建"未来"智慧社区平台。探索开发智慧规划应用、城市空间资源管理应用、智能公共安全应用等,实现利用数据分析辅助决策,提升城市精细化管理和服务水平。

结合以上技术基础及实践经验,通过融合全区域基础设施和公共建筑BIM模型的城市信息模型,形成了智慧城市数字基底,覆盖该社区15 km^2,持续迭代5次,涵盖规划、地质、地理(实景)三大基础信息模型(CIM1.0)。

基于该社区创建的全区域BIM模型和城市级BIM技术应用成果,结合深圳市"新城建"推进CIM平台建设的要求,2020年启动《××数字孪生城市的建设与应用》的研究,探索数字孪生城市建设路径,挖掘CIM应用场景,探索构建全空间、三维立体、高精度的城市数字化模型,承载和打通物联网设备信息的海量动态城市数据,以实现系统架构级的融会贯通。目前,《××数字孪生城市的建设与应用》项目已入选住建部科技示范项目。该数字孪生城市平台已初步建成,为新城规划、建设、管理、运营服务工作提供基础能力支撑,同时也是未来智慧城市的基础性平台,支持扩展城市治理过程中的各种需求和应用。

图8-3为该项目数字孪生城市CIM平台的管理界面。该系统为城市规划、城市建设、

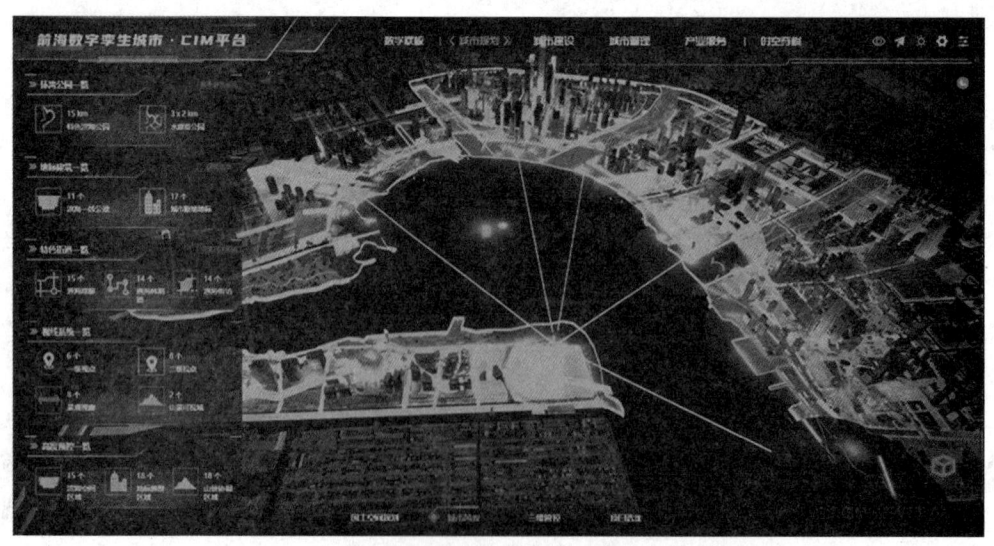

图8-3 某案例项目数字孪生城市CIM平台管理界面示意

资料来源:中国电力建设集团。

城市管理、产业服务、三维管控、项目选址等提供了整个城市的数字底板。这个数字底板由大量的城市基础数据和信息构成,并通过数字化手段进行整合和管理。数字底板将城市的各个领域的数据整合到一起,形成了一个全方位、多角度的城市数据视图,能够将所有空间数据,包括地上和地下的数据、运营和建设管理数据、地理空间数据进行模型化呈现。在这个数字底板的基础上,管理者可以进行更加全面、深入的城市管理。比如,在该地区若要建造一座高楼,CIM模型可以自动提供选址方案,基于数字化分析,展示选址和选线问题。同时,数据分析也能用于评估交通强度和投资强度等因素,实现数据化呈现。

同时,该CIM平台还配备了时空穿梭功能,实现了整个城市超越时空的数字孪生。这种数字孪生是一种数字化的仿真,能够模拟城市的运行状态和发展趋势,为城市管理者提供更加准确、科学的决策依据。

数字城市的建设也需要面对诸多挑战,比如数据的安全性、城市规划的合理性、投资回报率的可行性等。这些问题涉及不同领域、不同层面的知识,需要投资决策综合性咨询的专业团队通过数字化技术进行综合分析和评估,以提供全面、精准的意见和建议。

这些咨询服务包括但不限于前期决策、设计施工、项目管理、运营维护等方面。在进行数字城市建设之前,需要进行详实的前期规划和可行性研究,评估数字城市和CIM建设的必要性和可行性,制定出科学合理的数字城市和CIM建设方案。

案例 8-2　上海某片区 CIM 项目

该项目基于该板块产业环境及实际需求进行可行性研究,以确保项目成功实施。该研究主要包括CIM建设方案、资源利用方案、投资估算、资金筹措等内容的详实定制化分析,以确保项目在各方面都具备可行性和可持续性。该项目完整可行性研究服务内容大纲如图8-4所示。

一、概述	五、建设方案及内容	八、环保、公共安全卫生与消防
二、项目建设背景及必要性 1. 建设背景与依据 2. 现状及存在的问题 3. 项目建设必要性分析	1. 建设目标及定位 2. 建设内容 3. 系统架构 4. 技术路线 5. 运行环境 6. 系统建设方案 7. 运行维护方案 8. 技术方案比选 9. 主要软硬件选型原则和配置清单	九、节能分析
		十、项目组织与管理
三、产业环境与案例分析 1. 产业环境分析 2. 细分市场 3. 国内外典型案例分析		十一、投资估算及资金筹措 1. 测算依据和取费标准 2. 投资估算 3. 资金筹措方式与来源 4. 资金使用计划
四、需求分析 1. 用户分析 2. 业务需求 3. 关联系统分析 4. 功能需求 5. 性能需求 6. 安全需求 7. 数据资源需求 8. 信息共享 9. 信息公开	六、资源共享、利旧方案 1. 政府公共资源利用方案 2. 其他资源利用方案 3. 本项目可共享资源	十二、经济社会效益分析 1. 经济效益分析 2. 社会效益分析
	七、可行性分析 1. 技术可行性分析 2. 经济可行性分析 3. 安全与保密可行性分析 4. 运行管理可行性分析	十三、项目风险分析与控制
		十四、主要结论与建议
		十五、附件、附图、附表

图8-4　上海某片区CIM项目可行性研究服务内容大纲

2. 项目级项目

数字化智慧系统在项目的运营管理中扮演着重要角色。通过数字化平台，我们可以实现对项目的全面监管，包括投资管理、设备运行状态和安全监测等方面。数字化模型的应用为我们提供了更直观和精确的数据呈现方式。在数字化模型的支持下，我们可以更好地把握整个项目的运营情况，及时发现问题并解决，也可以通过数据分析来评估交通强度和投资强度等因素，为项目发展提供决策支持。

针对单体类数字化项目，投资决策综合性咨询同样可以在各阶段提供帮助。单体类项目各自具备不同的属性，衍生出不同的服务需求与限制，面向此类项目，我们更是要"量体裁衣"，针对项目的要求提供定制化的服务。

案例 8-3　某市某高中智慧校园建设规划

以某市某高中智慧校园建设规划为例，该校需要量身打造一个智慧校园的建设规划，以全方位提升校园运营管理成效。该智慧校园系统可以帮助学校实现信息化、自动化、智能化，使学校管理更加高效、精细、科学，提升学校整体的竞争力和影响力。通过数字化系统，学校管理人员可以实时掌握学校各项数据，从而更好地制定和调整管理策略。例如通过数字化系统实现课表、考试安排、选课等一系列教务管理工作；通过数字化平台提供在线课程、实时互动、教学资源共享等教学方式，实现数字化教学，提高教学质量和效率；通过数字化校园卡、智能化门禁、智能化安防等服务，实现智慧校园管理，提高校园的安全性和管理效率，方便师生的校园生活，提高学校的综合实力和管理水平。该智慧校园建设规划服务内容大纲如图8-5所示。

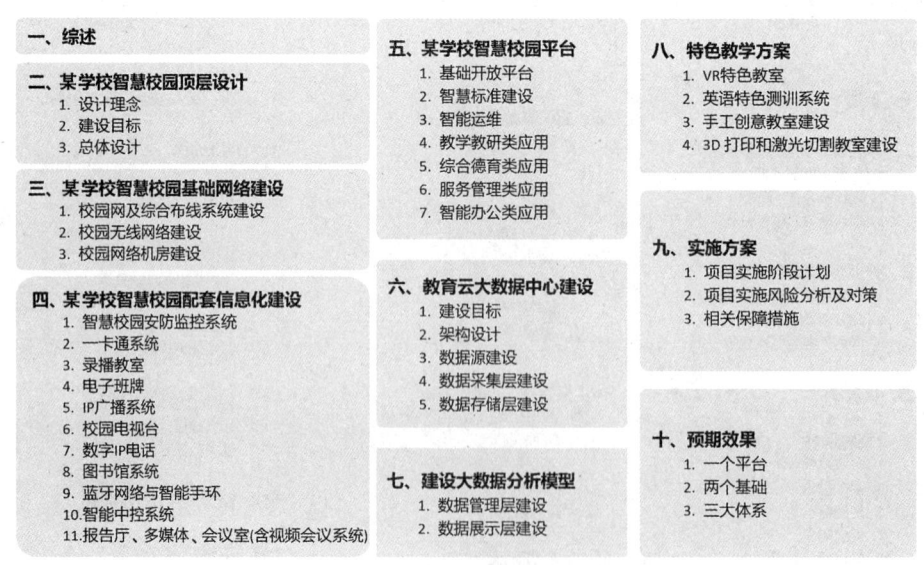

图 8-5　某市某高中智慧校园建设规划服务内容大纲

智慧校园总体规划的制定是一个系统工程,需要从项目整体的角度进行全盘考虑。在数字化层面,需要从时间轴上纵向考虑信息标准建设、公共基础系统建设、应用系统软件建设、信息安全建设、支撑体系建设等信息化建设项目合理的分步实施,也需要横向考虑这些项目的协调发展,并且要针对该学校的实际需求和业务流程的特点,制定合理的分步实施规划,充分体现学校的教育育人特色。

综合来看,数字化应用可以带来许多好处。无论是城市级还是项目级的数字化应用,都可以通过数字化系统提升管理人员的决策效率和管理水平。数字化应用可以提升运营主体的竞争力和发展潜力,帮助城市和项目主体更加快速、高效地响应目标需求和变化。

8.3.2 "数字+"项目

"数字+"项目的重点在于数字技术与传统行业项目的融合,以实现更高水平的自动化、智能化和智慧化生产、服务和管理。

数字技术对生产效率的提升和生产成本的降低作用是毋庸置疑的。以老板电器为例,其投资7.5亿元建立了行业首个数字化的智能工厂,大量应用5G、云计算、人工智能等先进技术。投入使用后生产效率提升45%,生产成本降低21%。一条生产线上的工作人员从220人减少到15人,专职负责设备维护、软件配置、订单处理等技术工作。除了老板电器,格力电器也建立了真正意义上的"黑灯工厂",实现了生产效率的提升和人力资源的降低,产值从原来的800亿元增长到了2 000亿元,而人员则由10万人缩减到8万人。小米公司则投资打造了年产100万部高端手机的"黑灯工厂",通过人工智能技术在效率上提升了60%,组装一部手机的成本下降了20%。这些数字化的工厂不仅提高了生产效率,降低了生产成本,还降低了对人力资源的依赖。

这些数据展示了数字化在工业生产中的重要性。随着数字化技术在各个领域的应用,未来数字化技术将在更多产业中得到应用,推动生产效率的提升,进一步促进经济的发展。在此背景下,各实体行业的数字化改造需求与日俱增,通过数字化技术,能够实现自动化、智能化管理和运营,提高建筑能效和舒适性,也为生产生活提供了更加便利的服务,既可以提升效率和安全性,又可以为其带来新的商业模式和盈利机会。但是,这些项目的投资规模庞大,投资回报周期长,需要进行全面、细致的投资决策综合性咨询,深入掌握项目的商业模式和运营机制,为其提供有效的投资建议,以保证投资的稳健性和可持续性。

投资决策综合性咨询通常在"数字+"项目建设的前期阶段就介入,从数字技术提升的角度进行市场、政策、技术等多个层面的分析,提供专业的可行性研究报告等文件,为项目决策提供数据支持和风险评估,也为项目的规划定位与投资策略提供指导,以全方位的专业服务为项目的建设和运营提供有力的支持。

"数字+"项目的咨询成果通常会融入原有建设项目的成果之中,因此其多在原有成果中以数字专篇形式展现,即在原有项目建设报告的基础上,增加数字化和智能化方面的内容,以便更好地展示"数字+"项目的咨询成果。这种呈现形式可以使项目成果更加贴合实际情况,也为项目实施提供更加便利和高效的咨询建议,有助于推动项目进程。

案例8-4　某企业海南生产支持基地建设项目

该项目前期阶段提供了详实的数字化建设咨询服务。在方案设计方面,从工程数字化建设、智慧园区建设、生产工艺数字化建设角度全面梳理出15项数字化进程,以数字化赋能技术创新和精益生产,构建了面向产品全生命周期的数字化信息链,如图8-6所示。并从建设投入及资金筹措等方面进行详细的概算及可行性论证,对数字化建设投资进行了完善的考量,确保数字化建设的综合收益最大化。最终指导该项目落实,助力业主打造具有核心竞争力的智能制造新模式,同时也为园区运营和发展提供了有力的支持和指导。

|-绿色低碳技术方案-|-碳排放计算-|-**数字化建设方案**-|

为落实总公司的数字化转型的总体目标,结合市场需求、研发设计、生产制造、售后运维等环节,构建面向产品全生命周期的数字化信息链,打造具有核心竞争力的服务数字化、过程透明化的智能制造新模式。建设以客户为中心的数字化研发设计,以车间现场为核心的透明化生产制造,巩固核心产品、掌握关键技术和制造档案,数字化赋能技术创新和精益生产。

- 建设思路　　工程数字化、生产数字化、园区数字化、管理数字化、服务数字化
- 建设原则　　先进性原则、实用性原则、开放性原则、经济性原则、集成性和可扩展性原则、标准化和模块化原则
- 系统架构

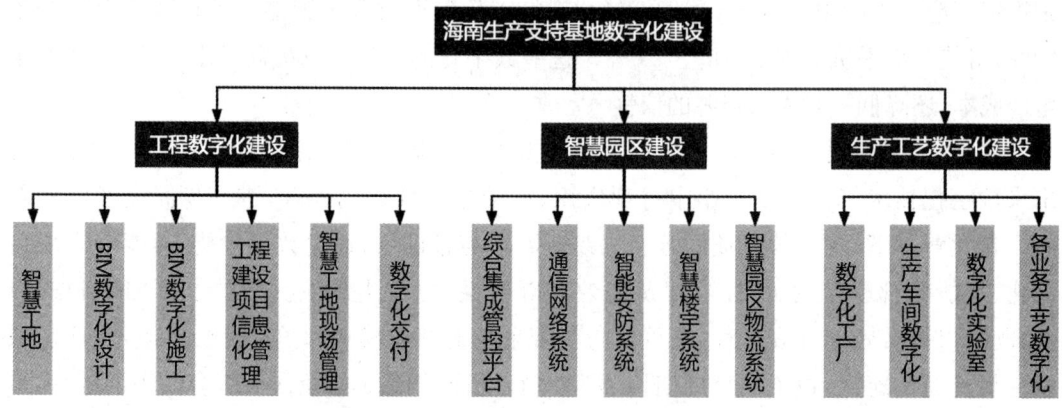

图8-6　某企业海南生产支持基地建设项目数字化专篇建设方案

在项目中,"数字化"与"数字+"并不是完全独立的两部分,在实际项目咨询过程中,往往会遇到二者并行的情况。依然以此项目为例,该项目的可行性研究报告数字化专篇涵盖了工艺数字化方案及工程数字化方案两大板块。其中工艺数字化可理解为"数字+"部分,是将原有的生产工艺、经营管理通过数字技术进行改造,从而提升经济效率;而工程数字化可理解为"数字化"部分,在工程建设中采用完全的数字化系统以加强建设施工效率。在这两部分的咨询成果中,都将数字化的投入、资金拨付计划以及实际效果作为重点纳入考量,

这也充分体现了前期咨询对于项目的重要性。该项目数字化专篇服务内容框架如图8-7所示。

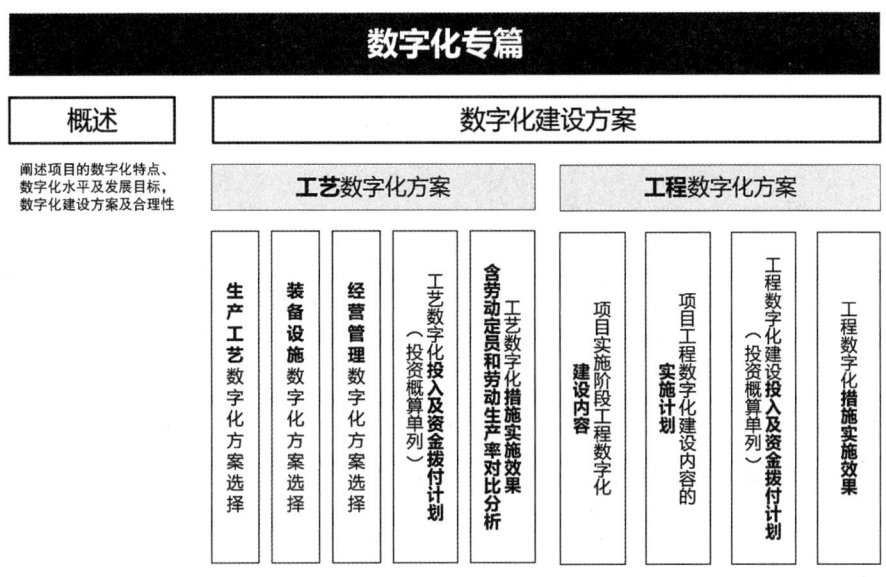

图8-7 某企业海南生产支持基地建设项目可行性研究数字化专篇服务内容

数字项目需要综合考虑技术方案的成本和效益，进行合理的资金投入规划，并根据项目实际进展和效果要求，及时挖掘资金来源，安排资金拨付。同时也需要对于数字化的实际效果进行科学、准确的预测和分析，以便为项目后续的管理和运营提供参考依据。只有在前期投资决策综合性咨询阶段充分考虑数字化的投入、拨付和效果，才能确保项目的顺利开展和有效实施，实现预期的效益和价值。

第 9 章

绿色低碳咨询

近年来,国际社会面对日益严峻的全球气候变化挑战,正在大力推行绿色低碳转型。中国一贯坚持绿色发展道路并积极参与全球性行动。随着我国"双碳"目标的提出和高质量发展的需求,投资决策综合性咨询与绿色低碳理念进一步融合。这不仅仅是政策法规的要求,也是投资项目适应经济高质量发展背景、保持可持续发展能力、提高国际竞争力的必然选择。

9.1 国内外双碳发展背景

联合国政府间气候变化专门委员会(Intergovermental Panel on Climate Change, IPCC)预警,如不立即采取有效的减缓政策和行动,到2100年全球平均表面温度相对工业化前将升高 3.7℃~4.8℃,海平面上升 0.6~0.8 m,造成不可逆转的全球性生态灾难。国际气候问题也逐渐从单纯的环境事务逐步升级为涉及国家和地区争取未来发展空间和选择发展道路的问题。

为了应对全球气候变化的灾难性后果,1992年《联合国气候变化框架公约》开放签署,2015年12月12日,近200个缔约方在巴黎气候变化大会上达成《巴黎协定》,协定长期温升目标。自2018年起,在《联合国气候变化框架公约》要求下,多国作出碳达峰碳中和承诺,几个主要的发达经济体和部分发展中经济体已经实现了碳达峰,部分发达经济体已经提出了实现碳达峰碳中和的预计年份,如表9-1所列。

表 9-1 部分国家和地区碳达峰碳中和时间承诺

国家和地区	碳达峰时间/年份	碳中和时间/年份
美国	2007	2050
欧盟	1990	2050
加拿大	2007	2050
韩国	2013	2050
日本	2013	2050
澳大利亚	2006	2040
巴西	2012	—

我国目前是全球 CO_2 排放大国。根据国际能源署（IEA）CO_2 排放量数据，2018 年，中国的 CO_2 排放量达到了 101 亿 t，位列全球第一位，占全球 CO_2 排放量的 27.6%；2019 年，中国碳排放量全球占比约 29%；在人均碳排放量上，在 2019 年达到 7.1 t/人，低于美国等发达国家，高于欧洲地区及部分发展中国家。

9.2 我国双碳目标实施路径

我国作为一个负责任的发展中大国，从"十一五"开始，就把节能降碳纳入国民经济和社会发展规划之中，积极推动产业结构调整、能源结构优化、重点行业能效提升，节能减排取得显著成效，为实现"双碳"目标奠定了实践基础。在历次的五年规划当中针对能源消耗和 CO_2 排放目标均作出相关部署，如图 9-1 所示。

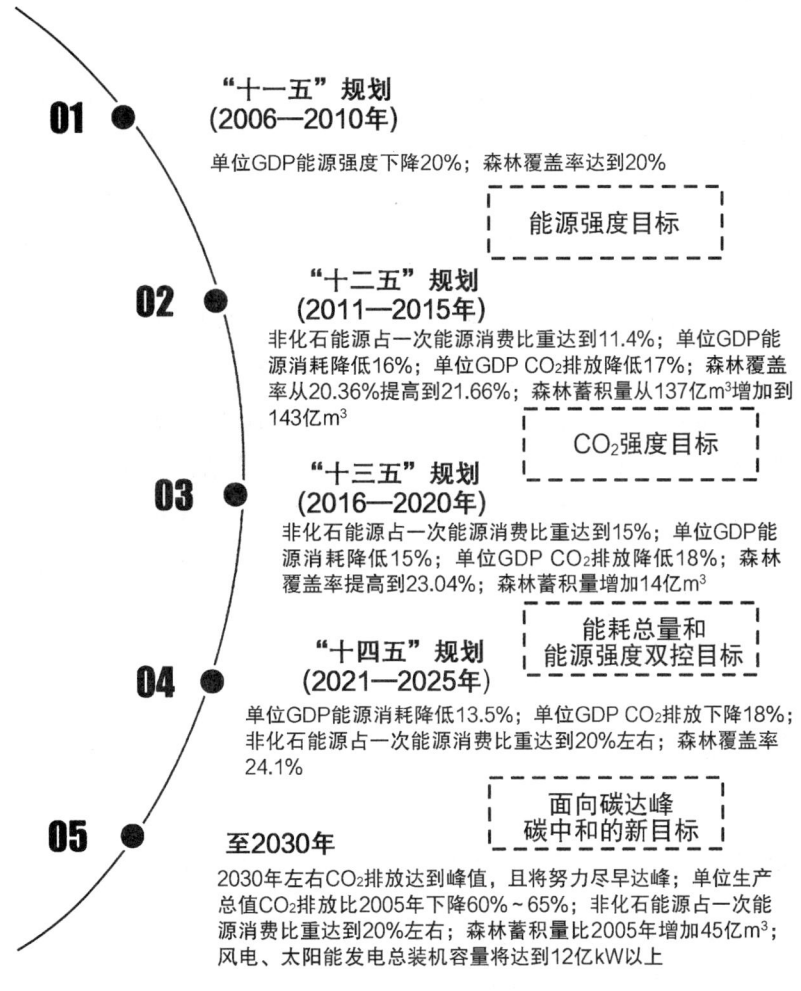

图 9-1 我国"十一五"时期以来能源与双碳目标和要求

2020年9月22日,习近平总书记在第75届联合国大会一般性辩论上发表重要讲话,表示中国将提高国家自主贡献力度,采取更加有力的政策和措施,CO_2排放力争于2030年前达到峰值,努力争取2060年前实现碳中和。2021年3月,政府工作报告中将"扎实做好碳达峰碳中和各项工作"列为重点工作之一,并指出将制定2030年前碳排放达峰行动方案,优化产业结构和能源结构,大力发展新能源。双碳目标的提出将我国的绿色发展之路提升到新的高度,成为我国未来数十年内社会经济发展的主基调和基本国策。

实现双碳目标,需要从全新视角审视既有的政策、经济、社会体系和结构,也势必会给现行社会经济体系带来一场广泛而深刻的系统性变革。2021年10月,《关于完整准确全面贯彻新发展理念做好碳达峰碳中和工作的意见》(中发〔2021〕36号)(以下简称《意见》)和《2030年前碳达峰行动方案》(国发〔2021〕23号)(以下简称《方案》)相继印发,"双碳""1+N"政策体系的顶层设计出炉,"双碳"被纳入经济社会发展和生态文明建设整体布局。《意见》在十个方面提出31项重点任务,如图9-2所示;《方案》提出十大行动,如图9-3所示。

各地方各部门也陆续明确"双碳"时间表和路线图,出台能源、工业、交通运输、城乡建设等重点领域、重点行业碳达峰实施方案以及重要科技支撑等一系列保障方案,加速优化产业结构和能源结构。

此外,未来国际形势的长期不确定性和由经济体制改革带来的高质量持续动力,打造国内、国际双循环相互促进的格局成为我国的必然战略选择。"十四五"规划提出的"社会主义现代化"目标,强调"协同推进经济高质量发展和生态环境高水平保护",加快形成节约资源和保护环境的产业结构、生产方式、生活方式、空间格局,走生态优先、绿色低碳的高质量发展道路。高质量发展需要秉持经济发展、民生指向和系统平衡的发展观,实现从量变到质变的转型过程。这一转变使得经济运行更有效率、产业结构更加合理、企业提供的产品和服务具有更高品质,最终实现经济发展更加可持续、生态环境更加绿色、社会分配更加公平。"双碳"目标的提出和逐步落地实践,以强约束和明确目标倒逼产业转型升级,提高经济增长质量,助力打破"碳壁垒",畅通国际大循环,有利于改善生态,创造绿色民生环境,为实现经济高质量发展和促进生态环境改善带来全新的机遇。

9.3 绿色低碳咨询服务

9.3.1 城乡建设领域是实现"双碳"目标的重要工作方向

城乡建设是碳排放的主要领域之一。据统计,全国建筑能耗包括建材生产、施工建造和运行维护,占全社会总能耗的45.5%,其中运行能耗约占22.3%,如图9-4所示。随着城镇化快速推进和产业结构深度调整,城乡建设领域碳排放量及其占全社会碳排放总量比例均将进一步提高。"十四五"时期是开启全面建设社会主义现代化国家新征程的第一个五年,

第9章 绿色低碳咨询 | 165

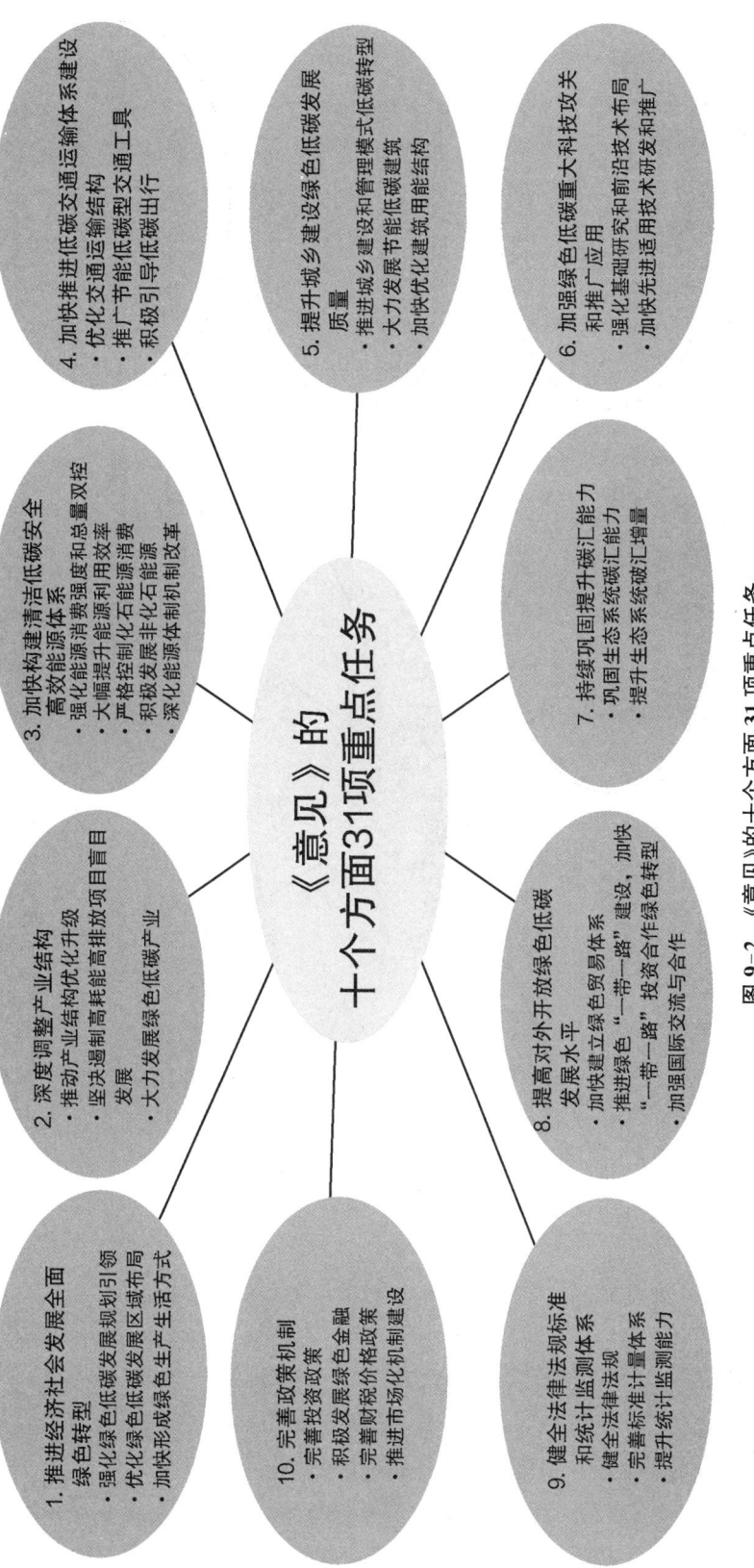

图9-2 《意见》的十个方面31项重点任务

资料来源：2030碳达峰行动方案5大看点&最新政策汇总[J].证券研究报告.2021。

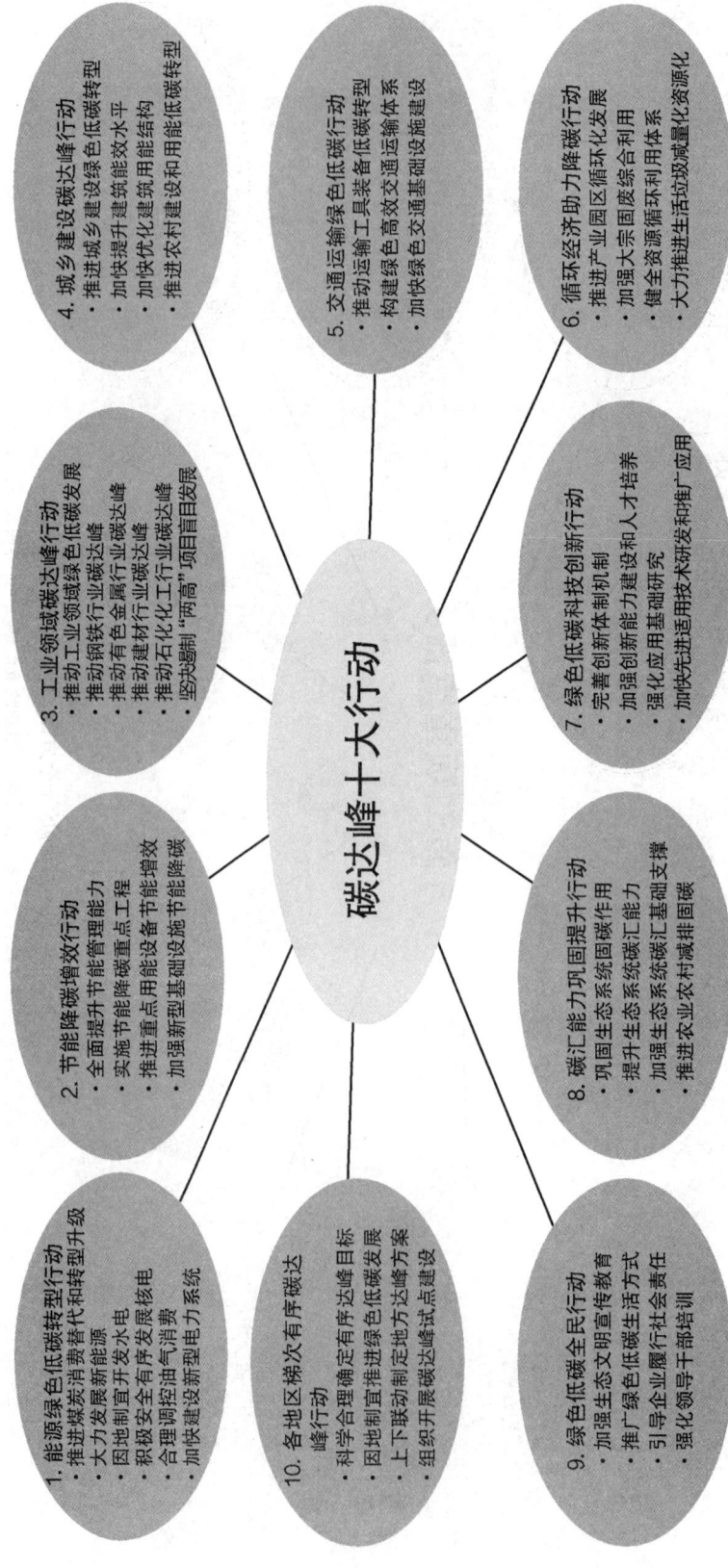

图 9-3 《方案》的十大行动

资料来源：2030 碳达峰行动方案 5 大看点 & 最新政策汇总[J]. 证券研究报告, 2021。

是落实 2030 年前碳达峰、2060 年前碳中和目标的关键时期,而建筑业是我国能源消耗和碳排放的最重要产业之一,也是我国实现碳达峰、碳中和的重要力量。

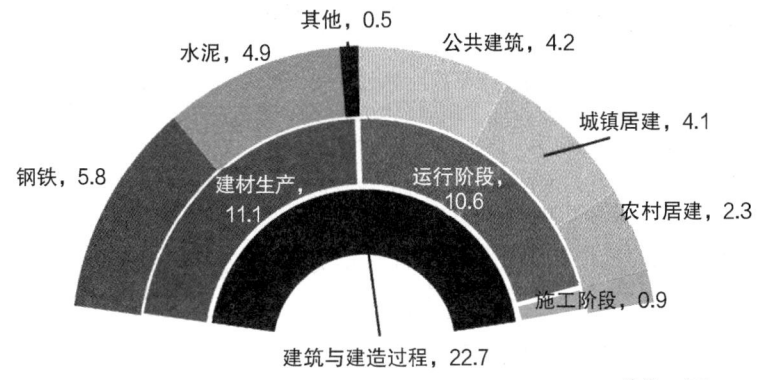

图 9-4 我国建筑与建造能耗及结构(2022 年)

资料来源:2022 中国建筑能耗与碳排放研究报告。

《方案》也同样明确要求加快推进城乡建设绿色低碳发展,城市更新和乡村振兴都要落实绿色低碳要求。2022 年 2 月印发的《"十四五"建筑节能与绿色建筑发展规划》(建标〔2022〕24 号)和 2022 年 6 月 30 日印发的《城乡建设领域碳达峰实施方案》(建标〔2022〕53 号)里重点强调,建设绿色低碳城市、建设绿色低碳社区、建设绿色低碳住宅、全面提高绿色低碳建筑水平、推进绿色低碳建造、打造绿色低碳县城和乡村、推进绿色低碳农房建设、构建绿色低碳转型发展模式是深入贯彻落实碳达峰碳中和决策部署,控制城乡建设领域碳排放量增长,切实做好城乡建设领域碳达峰工作的重要举措。自"双碳"顶层设计文件颁布两年间,城乡建设领域发布了 11 项重要政策文件,为各地各类型项目的开展提供了明确的指导和依据,如表 9-2 所示。

表 9-2 我国城乡建设领域双碳政策体系(部分)

发文机构	政策文件	发文时间
中共中央办公厅 国务院办公厅	《关于推动城乡建设绿色发展的意见》(中办发〔2021〕37 号)	2021 年 10 月
住房和城乡建设部	《"十四五"建筑业发展规划》(建市〔2022〕11 号)	2022 年 1 月
国务院	《"十四五"推进农业农村现代化规划》(国发〔2021〕25 号)	2021 年 11 月
住房和城乡建设部	《"十四五"住房和城乡建设科技发展规划》(建标〔2022〕23 号)	2022 年 3 月
住房和城乡建设部	《"十四五"建筑节能与绿色建筑发展规划》(建标〔2022〕24 号)	2022 年 3 月
农业农村部、国家发展和改革委员会	《农业农村减排固碳实施方案》(农科教发〔2022〕2 号)	2022 年 5 月

(续表)

发文机构	政策文件	发文时间
住房和城乡建设部 国家发展和改革委员会	《城乡建设领域碳达峰实施方案》（建标〔2022〕53号）	2022年6月
农业农村部、国家发展和改革委员会、生态环境部、中国人民银行、中华全国供销合作总社	《建设国家农业绿色发展先行区 促进农业现代化示范区全面绿色转型实施方案》（农办规〔2022〕15号）	2022年9月
财政部	《关于扩大政府采购支持绿色建材促进建筑品质提升政策实施范围的通知》（财库〔2022〕35号）	2022年10月
国家林业和草原局、农业农村部、自然资源部、国家乡村振兴局	《"十四五"乡村绿化美化行动方案》（林生发〔2022〕104号）	2022年10月
工业和信息化部、国家发展和改革委员会、生态环境部、住房和城乡建设部	《建材行业碳达峰实施方案》（工信部联原〔2022〕149号）	2022年11月

9.3.2 综合性咨询服务是提升城乡建设低碳水平的有力抓手

1. 绿色低碳对投资决策综合性咨询的要求

2021年9月8日，住房和城乡建设部发布工程建设标准《建筑节能与可再生能源利用通用规范》（GB 55015—2021），要求从2022年4月1日起，新建、扩建和改建建筑以及既有建筑节能改造均应进行建筑节能设计。建筑项目可行性研究报告、建设方案和初步设计文件应包含建筑能耗、可再生能源利用及建筑碳排放分析报告。

2022年11月10日，科技部印发《"十四五"国家高新技术产业开发区发展规划》（国科发区〔2022〕264号），鼓励发展绿色低碳技术咨询、碳资产开发管理、第三方合同能源管理、环保管家等服务业态，强化绿色产品、绿色装备、绿色低碳解决方案供给。

2023年3月23日，国家发展和改革委员会发布《关于印发投资项目可行性研究报告编写大纲及说明的通知》（发改投资规〔2023〕304号），从推动实现高质量发展的角度，特别强调了碳达峰碳中和分析等体现新发展理念要求的可行性研究内容，政府投资项目和企业投资项目的资源环境要素保障要分析拟建项目碳排放强度和污染减排指标控制要求等。对于高耗能、高排放项目，在项目能源资源利用分析的基础上，预测并核算项目年度碳排放总量、主要产品碳排放强度，提出项目碳排放控制方案，明确拟采取减少碳排放的路径与方式，分析项目对所在地区碳达峰碳中和目标实现的影响。

2023年3月28日，国家发展和改革委员会公布《固定资产投资项目节能审查办法》（国家发展和改革委员会令2023年第2号），要求具备碳排放统计核算条件的项目，应在节能报告中核算碳排放量、碳排放强度指标，提出降碳措施，分析项目碳排放情况对所在地完成降碳目标任务的影响。政府投资项目：建设单位在报送项目可行性研究报告前，需要取得节能审查机关出具的节能审查意见。企业投资项目：建设单位需在开工建设前取得节能审查机关出具的节能审查意见。未进行节能审查或节能审查未通过的项目，不得开工建设，已经建成的不得投入生产使用。

投资项目,特别是高耗能、高碳排放的投资建设项目是增加温室气体排放的重要源头。在投资决策的过程中,高度重视绿色减碳是从源头上严格控制化石能源消费、提升能源利用效率,积极发展非化石能源,推动低碳技术实施,促进经济社会发展实现绿色低碳转型,主动减少温室气体排放的积极措施,是助推实现碳达峰碳中和目标任务的重要举措。

2. 绿色低碳在投资决策综合性咨询中的服务内容

由于"双碳"的背景要求加深、政策压力的逐步传递,城乡建设领域注定将逐步走向"低碳"甚至是"零碳",建筑和基础设施的碳排放由材料的生产、运输、施工安装、运营维护、废弃等阶段而来,其中项目在运营过程中消耗的不可再生能源产生的碳排放往往能占到全生命周期碳排放的60%~80%。工程咨询作为建设工程项目宏观视野最宽和方向指导最早的服务方,能够低成本、高效能地引导项目运营的低碳规划、敲定更加绿色环保的设计方案和实施方案,因此对于提升项目节能要求、实现绿色目标、促进落实低碳运营有着重要的意义和责任。

投资决策综合性咨询应当为项目制定适宜的绿色技术体系和低碳减排目标。在项目决策阶段、方案阶段、设计阶段对多方责任单位提供全方位、有针对性的技术咨询及评价申报服务。具体服务阶段及内容如表9-3所列。

表9-3 投资决策综合性咨询在绿色低碳项目中的服务内容

项目阶段	服务内容
研究低碳建筑技术可行性	调研项目所在地广泛运用的绿色低碳技术; 调研适用于本项目类型的成熟、可行的示范技术; 调研适用于本项目类型的前瞻、时效的特色技术; 开展相关碳汇技术的研究
提供初步低碳技术方案	针对项目预期绿色低碳能力和以上技术组合进行技术论证,强调被动式措施、主动式措施、碳汇方案和必要配套完善措施的有机结合; 对初步形成的绿色低碳方案开展技术评审和可行性评估
组织分析项目运作的重点和难点	对初步方案的评估工作进行拓展分析,对于项目中应用绿色低碳技术可能存在的技术重点和难题,初步拟定制定低碳建筑项目实施建议的工作方案,为后续绿色低碳设计方案、绿色低碳专项施工方案、绿色低碳运营管理制度等文件形成技术引导
针对初步技术方案进行成本增量测算	通过逐项对比相似项目、调研当地项目、研究相关示范工程等方式,基于价值工程角度对初步绿色低碳方案开展成本增量测算,并对技术方案有反馈和调整; 针对项目中绿色低碳专项部分投资控制风险进行分析和建议; 针对潜在、可行的绿色低碳补贴政策进行对比分析

总体来看,针对绿色低碳需求的投资决策综合性咨询应当按照"明确规划—实施路径—绩效展现"的方式开展,明确国家政策、地方政策、行业政策、建设单位战略,制定绿色

低碳目标，并根据合理的可行性技术拟建技术方案；在项目开展实施中保持落地过程、技术要求和整体规划相协同；在项目建成运营的过程中保持减排绩效的追踪和管理，并进行一系列相关认证的获取。在理清开展方式的同时，保障对项目全过程的投资控制和成本分析以及全生命周期的管理制度和技术体系的建立。

3. 绿色低碳咨询服务的难点

1) 温室气体排放量核查和碳计量

计算项目温室气体排放量和减排量是综合性咨询进行碳达峰碳中和分析的难点。碳达峰碳中和分析应通过对比采取碳减排措施前后的强度指标，评价项目建设和运营对项目所在地碳排放总量和强度目标（如万元 GDP 碳排放强度）的影响。必要时，还应评价项目建设和运营对行业、区域碳排放总量和强度目标（如单位产品碳排放强度）的影响，并分析项目全生命周期的减碳效果。

2) 建立可持续发展管理体系

从项目全生命周期的角度来看，投资决策综合性咨询不仅仅要聚焦于项目的开展和落地过程，针对项目的后期运营也应当投入足够多的关注度。可持续的项目管理体系的建立应当是科学规划先行，进一步推动标准化管理流程、组织保障方案、操作规范等制度同时制定，来支持可持续发展工作。按照项目特征划分绿色绩效指标体系，通过一系列的数字化和智能化措施保障运营过程的绿色低碳效果。

3) 绿色低碳技术对于投资成本的影响

绿色低碳技术成本增量定义比较难定的一个方面，主要涉及两个关键点：一个是基准成本不好界定，额外技术方案与基准方案的边界难以划分；另外一个是绿色技术涉及技术种类较多，其中仅绿色建筑技术就涉及 138 项（新国标 110 项）技术细目。

从相对成本角度考虑，可以将绿色低碳技术分为四类。

（1）负增量成本技术：不仅不会增加建筑成本，反而能够降低建筑成本的技术，如使用本地建材、本地绿化植株、优化建筑结构体型、优化控制人均用地面积等。

（2）零增量成本技术：在方案规划、设计阶段进行方案优化，采取措施选用被动节能技术，改善室内声光和热湿环境，如自然采光、自然通风、噪声控制等。

（3）低增量成本技术：指在经济、技术合理的前提下，采取投资回收期短、效益明显的技术，如强化外围护结构保温隔热、太阳能热水技术、节能灯具、节水洁具、节水灌溉、透水地面、屋顶绿化、自动温控装置等。

（4）高增量成本技术：指投资回收期长，需要投入成本较大的技术，如太阳能光伏技术、带自控装置的可调节外遮阳、智能微电网、储能技术等。

随着"被动技术优先、主动技术优化"等绿色低碳理念认知的不断深入，许多增量成本低、地域适应性好、技术体系成熟的绿色低碳技术逐渐被市场接受，使得绿色低碳增量成本呈不断下降趋势；加之国家及地方政府资金补贴，抵消了以建筑领域为主的绿色低碳措施大部分的增量成本。同时，除极个别绿色低碳项目外，一般绿色低碳项目经过合理的规划后,在 5~10 年内均能收回绿色技术所带来的成本增量,经济效益明显。

9.4 绿色低碳咨询实践

案例 9-1 某央企创新中心智慧低碳示范园区项目

该项目中明确了"绿色低碳、智能互联"的设计理念,达到绿色建筑三星级标准,同时设立被动式节能建筑、多能互补、源网荷互动等目标,打造国际领先的智慧低碳示范园区。

9.4.1 项目背景及定位

2017 年 4 月 1 日,中共中央、国务院决定设立雄安新区,这是以习近平总书记为核心的党中央作出的重大历史性战略选择,是千年大计、国家大事。2021 年 4 月 15 日,孙春兰副总理在雄安新区召开现场办公会;2021 年 4 月 29 日,韩正副总理到新区主持召开京津冀协同发展领导小组会。雄安新区已从规划建设为主,进入承接北京非首都功能和建设同步推进的重要时期。建设方上层单位全面贯彻落实党中央、国务院决策部署,规划在启动区打造国际一流的能源互联网产业雄安创新中心,为雄安新区高标准、高质量建设和发展贡献力量。

雄安创新中心项目坚持"世界眼光、国际标准、中国特色、高点定位",确定本项目"新兴产业创新中心、服务'双碳'示范中心、创新成果展示中心"三个中心的定位,遴选在京高端高新优质产业资源向雄安新区集聚,案例项目园区"三个中心"目标如下。

新兴产业创新中心:构建"基础研发+智能装备+信息服务+平台生态"为一体的战略性新兴产业雄安创新中心。

服务"双碳"示范中心:打造国际领先的智慧低碳示范园区,将雄安园区建成公司服务"双碳"目标、面向新型电力系统的能源互联网示范中心。

创新成果展示中心:集中展示公司在新兴产业创新成果、服务"双碳"目标方面取得的成效,彰显"中国引领",打造成果展示中心。

9.4.2 投资决策综合性咨询工作的开展

1. 绿色低碳目标的确立

本项目首先确定了聚焦"智慧低碳园区"的核心目标,力争在可再生能源利用、园区电气化、建筑能耗节能、近零碳等方面达到国际领先水平。首先是建成零碳建筑、全电化近零碳园区,获得园区建筑绿色三星认证的近期目标,以及实现园区 100%采用可再生能源,100%电碳交易,实现园区零碳排放的远景目标。

2. 低碳技术方案的形成

咨询方协同建设单位、设计单位、专业顾问等相关各方,明确了"采用被动式节能设计和主动式节能技术相结合"的基本技术思路,通过建筑被动式节能设计,显著降低建筑供暖、空调和照明的需求;采用主动式节能技术,运用高效能源设备,实现系统优化运行和精细管理,提高园区能源系统运行效率,充分利用建筑本体可再生能源,通过蓄能与碳汇实现园区近零碳,并为项目园区打造全生命周期近零碳、新型电力系统、数智化运管三大突出亮点,如图9-5所示。

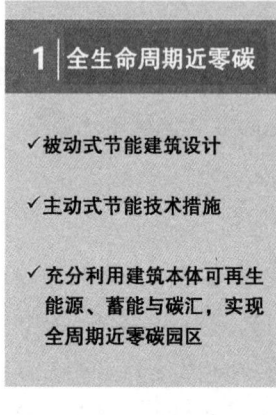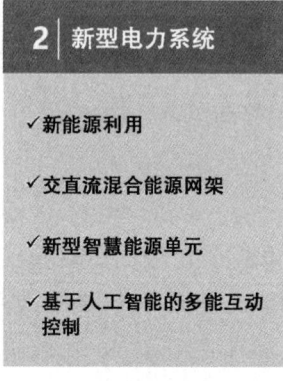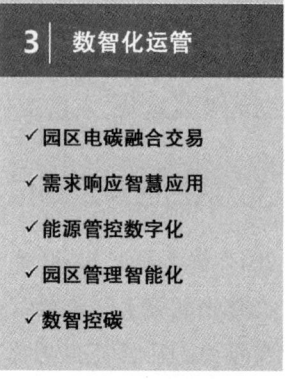

图 9-5 案例项目园区突出特色

3. 咨询服务的重点任务和重点工作

咨询方结合雄安新区启动区先行先试建设要求,充分利用雄安地热、光照等资源,结合园区低碳化、数字化、智能化需求,建设全电园区,实现"清洁节能低碳示范、负荷柔性互动示范、园区电碳交易示范、园区智慧运营示范"四类典型示范目标,将雄安创新中心打造成集综合示范、新技术应用、宣传展示为一体的国际领先的智慧低碳示范园区标准样板。同时,本项目中投资决策综合性咨询围绕项目全过程的四大专项维度、25个子项持续开展技术、经济、管理等方面的论证分析,形成一系列成果文件,支撑项目绿色低碳需求的落地,如表9-4所列。

表 9-4 示范性专项目标分析内容

示范性专项目标	论证分析子项	
清洁节能低碳示范	光伏发电系统 清洁冷热能源站 全电绿色厨房 多功能智慧路灯	智能充电桩 新能源体验广场 直流零碳建筑
负荷柔性互动示范	低压多端柔直环网 源网荷储协调控制	全景智慧配电房 新型智慧能源单元
园区电碳交易示范	电力交易 碳交易 需求侧响应—市场侧 灵活性资源—市场侧	碳普惠 电碳融合交易 电碳统一账本 电碳交易示范大屏全景展示

(续表)

示范性专项目标	论证分析子项	
园区智慧运营示范	园区全景态势感知 园区智能管理 能源智慧管控	全景碳监测 智慧运营平台基础支撑 智慧低碳运营指挥中心

9.4.3 绿色低碳绩效

该项目建成国内首个满足新国标要求的近零碳园区,打造国内大规模常态化运营的园区多端低压柔直环网系统,首个园区级电碳融合交易示范样板,国内领先的BIM全过程管理和运营的数字孪生智慧运维系统,构建首个园区智能管理、能源智慧管控、碳资产全景监测三位一体的智慧低碳运营体系,实现创新中心五大引领。

在顶层规划、建设实施、管理运营三个维度的基础上,投资决策综合性咨询服务方同时进行了碳计量和增量投资收益分析,在证明目标落实和行动有效性的同时,通过持续观测和结果解释的绩效展现方式,推动绿色低碳的进一步发展。

该项目绿色低碳评价体系及实施效果见表9-5。

表9-5 案例项目绿色低碳评价体系

专项分析	子项评估	
园区能源及低碳指标分析	园区光伏发电 园区能耗分析	园区清洁目标 园区碳排放分析
智慧低碳增量投资收益分析	增量投资测算 直接经济收益	收益评估

案例项目绿色低碳效果如下。

(1) 零碳建筑,全电化近零碳园区,园区建筑绿色三星认证。

(2) 新能源装机占比超过10%,发电量占比约17%,就地消纳100%。

(3) 可再生能源利用率约90%;柔性可调负荷约6.0 MW,占比超40%。

(4) 交直流转供负荷约6.0 MW,直流负荷近7.0 MW。

第 10 章

环境、社会及公司治理（ESG）

环境、社会及公司治理（Environment, Social and Governance; ESG）是一种关注企业环境、社会和治理绩效的投资理念。ESG 评价区别于传统财务指标，是现代社会责任投资和可持续发展的重要组成部分，是衡量企业、政府、产业、项目层面，在环境、社会和治理三个维度综合表现的评价标准和投资理念。在碳达峰、碳中和逐渐成为全球共识的今天，ESG 已然成为主流投资理念。港交所及国际资本市场对 ESG 报告都有强制要求，但证监会、沪深交易所对公司 ESG 信息披露的监管文件仍处于自愿披露为主的阶段，并没有对建筑企业 ESG 信息披露格式规范、指标体系、操作步骤等具体内容作详细、可参考的标准说明，进而造成披露形式多样、缺少量化、信息结构化难度大、ESG 关键议题的数据可靠性低、整体可比性差。

在我国"双碳"目标的大背景下，绿色金融的发展将会提速。绿色建筑和绿色基础设施作为绿色发展的重要组成部分，监管部门也从投资规模、业务创新、机制完善等多个角度鼓励金融机构支持绿色城乡建设发展。建筑行业 ESG 表现和绿色低碳转型的发展将深刻影响建筑企业乃至建筑项目能否拥有更加丰富的融资渠道。

10.1 ESG 评价的国内外现状

有关 ESG 的构想，最早出现在 1992 年联合国环境规划署金融倡议（United Nations Environment Programme Finance Initiative, UNEP FI）。2004 年，联合国全球契约组织（United Nations Global Compact, UNGC）发布《在乎者即赢家》报告，首次提出 ESG 的理念，作为投资决策重要的参考因素。2006 年，UNGC 和 UNEP FI 共同发布了负责任投资原则（PRI），ESG 理念在欧美国家逐渐成为一种新兴的投资方式。2007 年，高盛集团在研究报告中将环境、社会和公司治理因素整合，并纳入投资决策中，明确提出 ESG 概念。此后，许多国际组织、投资机构和第三方机构不断深化 ESG 的内涵，丰富评价标准，逐渐形成了系统的信息披露标准和绩效评估方法。2018 年，世界银行发布《将环境、社会和治理因素纳入固定收益投资决策》报告，也将 ESG 作为投资决策的重要框架。

国际上有关 ESG 评级指数较多，比较有影响力的指数有明晟（MSCI）、英国富时

(FTSE)、汤森路透(Thomson Reuters)、道琼斯(Dow Jones)、晨星(Morning Star)等。

我国探索ESG评价最早可追溯至20世纪70年代末的环境影响评价制度。有关ESG评价的要求主要针对上市公司,如国家环保总局发布的《关于企业环境信息公开的公告》(环发〔2003〕156号),环境保护部发布的《上市公司环境信息披露指南》,主要是有关披露的标准和披露的内容。中国质量监督检查检疫总局和国家标准化管理委员会也发布了一些指引,如《社会责任指南》(GB/T 36000—2015)、《社会责任报告编写指南》(GB/T 36001—2015)、《社会责任绩效分类指引》(GB/T 36002—2015)等。中国证监会发布了《公开发行证券的公司信息披露内容与格式准则第2号〈年度报告的内容与格式〉(2017年修订)》(证监公司字〔2007〕212号)、《上市公司治理准则(修订)》(证监发〔2018〕29号)。中国证券投资基金业协会发布了《绿色投资指引(试行)》。

目前,国内ESG评价体系主要有中国证券投资基金业协会ESG评价体系、中国工商银行ESG评价体系、商道融绿ESG评价体系、嘉实ESG评价体系、中央财经大学绿色金融国际研究院ESG评价体系等,具体如表10-1所示。

表10-1 国内主要ESG评级体系

评级机构	覆盖范围	ESG评价体系构成
中证	A股和港股上市的公司	3个维度、14个主题、22个单元和180余个指标
华证	全部A股上市公司,2 000+债券主体	一级指标3个、二级指标14个、三级指标26个以及超过130个底层数据指标
中债	近5 000家公募信用债发行主体,其中上市公司700余家,其余均为非上市公司	3个评价分项,14个评价维度,39个评价因素,160余个具体计算指标
社投盟	沪深300成分股	由"筛选子模型"和"评分子模型"两部分构成。"筛选子模型"包括6个方面、17个指标;"评分子模型"包括3个一级指标、9个二级指标、28个三级指标和57个四级指标
商道融绿	1 700+上市公司	3个维度、13项分类议题、200多项三级指标,来源于1 000余个数据点
中诚信绿金	4 000+A股和H股上市公司,900+发债主体	3个维度,16个一级指标,50+二级指标,140+三级指标,240+四级指标;40+ESG行业评级模型
中财大绿金	涵盖上市公司与债券发行主体两个层面,共4 000+企业	3个维度;负面行为与风险的定性与定量指标
润灵环球	中证800成分股	针对GICS 68个行业分类中的56个行业,共识别3大类议题,涉及100多个指标
微众揽月	711家上市公司	3个维度,41个二级指标;短期ESG风险波动(脉动分)、长期ESG质量评价(洞察分)、近一年改善ESG表现的努力(动量分)
万得	800+上市公司	3个维度,27个议题,300+指标

10.2 ESG 评价原理

10.2.1 经济外部性理论

外部性,又称外部效应和溢出效应,是经济学的重要研究对象,为政府在市场机制之外对企业经营活动和信息披露进行管制提供理论依据。2004 年,《国务院关于投资体制改革的决定》(国发〔2004〕20 号)发布后,我国对企业投资项目实行核准制,主要关注项目建设带来的环境、社会等外部影响。ESG 报告不仅应该披露企业或项目经营活动派生的负外部性,也应该披露其正外部性。对负外部性实施惩罚性政策,可以矫正企业或项目法人在环境方面的外部性行为,但监督成本往往高昂;对正外部性采取激励性政策,则可以更有效地引导企业或项目实现低碳发展、绿色转型,显著降低监督成本。

10.2.2 可持续发展理论

可持续发展理论是对人类中心主义的传统发展模式带来的环境和社会问题不断反思,对过度工业化警醒后逐渐形成的。20 世纪 70 时代,罗马俱乐部的《增长的极限》是一种悲观思想;在后续的索洛模型中,经济发展停滞问题可以通过技术进步解决。但是在技术层面的进步之外,还必须要考虑环境和社会问题。2015 年,联合国发布了《2030 年可持续发展议程》,可持续发展成为全球的共识。可持续发展理论体现了包容性发展的理念,要求统筹兼顾社会(People)、环境(Planet)和经济(Prosperity)的可持续发展问题。联合国欧洲经济委员会(United Nations Commission for Europe,UNECE)提出的"以人为本(PPP)",就是希望 PPP 项目贯彻落实联合国可持续发展目标(Sustainable Development Goals,SDGs)。

10.2.3 企业社会责任理论

社会责任理论主要包括股东至上主义和利益相关者主义。股东至上主义主张企业应当只对股东负责,努力实现利润最大化或股东价值最大化。利益相关者主义的兴起,迫使企业除了提供财务报告之外,还必须编制和提供以利益相关者为中心的 ESG 报告,以满足利益相关者评价企业是否有效履行社会责任的信息需求。有关社会责任评价的具体理论很多,其中金字塔理论将企业责任自下而上分为经济责任、法律责任、伦理责任和慈善责任。我国早在 1992 年就试行项目法人责任制,后来不断修订完善;在项目环境影响评价、社会稳定风险评估中逐步引入公众参与机制。

10.3 ESG 咨询服务内容

10.3.1 ESG 报告编制

ESG 报告作为 ESG 信息披露的主要途径,有利于政府、市场和个人有效获取更加真实客观的 ESG 信息、更好地评价 ESG 行为，并准确地评估其运营的可持续性。开展 ESG 报告编制前，应当首先理清 ESG 评价的维度，包括以下几个方面。

1. 报告信息的可得性
(1) 发布 ESG 报告计划周期。
(2) 报告编制具有明确的参照标准。

2. 报告的完整性
(1) 披露范围与财务报告一致。
(2) 具有报告编制说明/ESG 各层面的披露情况。

3. 报告的平衡性
客观披露正面与负面信息。

4. 报告的实质性
(1) 实质性议题识别与分析。
(2) 提供 3 年关键量化管理目标及绩效表。

5. 报告量化可比性
(1) 披露关键量化绩效的计算方法。
(2) 董事会层面 ESG 的管理架构/董事会对 ESG 的管理责任。
(3) 真实性承诺。

6. 报告可靠性
流程效力说明。

7. 报告可理解性
(1) 专业词汇解释。
(2) 信息数据和图表化。

通过七个维度完成 ESG 评价分析后，应当基于企业 ESG 报告所针对的报告对象，选择适合的报告指标指引并进行 ESG 报告的编制过程，选择 ESG 报告编制的所参考的标准不宜过多，2~3 个为宜，可以参考的报告体系主要为以下三类。

① 以 GRI《可持续发展报告标准》、SASB 准则为代表的国际报告标准；

② 国内外主要交易所 ESG 信息披露要求的报告体系，如纳斯达克证券交易所《环境、社会及管治报告指南》等；

③ 其他可以参考的报告体系，如明晟 ESG 评级、富时罗素 ESG 评级等。

明确报告编制的依据后，需要确定报告范围涵盖了企业哪些业务以及哪些运营主体。通常建议企业 ESG 报告所涵盖的业务范围和运营主体应与公司财务报告或其他相关报告的范围保持一致。如果 ESG 报告范围无法与财务报告范围保持一致，可以按照确定的主要环境、社会及管治风险来界定，或纳入除公司主体外，产值或净利润占比超过 10% 的子公司。

基于报告编制依据、选取的涵盖范围、企业自身战略目标和核心价值、行业常见风险与机遇以及利益相关者的期望,实质性议题得以选取。ESG领域所涉及的议题众多,从环境范畴的气候变化、能源管理、废物和污染防治等,到社会范畴的职工健康与安全、产品质量安全、数据安全与隐私保护、供应链管理等,再到公司治理范畴的股权架构、股东利益的平衡保护、董事会独立性与多样性、各项风控(如反腐败、反贿赂等),几乎贯穿了企业的各项事务。尽管一家企业可能涉及众多的ESG议题,但是并非所有议题都值得列入ESG报告。只有足够重要的议题才能构成"实质性议题"。实质性议题是指企业在创造价值的过程中对经济、环境和社会具有重大影响,或实质上影响利益相关方评价和决策的问题,同时这也是贯穿报告的重要线索。

针对不同行业ESG议题属于实质性议题或非实质性议题的选取,可以参照的标准较多,以相对常见的可持续会计准则理事会(Sustainability Accounting Standards Board,SASB)为例,SASB依据77个行业分类系统作了整理,其中工程与建筑服务SASB标准(Engineering & Construction Services SASB Standards)建议的议题如表10-2所列。

表10-2 SASB标准建议议题

议题	类别	索引
项目开发对环境的影响	量化和讨论分析	IF-EN-160a.1,IF-EN-160a.2
结构完整性与安全性	量化	IF-EN-250a.1,IF-EN-250a.2
劳动力健康与安全	量化	IF-EN-320a.1
建筑物和基础设施的生命周期影响	量化和讨论分析	IF-EN-410a.1,IF-EN-410a.2
企业组合对气候的影响	量化	IF-EN-410b.1,IF-EN-410b.2,IF-EN-410b.3
商业道德	量化和讨论分析	IF-EN-510a.1,IF-EN-510a.2,IF-EN-510a.3

我国的ESG报告在编制的过程中,识别ESG信息披露实质性议题时,除了参考国际常用的ESG披露标准,也应当考虑企业自身经营类型、风险控制需要和我国法律法规和监管要求以及其他本地化特征(如《企业ESG披露指南》团体标准所识别的中国特色的ESG议题)进行综合考量。一些中国特色的ESG议题,例如社会范畴项中的"国家战略响应"指标,包括但不限于企业对乡村振兴、质量强国、高质量发展、科技强国、教育强国、人才强国、共同富裕等国家战略的响应情况,作为结合我国国情的重要议题极具参考价值。根据可持续发展目标、现有法规及市场实践提出的中国强制ESG披露框架推荐指标如表10-3所列。

表10-3 我国强制ESG披露框架推荐指标

ESG话题	主要指标	相关可持续发展目标SDGs	相关法规或报告实践
温室气体排放	以t计的温室气体排放总量	SDG3-气候行动 SDG9-产业、创新和基础设施	《巴黎协定》 《"十三五"控制温室气体排放工作方案》

(续表)

ESG话题	主要指标	相关可持续发展目标SDGs	相关法规或报告实践
大气污染物	以kg计的氮氧化物、硫氧化物持续性有机物、挥发性有机化合物、有害物、颗粒物的大气污染物排放量	SDG3-良好健康与福祉 SDG11-可持续城市和社区	《环境保护法》
水	用水量 循环利用水量占比	SDG3-良好健康与福祉 SDG6-清洁饮水与卫生设施 SDG11-可持续城市和社区 SDG12-负责任消费和生产	《环境保护法》
能源	能源消耗总量 可再生能源使用比例	SDG7-经济适用的清洁能源	《环境保护法》
废弃物（水、固体、危险品）	生产过程中产生的废弃物总量危险废物占比 循环利用废弃物占比 含氮废水、含磷废水、含顽固有机污染物废水、含需氧有机物废水排放量	SDG6-清洁饮水与卫生设施 SDG12-负责任消费和生产 SDG14-水下生物 SDG15-陆地生物	《环境保护法》
劳动力	劳动力性别构成比例 每个员工接受的培训时长 薪资	SDG1-无贫穷 SDG5-性别平等 SDG4-优质教育 SDG10-减少不平等	上市公司自愿披露
健康与安全	可记录工伤事故率(TRIR) 致死率(正式工和合同工)	SDG8-体面工作和经济增长 SDG3-良好健康与福祉	《中国职业安全健康协会会员自律公约》
治理量化指标	董事会女性成员占比 授权的去中心化 总裁/CEO分权 CEO与员工平均薪酬比例	SDG16-和平、正义与强大机构	《上市公司治理准则》(2018)

资料来源：中国的ESG数据披露——关键ESG指标建议。

为全面反映企业对实质性议题的管理和成效，每个议题的编写内容应包括以下几个部分。

(1) 理念和管理方法。

(2) 报告期内行动(年度)。

(3) 成果(定性绩效+定量绩效)。

(4) 案例与利益相关方证言。

通过对报告维度的梳理、编制依据的选取、实质性议题的确认，报告已经基本具有满足ESG信息披露、客观体现企业ESG治理、展现企业ESG战略赢取利益相关方信任等目标的基本能力。综合常见的ESG相关标准和成果文件，完整的ESG报告结构如表10-4所列。

表 10-4 ESG 报告完整结构

前言 (ESG 报告整体的高度精炼与总结)	1. 报告摘要 2. 公司业务与组织结构
主体 (作为报告展开性描述主体， 详细介绍现状、措施和目标)	3. ESG 管理 　　(1) 责任理念 　　(2) 利益相关方沟通 　　(3) 实质性议题分析 　　(4) 展望与目标 4. 公司治理报告 5. 环境责任报告 6. 员工责任报告 7. 客户责任报告 8. 社会贡献报告 9. ESG 关键定量绩效表
附录 (作为报告真实性和有效性文件补充)	10. 附录 　　(1) 社会认可与荣誉 　　(2) 报告标准索引 　　(3) 董事会声明 　　(4) 第三方鉴定意见 　　(5) 专业术语释义 11. 报告编制说明 　　(1) 编写依据 　　(2) 组织范围 　　(3) 报告时间

10.3.2 ESG 战略咨询

可持续性发展理念作为 ESG 的核心，决定了 ESG 的主要方向并不是企业、团体或者项目在环境、社会和治理中的影响性评价，而是针对于风险的识别、认知、管理和应对措施。在 ESG 报告编制和评级过程之外，ESG 理念的运用、相关的制度建立和机制的长期有效运行是 ESG 战略咨询的主要工作目标。在这个长期目标下，ESG 咨询可以包括以下相关工作内容。

(1) 企业温室气体排放核算及鉴证。

(2) 企业科学碳目标咨询。

(3) 产品生命周期分析及产品碳足迹核算。

(4) 企业碳减排、碳中和路径研究咨询。

(5) 碳排放权交易市场研究和交易咨询。

(6) 跟踪研究国内外应对气候变化政策。

(7) 参与 ESG 尽调工作，支持访谈、现场勘查、尽调分析、报告等。

(8) 研发 ESG 数字化产品，包括 ESG 数据报告管理平台，ESG 风控平台，碳管理系统。

ESG 战略咨询服务可以为企业注入新的动力，评估企业对气候变化的适应力以及如何利用机遇，提升其应对气候变化与可持续发展能力；将 ESG 和气候因素纳入风险管理、运营和整个业务部门的决策中,可提升吸纳绿色金融资源潜力。在全球可持续发展趋势下,ESG战略咨询服务可改善企业可持续发展战略与运营,助力打造独特的市场竞争力。

10.4　ESG 报告案例

2022年8月29日,阿里巴巴集团正式发布《2022阿里巴巴环境、社会和治理报告》,报告包含七个章节构成的三大板块。

10.4.1　报告前言

在阿里巴巴集团的报告摘要部分首先重申了阿里巴巴集团对 ESG 的重视,认定 ESG 是面向未来发展的重要基石。用具有一定艺术性的方式介绍了实现阿里巴巴 ESG 目标的五个步骤:定位、融合、协同、放大和补充,以及七大行动方向,也称为"阿里巴巴 ESG 七瓣花"。随后,报告概括了阿里巴巴集团在七大方向上的行动摘要,展示了公司在各个方面分别采取的措施和作出的努力,并在摘要的最后部分重点突出了阿里巴巴集团的 ESG 绩效表现,也就是七大方向中各自的数据指标,如图 10-1 所示。通过充分披露量化数据,丰满报

修复绿色星球

清洁能源转型
- 2021年,在中国企业可再生能源购买者中排名第一。
- 2022财年,通过能源结构转型减碳 619,944 t。
- 2022财年,阿里云使用电力中有 21.6% 是清洁低碳的。

资源效率
- 云计算:从自身效率到用户效率
- 2022财年,我们的数据中心年平均能源使用效(PUE)达 1.247,为亚洲领先水平。
- 与使用自建数据中心相比,用户在中国使用阿里自有数据中心提供的云计算服务能实现碳减排 85.5%。
- 绿色物流:从发货到回收
- 菜鸟通过智能装箱算法帮助减少快递纸箱 15% 的包材;2022财年,菜鸟服务商家完成超过 7 亿件的原箱发货。
- 截至2022年3月31日,菜鸟在全国 315 个城市开展快递包装箱回收行动。

生态减碳
- 我们开创性提出了企业范围3+ 排放的概念和减碳目标,并联合专业机构发布相关减碳计量方法学。
- 构建"88碳账户"体系,帮助超过 2,000万 用户日常参与减碳。
- 2022年7月,与 19家 消费领域企业共同发起"减碳友好行动"。

支持员工发展

平等、多元、包容
- 超过25万员工中,女性员工占 49.5%;女性董事和高级管理层占比39%。
- 员工中有 2,007 名身体残障人士。

学习和成长机会
- 学习计划
- 2022财年,我们共开展 59,476 场培训,人均 49h。
- 职业成长
- 为员工设立专业岗和管理岗的长期发展路径。2022财年, 6,496 名员工完成在阿里的第五年成长,获得"五年陈"戒指。
- 机会市场
- 2022财年, 7,077 名员工主动申请并完成内部转岗,获得探索新领域的学习和成长机会。

温暖的福利和文化
- 2022年1月1日陪伴假制度生效。截至3月31日,超过 28,000 名员工申请,有更多时间陪伴家人。
- 2022财年,"康乃馨父母体检"安排员工父母体检65,000人次,该项目入选《平台企业关爱劳动者倡议书》典型示范案例。
- 2021年阿里日, 30,390 位员工亲友到各园区体验和感受工作环境和文化氛围。

最佳雇主
- 在福布斯2021全球最佳雇主评选中,我们位列中国企业前10。

服务可持续的美好生活

多样
- 运营着全球最大消费市场,提供 数十亿 实际有效的SKU,满足消费者在丰富度、品质和时效上的多样化需求,让美好生活成为可能。

包容
- 2022财年,新增年度活跃消费者中,超过 70% 来自低线城市和乡村。
- 2022财年,淘宝为 30.5万 视障用户提供了服务。

放心
- 率先在行业提出"7天无理由退换货""极速退款"等消费体验极致服务。2022财年,超 9亿笔 订单的用户享受到极速退款服务。
- 2022财年,淘宝天猫投诉率为 0.015%,投诉回应率 100%。
- 遵循隐私保护三原则:数据采集最小性、用户知情和决定权最大化和隐私安全保障最强化。截止2022年8月15日,淘宝APP的号码保护策略已覆盖平台上超 5亿 活跃消费者。

负责
- 建立超3亿 用户的二手商品交易平台闲鱼,用更负责任的消费支持循环经济。

图 10-1　阿里巴巴 ESG 绩效表现

资料来源:2022阿里巴巴环境、社会和治理报告。

告内容,更有利于外部对其作出评价和投资指引,并对 ESG 信息披露体系本身形成良好的示范效应。

10.4.2 报告主体

在报告主体部分,阿里巴巴集团从"修复绿色星球、支持员工发展、服务可持续的美好生活、助力中小微企业高质量发展、助力提升社会包容度和韧性、推动人人参与的公益和构建信任"七个方面详细介绍了在环境保护、社会责任和公司治理方面作出的努力。在每个方向中,通过介绍发展现状、企业内外部措施和行动、运营和流程管理措施来展现阿里巴巴集团客观真实的可持续性发展动力。

以"修复绿色星球—气候承诺和现状—碳排放现状"为例,阿里巴巴集团通过温室气体排放清单的方式量化自身碳排放情况,并回应上一年度 ESG 报告中的相关指标和目标,阐述自身碳排放变化趋势和背后的原因。借助《彭博新能源财经》(*Bloomberg NEF*)等方式告知利益相关者自身在节能减排和能源转型方面的成果,通过展现与绿色低碳供应商之间战略合作协议的方式体现自己在兑现碳中和承诺、坚持环境保护理念方面的经营理念和企业战略。

10.4.3 报告附录

在报告的附录部分,阿里巴巴集团通过 ESG 关键绩效表展示了企业披露的所有可量化的指标,包括温室气体和能源消耗数据、雇员情况和安全风险问题等,还包括实质性议题确认过程。此外,附录包含了由必维国际检验集团出具的 ESG 环境数据核查声明、温室气体盘查和核算边界说明等认可、认证信息。

从整个报告来看,阿里巴巴集团 ESG 报告在保证七个评价维度高质量的同时,将联合国《2030 年可持续发展议程》提出的 17 项可持续发展目标与助力共同富裕、乡村振兴等有中国特色的议题进行了有机结合,突出了阿里巴巴集团对于环境、社会和治理的深远思考和有利行动。

10.5 投资决策综合性咨询中的 ESG 理念

中国国际工程咨询有限公司在修订《投资项目可行性研究指南》时,一直将 ESG 理念作为重要的指导原则,贯穿于可行性研究的各个模块。有关 ESG 的评价内容集中体现在影响效果评价、风险管控等模块中,但与需求方案、建设方案、运营方案和财务方案相关的模块密不可分,通过行动计划和实施监测形成内部关联。投资决策综合性咨询中体现的 ESG 评价维度及评价方向如表 10-5 所示。

将 ESG 融入可行性研究报告是投资高质量发展的内在要求。随着投资建设规模扩大,投资项目对资源环境和社会发展的影响增大。对这些影响的评估和控制不断以新增篇章

表 10-5　投资项目 ESG 评价的维度评价

投资项目 ESG 评价的维度	评价方向
环境维度	体现在四个方面：一是资源节约及综合应用评价；二是项目节能效果评价；三是环境和生态影响评价；四是项目碳排放影响评价
社会责任	应包括投资项目的正面效应和负面影响两部分。正面效应如项目创造的就业机会、机构能力提升等，负面影响包括项目对土地征收和非自愿移民的影响、社会稳定风险等
治理维度	主要体现在项目法人治理机制，涉及项目法人责任制、项目建设运营管理方案、人力资源配置、项目公司薪酬绩效考核等方面

等方式纳入项目可行性研究报告中，有效保障了项目前期工作动态地遵循和适应基本建设规律。投资高质量发展要求投资项目达到应有的技术水平和财务收益，还要求投资项目承担相应的可持续发展责任和社会责任，如重视气候变化、污染防治、资源效率、生物多样性等环境影响，履行职工权益、劳动安全、社区关系等社会责任，加强制度化管理、反腐败、与利益相关方沟通等公司治理。投资高质量发展更加重视环境、社会等因素与 ESG 强调可持续的负责任投资高度契合，将 ESG 理念融入可行性研究报告有利于投资项目前期工作与时俱进，有利于从源头推动投资高质量发展。

10.6　在国际工程中践行 ESG 理念

践行 ESG 发展理念是对外承包工程行业可持续发展的必由之路，将 ESG 融入投资决策综合性咨询是增强境外投资竞争力的重要手段。通过将 ESG 融入工程咨询促使我国企业重视项目的非财务表现，在对外投资中自觉满足东道国 ESG 要求，形成负责任投资者形象，提升企业美誉度和社会影响力，增厚企业无形资产。这会提升融资可获得性，降低融资成本，还可能会在遇到疫情等突发冲击时得到利益相关方的帮助。对投资规模大、建设运营周期长、影响范围广的基础设施、矿产资源类投资而言，企业满足东道国强制性或非强制性 ESG 要求，不仅能顺利取得当地投资许可的条件，也有利于按进度顺利推进项目建设并实现预期收益。在一些西方大国遏制我国对外投资的环境下，引导国内企业树立 ESG 理念，遵守 ESG 标准，有利于推动共建"一带一路"高质量发展。

商务部的数据显示，2022 年，我国对外投资平稳发展，稳中有进。对外承包工程完成营业额 10 424.9 亿元，同比增长 4.3%。我国企业在交通、电力、水利等方面都具有相当强的竞争力。从 2008—2018 年中国开发性融资项目规模和分布中发现：有数据库核实并记录了从 2008—2019 年国家开发银行和中国银行总计 4 620 亿美元的 859 笔国际贷款，这仅比世界银行同期作出的主权贷款承诺少 50 亿美元。融资分布于 93 个国家，但其中 60% 的贷款集中于 10 个国家：委内瑞拉、巴基斯坦、俄罗斯、巴西、安哥拉、厄瓜多尔、阿根廷、印度尼西亚、伊朗和土库曼斯坦。其中72%的中国海外开发性融资集中于运输业、采掘业和能源领域。一般认为，这些基础设施领域的项目对生态系统和当地社区有着相对较高的风险。2021年，商务部与生态环境部发布了联合指南《对外投资合作建设项目生态环境保护指南》，强调对外投资合作领域需要全面贯彻创新、协调、绿色、开放、共享的新发展理念，加快构建以国内大循环为主体、国际国内双循环相互促进的新发展格局，推动对外投资合作建设项目高质量发展。东道国（地区）没有相关标准或标准要求偏低的，鼓励企业采用国际通行规则标准或中国更严格标准。鼓励企业参照国际通行做法，建立生态环境保护规章制度，完善内部环境管理体系。推动企业全周期、多维度加强建设项目环境保护工作。鼓励企业积极参与东道国（地区）应对气候变化和生物多样性保护的工作，做好与当地的沟通、信息发布和经验共享。通过三个维度的刻画形成对投资"出海"项目生态环保全面立体的指引，如图10-2所示。

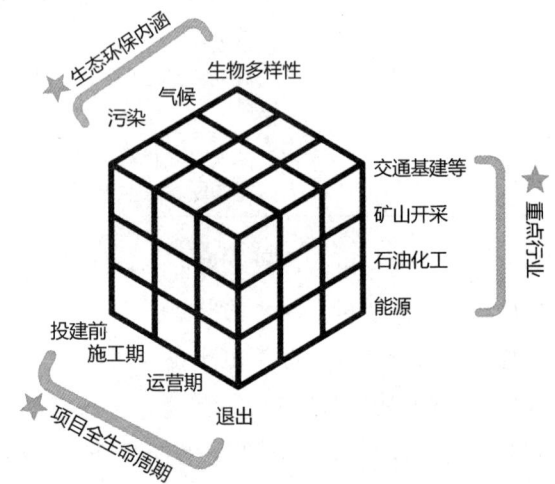

图10-2　国际工程生态环保的三个维度

资料来源：中央财经大学绿色金融国际研究院。

中国政府近年关于绿色金融发布了一系列工作指引表明，中国对解决其海外发展融资的社会和环境问题有强烈的政治意愿，但将这些指导方针付诸实践并非易事，需要项目的利益相关方共同努力，把更美好的环境留给后代。作为负责任的大国，中国理应更加重视生物多样性等世界性议题，中国开发性融资项目更应从项目立项、可行性研究、建设、运营、拆除全生命周期内重视ESG的内在要求，建筑类企业作为开发性融资项目的主要推动者，将ESG作为专题贯穿于项目PDCA循环中很有必要。

参 考 文 献

[1] 丁士昭.全过程工程咨询的概念和核心理念[J].中国勘察设计,2018(09):31-33.
[2] 丁士昭.用国际化视野推进全过程工程咨询[J].中国勘察设计,2019(05):32-37.
[3] 李开孟.投资项目可行性研究的关键作用和实施保障[EB/OL].[2022-05-18].https://mp.weixin.qq.com/s/CiM-YyJSd_CNL900qyO1-A
[4] 国家市场监督管理总局,国家标准化管理委员会.工程咨询基本术语(GB/Z 40846—2021)[S].中国标准出版社,2022:4-5.
[5] RIBA. RIBA Plan of Work 2020 Overview[EB/OL].(2018-11-04)[2020-07-13].https://www.architecture.com/-/media/GatherContent/Testresources-page/Additional-Documents/2020RIBAPlanofWorkoverviewpdf.pdf.
[6] 国际咨询工程师联合会,中国工程咨询协会.客户/咨询工程师(单位)协议书(白皮书)指南(2001年第2版)[M].北京:机械工业出版社,2004.
[7] 李开孟,徐成彬.投资项目可行性研究迈入高质量论证新阶段[EB/OL].https://www.sohu.com/a/667712590_828724,2023-04-17.
[8] 肖凤桐.贯彻大纲理念要求践行行业使命担当以高质量咨询服务引领行业转型升级[EB/OL].https://mp.weixin.qq.com/s/Jm0mn5v07kCmVBonLcbiUw,2023-04-10.
[9] 李开孟.可行性研究应为"负责任的投资"保驾护航[EB/OL].http://rc.ciecc.com.cn/art/2021/12/24/art_4281_74954.html,2021-12-24.
[10] 浙江省发展改革委投资处,浙江省发展规划院城建处课题组.浙江"十四五"投融资体制改革思路和对策研究[J].浙江经济,2019(23):2.
[11] 浙江省人民政府关于深化铁路、高速公路投融资改革的若干意见(浙政发〔2020〕33号)[EB/OL].(2021-01-26).https://www.zj.gov.cn/art/2021/1/26/art_1229620653_2402591.html.
[12] 王华.建设项目评估[M].北京:北京大学出版社,2017.
[13] 杨卫东,翁晓红,敖永杰.工程咨询方法与实践[M].北京:中国建筑工业出版社,2014.
[14] 潘洪宇.政府投资项目评估重点与方法[J].科技与创新,2020(04):97-100.
[15] 杨滔.数字孪生城市的思考——以雄安新区规划建设BIM管理平台项目为例[EB/OL].(2020-11-30).https://mp.weixin.qq.com/s/wUXGJZNM7STAWwmzDTyc_g.
[16] 城市信息模型CIM网.CIM访谈|前海数科:数字城市、城市智慧运营科技的引领者[EB/OL].(2022-01-27).https://mp.weixin.qq.com/s/tWaAu2nFnPu6qm8_GP2vHw.